Politische Bildung

Reihe herausgegeben von
C. Deichmann, Jena, Deutschland
I. Juchler, Potsdam, Deutschland

Die Reihe Politische Bildung vermittelt zwischen den vielfältigen Gegenständen des Politischen und der Auseinandersetzung mit diesen Gegenständen in politischen Bildungsprozessen an Schulen, außerschulischen Einrichtungen und Hochschulen. Deshalb werden theoretische Grundlagen, empirische Studien und handlungsanleitende Konzeptionen zur politischen Bildung vorgestellt, um unterschiedliche Zugänge und Sichtweisen zu Theorie und Praxis politischer Bildung aufzuzeigen und zur Diskussion zu stellen. Die Reihe Politische Bildung wendet sich an Studierende, Referendare und Lehrende der schulischen und außerschulischen politischen Bildung.

Reihe herausgegeben von

Carl Deichmann
Institut für Politikwissenschaft
Friedrich-Schiller-Universität Jena
Jena, Deutschland

Ingo Juchler
Lehrstuhl für Politische Bildung
Universität Potsdam
Potsdam, Deutschland

Weitere Bände in der Reihe http://www.springer.com/series/13420

Carl Deichmann · Marc Partetzke
(Hrsg.)

Schulische und außerschulische politische Bildung

Qualitative Studien und
Unterrichtsbeispiele
hermeneutischer Politikdidaktik

 Springer VS

Herausgeber
Carl Deichmann
Institut für Politikwissenschaft
Friedrich-Schiller-Universität Jena
Jena, Deutschland

Marc Partetzke
Institut für Politikwissenschaft
Universität Bremen
Bremen, Deutschland

Politische Bildung
ISBN 978-3-658-20617-8   ISBN 978-3-658-20618-5   (eBook)
https://doi.org/10.1007/978-3-658-20618-5

Die Deutsche Nationalbibliothek verzeichnet diese Publikation in der Deutschen Nationalbibliografie; detaillierte bibliografische Daten sind im Internet über http://dnb.d-nb.de abrufbar.

Inhaltsverzeichnis

Verzeichnis der Autorinnen und Autoren

Dr. Carl Deichmann Emeritus. Professur für Didaktik der Politik an der Friedrich-Schiller-Universität Jena. Herausgeber (zus. mit Ingo Juchler) der Reihe „Politische Bildung" im Springer Verlag.
Kontaktadresse: carl.deichmann@uni-jena.de

Dr. Dennis Hauk Wissenschaftlicher Mitarbeiter (Post-Doc) und am Lehrstuhl für Schulpädagogik und Unterrichtsforschung an der Friedrich-Schiller-Universität Jena.
Kontaktadresse: dennis.hauk@uni-jena.de

Dr. Ingo Juchler Professor am Lehrstuhl für Politische Bildung an der Universität Potsdam. Herausgeber (zus. mit Carl Deichmann) der Reihe „Politische Bildung" im Springer Verlag.
Kontaktadresse: juchler@uni-potsdam.de

Stefanie Kessler Wissenschaftliche Mitarbeiterin bei Prof. Dr. Anja Mensching, Professorin für Bildungssoziologie in der Sozialen Arbeit, an der Ostfalia Hochschule für angewandte Wissenschaften (Campus Suderburg).
Kontaktadresse: st.kessler@ostfalia.de

Dr. Michael May Professor für Didaktik der Politik an der Friedrich-Schiller-Universität Jena. Direktor am Zentrum für Lehrerbildung und Bildungsforschung (ZLB) sowie Direktor am Kompetenzzentrum Rechtsextremismus.
Kontaktadresse: m.may@uni-jena.de

Benjamin Moritz Wissenschaftlicher Mitarbeiter an der Professur für Didaktik der Politik an der Friedrich-Schiller-Universität Jena.
Kontaktadresse: benjamin.moritz@uni-jena.de

Dr. Marc Partetzke Lektor für Politikwissenschaft und ihre Didaktik am Zentrum für die Didaktiken der Sozialwissenschaften (ZeDiS) sowie Mitarbeiter am Zentrum für Arbeit und Politik (zap) der Universität Bremen.
Kontaktadresse: partetzke@uni-bremen.de

Hendrik Schröder Wissenschaftlicher Mitarbeiter am Zentrum für die Didaktiken der Sozialwissenschaften (ZeDiS) sowie am Zentrum für Arbeit und Politik (zap) der Universität Bremen.
Kontaktadresse: hendrik.schroeder@uni-bremen.de

Dr. Florian Weber-Stein Lehrer für die Fächer Politik, Geschichte und Philosophie am Droste-Hülshoff-Gymnasium in Berlin-Zehlendorf sowie Lehrbeauftragter am Institut für Politikwissenschaft an der Friedrich-Schiller-Universität Jena.
Kontaktadresse: mail@florian-weber.info

Hermeneutische Politikdidaktik – Forschungsperspektiven und Unterrichtsbeispiele für die politische Bildung

Einführung

Carl Deichmann und Marc Partetzke

Die Beiträge für den Sammelband *Hermeneutische Politikdidaktik. Forschungsperspektiven und Unterrichtsbeispiele für die politische Bildung* sind aus der Arbeit der Jenaer Forschungs- und Arbeitsgruppe „Hermeneutische Politikdidaktik" hervorgegangen. Deshalb schlagen sich auch die Forschungsziele der Gruppe in den Beiträgen dieses Bandes nieder. Dies ist zunächst das Bemühen um eine Neujustierung der Zielbestimmung der schulischen wie auch der außerschulischen politischen Bildung. Eine solche Forschungsperspektive ist deshalb notwendig, weil der politisch-kulturelle Rahmen, in dem sich die Lehr-Lern-Prozesse der politischen Bildung vollziehen, einem permanenten Wandel unterworfen ist. Die Hermeneutische Politikdidaktik wird sich deshalb im Sinne einer sozialwissenschaftlichen Hermeneutik (Deichmann und May 2016, S. 3 ff.) zunächst darum bemühen, diese gesellschaftlichen Wandlungsprozesse unter einem besonderen politikdidaktischen Erkenntnisinteresse zu analysieren. Dieses spezifische Erkenntnisinteresse besteht besonders in der Frage, welche Faktoren

C. Deichmann (✉)
Jena, Deutschland
E-Mail: carl.deichmann@uni-jena.de

M. Partetzke
Bremen, Deutschland
E-Mail: partetzke@uni-bremen.de

zu identifizieren sind, die – in welcher Art und Weise – das politische Bewusstsein der jungen Bürgerinnen und Bürger beeinflussen. Damit wird von vornherein die gesellschaftliche Einbettung der genannten Lehr-Lern-Prozesse berücksichtigt, bei deren Bedingungsanalyse sowie bei deren Zielbestimmungen und methodischen Planungen die vielfältigen Faktoren eines umfassenderen politischen Sozialisationsprozesses zu berücksichtigen sind.

Folglich schlägt sich dieses Erkenntnisinteresse auch in den Beiträgen des vorliegenden Bandes nieder. Da diese Beiträge sowohl diejenigen Leserinnen und Leser, die an der politikdidaktischen Diskussion im Allgemeinen, als auch diejenigen, die an der Unterrichtsforschung sowie an der Praxis der politischen Bildung im Besonderen interessiert sind, gleichermaßen ansprechen sollen, sind *drei Schwerpunktsetzungen* vorgenommen worden. So steht in den Beiträgen des ersten Teils stärker die Politikdidaktik als wissenschaftliche Disziplin im Fokus der Betrachtungen. Dabei werden sowohl deren Selbstverständnis *(Partetzke)* als auch die politikdidaktische Forschung *(Schröder)* und Lehre *(May)* thematisiert. Der Schwerpunkt des zweiten Teils liegt sodann auf der Unterrichtspraxis. Neben der Entwicklung neuer Konzepte für den Politikunterricht *(Deichmann)* wird in diesem Teil auch die Verbindung von Unterricht und Unterrichtsforschung thematisiert *(Hauk, Weber-Stein)*. Schließlich steht im dritten Teil des vorliegenden Bandes die außerschulische politische Bildung im Vordergrund. Neben der Thematisierung außerschulischer politischer Lernorte *(Moritz, Juchler)* ist hier auch die politische Bildung in der offenen Kinder- und Jugendarbeit Gegenstand der Betrachtungen *(Kessler)*. Im Folgenden werden alle Beiträge genauer präsentiert.

Im Rahmen des oben beschriebenen Problemhorizontes setzt sich *Marc Partetzke* in seinem Artikel *Von der Praxis, für die Praxis, mit der Praxis. – Zur Entwicklungspartnerschaft von hermeneutischer Politikdidaktik und Politikunterricht. Oder: Ein Beitrag zur Selbstfindung* kritisch mit aktuellen wissenschaftstheoretischen und methodischen Kontroversen in der Politikdidaktik auseinander. Dabei geht er von einem zentralen Problem aus: dem Fehlen einer Debatte über die Ziele politischer Bildung. Statt (meist kognitive) Bildungsstandards zu formulieren und diese sodann mit quantitativen Methoden zu überprüfen – einer Vorgehensweise, die nach seiner Beobachtung oft in dem Interesse begründet ist, dem (forschungs-)politischen *mainstream* zu folgen – sollte sich die politikdidaktische Forschung seines Erachtens auf die Verbesserung des Unterrichts in der politischen Bildung durch die Diskussion über Zielbestimmung, Inhalte, Methoden und Medien im Zielhorizont der kritischen Reflexion des Humanen als Basis der politischen Ordnung konzentrieren. Deshalb plädiert Partetzke für die (Wieder-)Anbindung der Politikdidaktik an die praktische Philosophie, um daraus politische Lehr-Lern-Strategien im Sinne politikdidaktischer Interventionen zu entwickeln, die es sodann im beschriebenen Wertekontext mit qualitativen Methoden der Unterrichtsforschung zu evaluieren gilt.

Dieser Forschungslogik schließt sich die Untersuchung an, die *Hendrik Schröder* in seinem Aufsatz *Performanzuntersuchung zur politischen Urteilskompetenz von Schüler*innen – Auszüge aus der Forschungspraxis: Anwendungsbeispiel der objektiven Hermeneutik* vorstellt. Mit dieser Untersuchung versucht Schröder – unter Hinzuziehung valider Erkenntnisse anderer Studien sowie durch die Berücksichtigung der emotionalen Dimension politischen Urteilens –, einen gleichermaßen anschlussfähigen wie weiterführenden Beitrag für die Erschließung des Phänomens politischer Urteilsbildung zu leisten. Im vorliegenden Artikel präsentiert er ein Beispiel eines schriftlichen politischen Urteils einer Schülerin, das er im Rahmen seiner Untersuchung erhoben hat, und zeigt hieran, dass und wie es mithilfe der Methode der Objektiven Hermeneutik sowie im Rahmen von Interpretationswerkstätten gelingen kann, die eigene, individuell-biografische Standortgebundenheit des Forschers bzw. der Forscherin im Zuge von Textinterpretationen aufzubrechen und dadurch die Elaboration und Validierung der Datenanalyse zu steigern.

In seinem Beitrag *Didaktik politisch-demokratischer Bildung als Gegenstand in der universitären Lehramtsausbildung im Jenaer Modell der Lehrerbildung* zeigt *Michal May* sodann einerseits, dass die Ziele politischer Bildung nur dann erreicht werden können, wenn zielangemessene Lehr-Lern-Arrangements konzipiert werden. Andererseits – und damit verbunden – vertritt er die Auffassung, dass angesichts der notwendigerweise umfassenden Reaktionen auf die komplexen Anliegen politischer Bildungsbemühungen weder eher kognitiv orientierte Methoden des Fachunterrichts noch stärker erfahrungsbasierte Arrangements der Demokratiepädagogik wirklich adäquat sind. May geht davon aus, dass die Ausbildung politischer Bildner/-innen sowohl fachunterrichtliche als auch demokratiepädagogische Instrumente vermitteln, insbesondere aber die mit diesen Instrumenten verknüpften typischen Schwierigkeiten reflektieren und mögliche Handlungsalternativen diskutieren muss. Deshalb präsentiert er zwei von ihm konzipierte und an der Friedrich-Schiller-Universität Jena im Rahmen der Politiklehrer/-innenausbildung durchgeführte Fallseminare, die vordergründig zwar das Situative des Lehrer/-innenhandelns betonen, Studierende aber auch in allgemeinen Reflexionsfähigkeiten üben und zum Aufbau systematischen Wissens beitragen.

Carl Deichmann reflektiert in seinem Aufsatz *Personenbezogene Geschichtspolitik: Perspektive für die Analyse und Beurteilung aktueller gesellschaftlicher und politischer Probleme in der handlungsorientierten politischen Bildung* die politikdidaktische Bedeutung der Geschichtspolitik auf der Folie der multikulturellen Gesellschaft. Er entwickelt zunächst das politikdidaktische Konzept der

„personenbezogenen Geschichtspolitik" und zeigt dabei, in welcher Weise eine solche, an der sozialwissenschaftlichen Hermeneutik orientierte politische Bildung einen Erfahrungsraum für politisch Lernende mit unterschiedlicher kultureller Prägung schaffen und damit eine interkulturelle Kompetenz entwickeln kann. Sodann stellt Deichmann ein Unterrichtsmodell vor, in dem dieses Konzept mit ausgewählten und didaktisch aufbereiteten Gegenständen der Geschichtspolitik unterrichtspraktisch umgesetzt wird.

Dennis Hauk ergänzt mit seinem Beitrag *„Denkhüte" im Politikunterricht – Ergebnisse einer empirischen Unterrichtsforschung über das politikdidaktische Potenzial der Methode unter besonderem Fokus politischer Urteilsbildung* den Katalog der politikdidaktischen Makromethoden mit den so genannten „Denkhüten" um eine weitere Figur. Anders als in den wenigen, bislang existierenden politikdidaktischen Beiträgen zu diesem Thema, die vornehmlich der didaktischen Planungsliteratur zuzurechnen sind, postuliert Hauk das den „Denkhüten" zugeschriebene Potenzial im Rahmen seines Betrages jedoch nicht nur, sondern adaptiert das von Edward de Bono entwickelte „Sechs-Farben-Denken" für die Politikdidaktik und diskutiert sodann eingehend dessen urteilsförderndes Potenzial anhand eines konkreten Unterrichtsbeispiels. Anschließend werden von ihm mittels einer empirischen Fallstudie die spezifischen Wirkungsmechanismen der Methode überprüft und Handlungsalternativen in einem erweiterten Planungsmodell für die Unterrichtspraxis vorgeschlagen.

Auf die konkrete Unterrichtspraxis zielt sodann auch der Beitrag *Die Diagnose von Präkonzepten der Demokratie. Reflexionen aus Sicht der unterrichtlichen Aktionsforschung* von *Florian Weber-Stein* ab. Ausgehend davon, dass Schüler/-innen nicht als unbeschriebene Blätter am Unterricht teilnehmen, sondern stattdessen immer schon individuelle Erfahrungen und aus diesen Erfahrungen abgeleitete „subjektive Theorien" mit in ihn hineinbringen, die das Unterrichtsgeschehen vorstrukturieren, plädiert Weber-Stein dafür, diese stärker in die Planung von Unterricht einzubeziehen. Hintergrund seines Plädoyers ist die Auffassung, dass erfolgreiche Lehr-Lern-Prozesse nur dann initiiert werden können, wenn Lehrpersonen dazu in der Lage sind, die bei ihren Schüler(inne)n vorhandenen Präkonzepte zu erkennen und diese im Unterricht zu bearbeiten. Folgerichtig untersucht der Autor im Rahmen seines Artikels sodann anhand eines Fallbeispiels verschiedene Methoden der Präkonzeptdiagnostik auf ihre Eignung für die unterrichtliche Aktionsforschung und leitet aus seinen diagnostischen Befunden exemplarische Konsequenzen für die Planung eines auf Konzeptwandel hin angelegten Unterrichts ab.

Mit seinem Beitrag *Historische (Lern-)Orte politisch verstehen. Ein politikdidaktischer Blick auf historisch-politische Bildung an NS-Gedenkstätten* betritt

Benjamin Moritz schließlich das Feld der außerschulischen politischen Bildung. Ausgehend vom Selbstverständnis von NS-Gedenkstätten als Lernorten historisch-politischer Bildung, verfolgt Moritz in seinem Artikel das Ziel, das Verhältnis von historischer und politischer Bildung am (Lern-)Ort genauer zu bestimmen und daraus Konsequenzen für die politisch-bildnerische Praxis abzuleiten. Hierfür rekonstruiert er zunächst zentrale Ziele und Prinzipien gedenkstättenpädagogischer Arbeit aus verschiedenen empirischen Studien zur Praxis der Bildungsangebote und bezieht diese sodann auf den Forschungsdiskurs innerhalb der Gedenkstättenpädagogik. Im Anschluss daran reflektiert Moritz diese Ziele und Prinzipien im Lichte der politikdidaktischen Theoriebildung und zeigt, dass die Bildungsangebote der (Lern-)Orte vorwiegend auf das historische Lernen fokussieren und daher die Auseinandersetzung mit Geschichtspolitik stärker in den Fokus rücken sollte.

Der Besuch außerschulischer Lernorte steht sodann auch im Zentrum des Beitrags von *Ingo Juchler*. Anders als gewöhnlich thematisiert Juchler jedoch nicht „klassische" außerschulische politische Lernorte wie etwa Parlamente, sondern präsentiert in seinem Beitrag *Außerschulische politische Lernorte – Amerikaner in Berlin* solche (Lern-)Orte, die mit den Handlungen amerikanischer Persönlichkeiten untrennbar verwoben sind. Juchler verknüpft also deren Besuch mit dem biografisch-personenbezogenen Ansatz in der politischen Bildung. Nach der didaktischen Verortung der genannten Orte sowie des erwähnten Ansatzes im Kontext politikdidaktischer Theoriebildung skizziert er sodann die mögliche Umsetzung des von ihm entworfenen didaktischen Konzepts. Kernidee dieser Verknüpfung von Amerikaner(inne)n, die in Berlin politisch ihre Spuren hinterlassen haben, mit ihren jeweiligen Wirkungsstätten, ist, dass durch die Verbindung von Ort und Person die Vermittlung politischer und zeitgeschichtlicher Inhalte nachhaltiger gelingen kann, als dies durch die Rezeption von Sachtexten im Rahmen des Regelunterrichts möglich ist.

Abgeschlossen wird der vorliegenden Band mit dem Beitrag *Politische Bildung in der Offenen Kinder- und Jugendarbeit: Erste Ergebnisse aus einem explorativen Forschungsprojekt* von *Stefanie Kessler*. Darin skizziert die Autorin das explorative, qualitative Forschungsprojekt *Politische Bildung in der Offenen Kinder- und Jugendarbeit,* dessen Ziel es ist, die von Jugendarbeiter(inne)n beschriebenen Praxen politischer Bildung in der offenen Kinder- und Jugendarbeit zu untersuchen und hieran anschließend zu rekonstruieren, welche impliziten Orientierungen zu Politik und politischer Bildung diesen Praxen zugrunde liegen. Bislang sind in dem noch laufenden Projekt mit neun Jugendarbeiter(inne)n, die in Jugendzentren bzw. -Klubs in Thüringen und Niedersachsen tätig sind, themenzentrierte, narrative Interviews geführt und diese sodann mit der dokumentarischen Methode ausgewertet

worden. Im hier vorliegenden Beitrag gibt die Autorin einen Einblick in das For-
schungsdesign des Projekts und diskutiert erste Ergebnisse anhand einer Fallbeschreibung eines Jugendarbeiters aus Thüringen.

Der Autorin und allen Autoren sei an dieser Stelle herzlich für ihre Beiträge
gedankt. Dank gilt außerdem dem Verlag – namentlich Herrn Dr. Jan Treibel
sowie Frau Katharina Vontz – für die kompetente Betreuung dieser Veröffentli-
chung.

Literatur

Deichmann, Carl und Michael May (Hrsg.). 2016. *Politikunterricht verstehen und gestalten.*
Wiesbaden: Springer VS.

Von der Praxis, für die Praxis, mit der Praxis – Zur Entwicklungspartnerschaft von hermeneutischer* Politikdidaktik und Politikunterricht

Oder: Ein Beitrag zur Selbstfindung

Marc Partetzke

1 Anmerkungen zu einem mitunter verkürzten (Selbst-)Verständnis unserer Disziplin

Rekapituliert man die Einführung von Bildungsstandards (BMBF 2003) in der Bundesrepublik Deutschland, so stellt man in vielerlei Hinsicht Erstaunliches fest. Geschockt und „kulturell tief gekränkt" (Besand 2007, S. 9) von den Ergebnissen der ersten PISA-Studie (Baumert et al. 2001) wird binnen kürzester Zeit nicht weniger als ein bildungspolitischer Katastrophenalarm ausgelöst, in dessen Folge sich eine maßstabsetzende Idee durchsetzen kann:

---

*Hierbei orientiere ich mich u. a. an http://gpje.de/html/ahp.html (Zugriff am 14.04.16). Dass und warum jede Politikdidaktik immer nur eine hermeneutische sein kann, erläutere ich in Partetzke (2016, S. 9 ff.)

M. Partetzke (✉)
Bremen, Deutschland
E-Mail: partetzke@uni-bremen.de

dem deutschen Bildungssystem durch die Formulierung klarer und überprüfbarer Zielvorgaben aus der Krise zu helfen. Diese Zielvorgaben (…) sollten so formuliert sein, dass sie eine Leistungskontrolle und Evaluation ermöglichen und damit letztlich zu einer Steigerung von Vergleichbarkeit, Verbindlichkeit und Effektivität des schulischen Unterrichts führen (Besand 2007, S. 11).

Wie auch immer man zu dieser Idee und dem durch sie initiierten Paradigmenwechsel von der s. g. *input-* hin zur *output*-Orientierung steht, seinerzeit ist v. a. eines höchst problematisch: Anstatt *zuerst* „eine breite und grundlegende gesellschaftliche Debatte über das Bildungsverständnis und die Bildungsziele" (ebd., S. 13) zu führen, im Laufe derer hätte geklärt werden können, „was die Gesellschaft heute von der Schule eigentlich erwartet" (ebd.), und erst *danach* Bildungsstandards zu formulieren und entsprechende Evaluationsinstrumente und Testaufgaben zu entwickeln, ist man (mindestens) den zweiten vor dem ersten Schritt gegangen, indem man sogleich *einige* Fachdidaktiken damit beauftragt hat, nationale Bildungsstandards zu entwickeln (ebd.). „Jetzt sollten diese jeweils erklären, was ihr Fach im Rahmen schulischer Bildung beizutragen hat" (ebd.).[1]

Zwar war die Politikdidaktik vonseiten der KMK *nicht* mit der Entwicklung solcher Standards beauftragt und in ihren Reihen waren durchaus starke Zweifel daran gehegt worden, „ob sich die Kompetenzen, die man im sozialwissenschaftlichen Unterricht erwirbt, tatsächlich standardisieren und letztlich operativ erfassen lassen würden" (ebd., S. 14). Angesichts der durchaus drohenden Gefahr einer weiteren Abwertung der Politischen Bildung gegenüber „den *wichtigen* Fächern mit Bildungsstandards und den entsprechenden Tests" (ebd.), entschied man sich innerhalb der Fachgesellschaft – aus *strategischen* Gründen – aber gleichwohl für einen eigenen Entwurf (GPJE 2004). Seither fokussiert ein nicht geringer und allem Anschein nach überaus deutungsmächtiger Teil der Profession auf die theoretische Modellierung von Kompetenzen und die Entwicklung standardisierter Instrumente bzw. Tests[2] – und zwar ohne, dass der einst übereilte Schritt je

---

[1]Zur damit verbundenen, überaus kühnen „Bedeutungsverschiebung des Kompetenzbegriffs" durch die s. g. *Klieme-Expertise* siehe Sander (2013, S. 104 f.). Kritisch und überaus erhellend zu *PISA & Co* ist Brügelmann (2015, S. 77–94).

[2]Wobei aus Operationalisierungsgründen nach wie vor überaus eindimensional verfahren wird und zwar dergestalt, dass man lediglich auf die kognitive Dimension des Weinert'schen Kompetenzbegriffs (Weinert 2002) abstellt, obgleich es – der postulierten Messbarkeitslogik folgend – doch eigentlich keinerlei Schwierigkeiten bereiten dürfte, auch dessen motivationale, volitionale und soziale Dimension zu erfassen.

zurückgegangen oder zumindest in *größerem* Maßstab ernsthaft hinterfragt worden wäre.[3] Reflexionen über den „standardisierten Schüler" (Spinner 2005) oder den – durchaus im mehrfachen Wortsinne zu begreifenden – „vermessenen Menschen" (Dust und Mierendorff 2010) finden sich jedenfalls kaum[4] oder werden – so sie denn überhaupt zur Kenntnis genommen werden – von manchen wie Aussätzige behandelt. Hierfür wird nicht nur deren Normativität als Begründung ins Feld geführt, sondern insbesondere deren (vermeintliche) Empirielosigkeit, welche angesichts der durch den o. g. Paradigmenwechsel ausgelösten empirischen Wende in den geistes- und sozialwissenschaftlichen Fachdidaktiken gewissermaßen als Vorbote eines drohenden Rückfalls in quasi vorwissenschaftliche Zeiten gebrandmarkt wird. So hält etwa Weißeno (2012, S. 115; Hervorh. MP) – gleich mehrere hundert Jahre Geisteswissenschaften implizit infrage stellend – fest:

> Für wissenschaftliche Aussagen gilt allgemein, dass die Plausibilität der Beschreibung oder Erklärung eines erziehungsrelevanten Sachverhalts, die ein Wissenschaftler aufgrund seiner allgemeinen Lebensführung bzw. durch ‚*gründliches Nachdenken*' über das betreffende Problem erzielt, keinesfalls ausreicht, um Aussagen als wissenschaftliche Sätze zu bezeichnen.

Daher seien denn auch

> die Diskussionen über die Ziele oder die (angeblich; Anm. MP) losgelöst von der Wirklichkeit angestellten philosophierenden Betrachtungen über die normativen Ansätze einzelner Politikdidaktiker des vergangenen Jahrhunderts (zu denen übrigens auch er selbst gehört; Anm. MP) (...) vorerst *l'art pour l'art*. Sie lösen keine Praxisprobleme, kein Theoriedefizit (ebd., S. 124).[5]

Implizit ist eine mögliche Alternative damit freilich schon benannt: empirische – und zwar nicht qualitative, sondern quantitative bzw. (quasi-)experimentelle – Forschung (ebd.), der es – so wird es hier und andernorts nahegelegt – zuvörderst und im Kontrast zu allem Bisherigen um das Lösen drängender Praxisprobleme geht.

Vergegenwärtigt man sich nun aber die ‚Argumente', die in den Plädoyers für eine (ausschließlich) quantitativ-empirisch arbeitende Politikdidaktik angeführt

---

[3]Unter den Ausnahmen ist v. a. Sander (2013) hervorzuheben.

[4]Unbedingt zurate ziehen sollte man diesbezüglich Brügelmann (2015).

[5]Es ist immer wieder erstaunlich, mit welcher Selbstverständlichkeit hier und andernorts nur *ein* ganz bestimmtes Theoriekonzept adressiert wird. Zu diesem *und* anderen siehe etwa Partetzke (2016, S. 101–111).

werden, so stößt man rasch auf Bemerkenswertes. So ist dort u. a. von den Absichten zu lesen, mit dieser „Orientierung hin zu quantitativen Studien" (ebd., S. 115)

- „den Anschluss an die theoretischen und forschungsmethodischen Entwicklungen in anderen Fächern" nicht zu verlieren (ebd., S. 119),
- die Gefahr einer drohenden Zweitrangigkeit abzuwenden (ebd., S. 115),
- „der drohenden Randständigkeit" zu entgehen (ebd., S. 124)

oder etwa

- die „(weitere) Marginalisierung des Faches aufzuhalten" (Manzel 2014, S. 66).

Bisweilen wird sogar ganz offen zugegeben, sich bildungspolitischen Interessen zu unterwerfen (Weißeno 2012, S. 124) oder aber zumindest das Ziel zu verfolgen, die Politikdidaktik gegenüber der Bildungspolitik als „sichtbare Größe und fundierte Wissenschaftsdisziplin" zu präsentieren (Manzel 2014, S. 66) – ganz so, als ob dies auf anderen Wegen und mit anderen Mitteln nicht möglich sei.[6] Als zumindest befremdlich nehmen sich in diesem Zusammenhang dann v. a. solche Einlassungen aus, die zunächst von dem in der empirischen Bildungsforschung immer häufiger und völlig zurecht gewählten *mixed-methods*-Ansatz künden, im selben Federstrich dann aber konstatieren, dass für die „Generierung objektiven [sic!] Wissens – gleich [sic!], welche Methodenwahl getroffen wird – ein wissenschaftlich systematisches Vorgehen [entscheidend sei], das Gütekriterien wie Objektivität, Reliabilität und Validität anlegt und berichtet" (ebd., S. 64) – natürlich wohl wissend, dass diese Kriterien diejenigen *quantitativer* Forschung sind.[7] Sieht man von derlei irritierenden

---

[6]Zu dem mitunter recht eigentümlichen Verhältnis von Staat und Wissenschaft siehe Feyerabend (1983, S. 385 ff.).

[7]Zu den Gütekriterien *qualitativer* Forschung siehe etwa Steinke (2012). Hinsichtlich der o. g. Einlassungen hält Strübing (2013, S. 31; Hervorh. MP) treffend fest: „Der Grund für die Dominanz dieser Perspektive ist darin zu suchen, dass es in diesen Diskussionen letztlich immer um *Beiträge zur Legitimation von Wissenschaft* und im speziellen Fall von Sozialwissenschaft geht und *weniger um den gesellschaftlichen Nutzen angewandter Forschung.*" Natürlich negiert eine solche Perspektive zentrale „Theorieereignisse" (ebd., S. 34) wie bspw. die Bestimmung sozialwissenschaftlicher Theorien als Konstruktionen von Konstruktionen (Schütz 2004). Mithin wird hier „eine unabhängig vom Betrachter und der zu testenden Theorie existierende Realität voraus[gesetzt]. Denn nur unter der Voraussetzung eines solchen Realitätsbegriffs kann legitimerweise angenommen werden, dass der Theorie widersprechende empirische Daten die Theorie widerlegen (,falsifizieren') können" (Strübing 2013, S. 48). Zur politischen ›Realität‹ im Kontext einer hermeneutischen Politikdidaktik siehe neben Hauk und Partetzke (2014) insb. Partetzke (2016, S. 1–17).

Formulierung einmal ab und konzentriert sich auf den Kern der o. g. Einlassungen, dann wird jedenfalls eines überaus augenfällig: Anders als behauptet, ist das gemeinsame *movens* der teils leidenschaftlich, teils boshaft vorgetragenen Plädoyers keineswegs (oder jedenfalls nicht vordergründig) die Lösung drängender Praxisprobleme, sondern ganz offenkundig eine nur allzu menschliche und angesichts des oben skizzierten bildungspolitischen Hintergrunds nur allzu verständliche Emotion – nämlich *Angst!*

Auf dieser Folie erklärt sich denn auch der von Meyer-Heidemann (2015, S. 199) identifizierte, „forschungspolitische Imperativ der ‚Anschlussfähigkeit‘" an die Naturwissenschaften und deren Didaktiken, aus dem heraus sich der hier besprochene politikdidaktische Forschungsstrang willfährig oder – schlimmer noch – ganz bewusst zum „Instrument der Bildungspolitik und der Bildungsadministration" (Reichenbach 2015, S. 24) degradiert. Zwar scheint dies insofern plausibel, als sich dieses „bloss vorgetäuschte oder tatsächlich szientifische Selbstmissverständnis (...) in den letzten zwei Jahrzehnten als funktional erwiesen" hat (ebd.) – „die Orthodoxen bekommen Geld, die möglichen Rebellen keines" (Feyerabend 1983, S. 50) –, tatsächlich ist es aber aus gleich mehreren Gründen höchst problematisch.

So ist 1) die den o. g. Paradigmenwechsel von Anbeginn begleitende, „intuitive Skepsis" (Meyer-Heidemann 2015, S. 21) einiger Fachvertreter/-innen bis heute keineswegs der gemeinsamen Überzeugung gewichen, dass sich die Kompetenzen der sozialwissenschaftlichen Domäne in operationalisierbare Bildungsstandards übersetzen lassen. Im Gegenteil: Bei nicht wenigen hat diese Skepsis sogar noch zugenommen. 2) Zwar sind Forderungen danach nachvollziehbar, „normative Vorgaben zu hinterfragen und theoretisch zu fundieren" (Kahlert 2015, S. 186). Redlich wäre dann allerdings auch das Eingeständnis, dass die quantitativ-empirische Fachunterrichtsforschung – jedenfalls bislang –

den Nachweis schuldig geblieben [ist], dass ihre immer differenzierteren Fragestellungen und raffinierteren methodischen und statistischen Verfahren zu Ergebnissen führen, die Unterricht über die jeweilige Versuchs- bzw. Experimentalgruppe hinaus tatsächlich verbessern. (...) In Anbetracht der minimalen praktischen Unterrichtsfortschritte, die auf die empirische Bildungsforschung (...) zurückzuführen sind, ist der Eindruck nachvollziehbar, dass »die beste wissenschaftliche Evidenz nicht richtig weiterhilft« (ebd., S. 187; darin zit. Terhart 2011, S. 291).[8]

---

[8]Zu diesem Grundsatzproblem äußerte sich Goffman bereits 1974 (S. 18 f.; zit. in Strübing 2013, S. 18 f.): „Die Wissenschaftlichkeit des Ganzen ist (...) durch die Verwendung von Laborkitteln und Regierungsgeldern sichergestellt. Die Arbeit beginnt mit dem Satz: ‚Wir stellen eine Hypothese auf, daß...‘; dann kommt eine eingehende Diskussion über die in

3) Entspringt der o. g. Imperativ schlicht einem Kurzschluss – nämlich: die sozialwissenschaftliche mit der naturwissenschaftlichen Domäne gleichsetzen zu können. Fest steht jedenfalls, dass bislang keine *sachlichen* Gründe dafür vorgebracht werden konnten, warum die politische und die naturwissenschaftliche Bildung verhältnisgleich sein sollen (Meyer-Heidemann 2015, S. 18). Da stattdessen vieles für deren jeweilige *Eigengesetzlichkeit* spricht, sind die von Meyer-Heidemann aufgeworfenen Fragen, ob sich tatsächlich „bildungs- und wissenschaftspolitisch motivierte Forschungsausrichtungen (…) fachdidaktisch legitimieren lassen" oder ob nicht vielmehr eine fundamentale Spannung „zwischen strategischer Ausrichtung und fachdidaktischer Legitimierbarkeit besteht" (ebd.), gar nicht hoch genug einzuschätzen und wären von einigen Fachvertreter(inne)n auch endlich einmal zu beantworten.[9] 4) Über alle politikdidaktischen Lager hinweg ist

---

der vorgeschlagenen Versuchsanordnung enthaltenen Unterstellungen und Grenzen, gefolgt von Gründen dafür, wieso die Versuche dadurch nicht sinnlos werden; das Ganze gipfelt schließlich in einer bemerkenswerten Anzahl von hinreichend signifikanten Korrelationen, die einige der Hypothesen weitgehend bestätigen – als ob die Aufdeckung von Strukturen des sozialen Lebens so einfach wäre. Es scheint sich hier um eine Art kongeniale Magie zu handeln, der die Überzeugung zugrunde liegt, daß, wenn man die Handlungen vollzieht, die der Wissenschaft zugeordnet werden, das Resultat Wissenschaft sein müsse. Das ist aber nicht der Fall. (…) Mit solchen Methoden wurden weder neue Bereiche naturalistischer Forschung zugänglich gemacht, noch Konzepte entwickelt, durch die unsere Auffassung des sozialen Handelns neu strukturiert worden wäre, noch Bezugssysteme ausgearbeitet, in die eine ständige wachsende Zahl von Fakten eingeordnet werden könnte. Von einem Anwachsen des Verstehens alltäglichen Verhaltens kann keine Rede sein – zugenommen hat höchstens die Distanz davon." Ergänzend hierzu Brügelmann (2015, S. 59 und 46; Hervorh. MP): „Statistisch verfeinerte Verfahren sind hilfreich für spezielle Forschungsfragen und auch für manche politischen Entscheidungen. Zur Verbesserung des pädagogischen Alltags tragen sie wenig bei. (…) Die Nützlichkeit von Forschung für die Unterrichtspraxis hängt nicht davon ab, ob sie verallgemeinerbar, sondern ob sie in der aktuellen Situation nutzbar ist. *Erkenntnis bewährt sich in der Anwendung auf den Einzelfall.*"

[9]Zur „bildungspolitisch unterstützten Kolonialisierung der originär *pädagogischen* Lerndiskurse durch die datenbasierte Bildungsforschung" siehe – zumal auf der Folie des Humboldt'schen Bildungsbegriffes – unbedingt Gantschow und Meyer-Heidemann (2014, hier S. 48).

unstrittig, dass es sich bei unserer Disziplin um eine Sozialwissenschaft handelt. Als solche ist aber auch sie *gleichermaßen* aus den Geistes- *und* den Naturwissenschaften hervorgegangen (Salzborn 2013, S. 31) und hat auch sie sich „von beiden durch ihr spezifisches Erkenntnisinteresse (…) und ihren erkenntnistheoretisch veränderten Blick auf die menschliche als soziale Wirklichkeit (…) [emanzipiert]" (ebd.). Diese Emanzipation wiederum ist dafür verantwortlich, dass die Sozialwissenschaften immer wieder in z. T. tiefe Sinnkrisen geraten sind und auch nach wie vor geraten, ist durch sie doch *stets* die Frage virulent, ob sich diese Wissenschaften durch ihre Wertneutralität und eine quasi-naturwissenschaftliche Methodologie auszeichnen oder aber durch ihren „Impuls zur kritischen Veränderung und Intervention" (ebd., S. 34), womit sie *per se* nicht neutral sein können. Zwar wird sich diese Frage mit hoher Wahrscheinlichkeit nie abschließend beantworten lassen, da „die Ambivalenz einer Antwort auf die Frage nach der Selbstlokalisierung der Sozialwissenschaften mit der Ambivalenz ihrer Konstituierung korrespondiert" (ebd.). Eines ist damit aber unbestreitbar: Sozialwissenschaftler/-innen, die nur auf *eine* der beiden o. g. Traditionslinien abstellen und damit letztlich auch die Methodenfrage rigoros einseitig aufzulösen beabsichtigen, scheinen nicht nur weit überzogene Ansprüche zu hegen, sondern negieren faktisch auch ihre je eigene Sozialwissenschaftlichkeit – schließlich übergehen sie mit ihren Alleinvertretungsansprüchen munter jene konstitutive, „historisch begründete und in die Genese der Sozialwissenschaften eingeschriebene Zerrissenheit" (ebd.).[10]

Dabei birgt genau diese Zerrissenheit – findet man (was freilich nicht ganz einfach ist) ein möglichst unaufgeregtes Verhältnis zu ihr – ein ganz immenses Potenzial. Durch sie nämlich erweitern sich die Palette *sachlogischer* Begründungen für den Zuschnitt einzelner sozialwissenschaftlicher Disziplinen sowie die Auswahlmöglichkeiten *gegenstandsadäquater* Methoden um ein Vielfaches. Auch und insbesondere deshalb kann etwa Meyer-Heidemann (2015) zeigen, dass und warum die geistige Heimat der Politikdidaktik die Philosophie – und damit eine Geisteswissenschaft – ist. So gilt seiner Auffassung nach für die Politikdidaktik dasselbe wie für die Politikwissenschaft:

---

[10]Allen Methodenmonisten sei an dieser Stelle ausdrücklich die Lektüre von Feyerabend (1983) nahegelegt. Natürlich macht dieser Verweis einerseits den im Grunde doch ziemlich lächerlichen Anachronismus der – auch hier geführten – Debatte offenkundig. Andererseits sollte man trotz allem auch noch so wirkmächtigen Deutungen stets Alternativen entgegensetzen.

Wenn sie nicht an der Wirklichkeit vorbeigehen will, muss sie die Erörterung unserer unhintergehbaren *conditio humana* als Ursprung allen politischen Denkens
anerkennen. Um Heranwachsende zur zeitkritischen Reflexion ihrer eigenen politischen Ordnung anzuregen, sollte zunächst zur Sprache gebracht werden, worin
eine menschenwürdige Existenz besteht. Nur so können Jugendliche darüber urteilen, ob die fragliche Ordnung diesen Ansprüchen gerecht wird und ob sie sich
selbst dieser Ordnung gegenüber loyal verhalten sollen. Es ist sinnvoll, zunächst die
menschlichen Grundbedingungen näher zu betrachten, um reflektieren zu können,
inwieweit die politische Ordnung diese Bedingungen tatsächlich verwirklicht.
Die Politikdidaktik, die als wissenschaftliche Disziplin darauf gerichtet ist, Ziele,
Inhalte, Methoden und Medien von politischen Bildungsgängen zu erörtern und
so den in der politischen Bildung Tätigen ihr Hintergrundverständnis zu erhellen,
sollte daher ihren Ausgangspunkt bei den Fragen nach dem Humanen nehmen
(Meyer-Heidemann 2015, S. 36 f.).

Da sich ein sinnvoller Zugang zu diesen Fragen nun aber nicht über die
Frage nach dem Wesen des Menschen herstellen lässt *(Was ist der Mensch?)*,
sondern stattdessen über die Frage <u>Wer</u> bin ich als Mensch?, sind das Politische
und mithin auch die Politikdidaktik wissenschaftshistorisch wie -theoretisch
„in der Praktischen Philosophie zu verorten" (ebd., S. 39), welche nicht etwa auf
die *physis,* sondern auf die *antropina* abstellt, sich also mit „den menschlichen
Angelegenheiten befasst" (ebd., S. 36 ff., hier S. 42). Weil damit zwangsläufig
auch und insbesondere die Politikdidaktik „Antworten auf die Fragen mensch-
licher Praxis" liefern (ebd., S. 46) und dem Anspruch gerecht werden sollte,
„einen Beitrag zu einer *gelungenen* Lebensführung zu leisten" (ebd., S. 42;
Hervorh. MP), lässt sich im Lichte der bisherigen Ausführungen festhalten, dass
angesichts des o. g. Imperativs das Selbstverständnis zumindest einiger Politik-
didaktiker/-innen inzwischen offenbar ebenso verkümmert ist wie das von ihnen
durchzusetzen beabsichtigte Empiriekonzept. Jedenfalls existieren fundamentale Unterschiede zwischen der sozial- und der naturwissenschaftlichen Domäne
(Meyer-Heidemann 2015, S. 35–50). Augenscheinlich aber hat das Paradigma der
Kompetenzorientierung dazu geführt, dass zumindest einige dem Versuch „einer
verobjektivierenden Wesensbeschreibung des Menschen" (ebd., S. 46) gegenüber
dem genuin *Politischen* den Vorzug eingeräumt haben, womit sie – nicht zuletzt aus
instrumentellen Gründen – die eigene Besonderheit offenbar zu leugnen bereit sind.
Anders ist es jedenfalls nicht zu erklären, warum sie „der Übertragung der mathe-
matisch-naturwissenschaftlichen Methode auf einen gänzlich anders gearteten
Gegenstandsbereich" (ebd.) so unfassbar schnell gefolgt sind und damit bereitwillig
zentrale Ziele Politischer Bildung wie bspw. die politische Urteilsfähigkeit oder die
Ausbildung politischer Orientierungen auf dem Altar der Operationalisierbarkeit

geopfert haben – lassen sich diese doch eben nicht (ohne Weiteres) als *outcome* von Bildungsgängen feststellen (siehe Fn. 4).[11] Meyer-Heidemann ist insofern in Gänze darin zuzustimmen, dass

> dem verbreiteten Anspruch auf Messbarkeit ein epistemisches Erkenntnisstreben [zugrunde zu liegen scheint], das dem Phänomen des Politischen völlig unangemessen ist. (…) Menschliches Handeln wird in dieser Weise auf eine reine *performance* reduziert, ohne den Bedeutungsgehalt (*significance*) einer Handlung angemessen zu berücksichtigen (ebd., S. 209).

Als wäre all' dies nicht schon problematisch genug, kommen m. E. nun noch mindestens zwei weitere zentrale Probleme hinzu. Denn nicht nur, dass sich vor dem oben skizzierten Hintergrund eine ganze Generation politikdidaktischer Nachwuchswissenschaftler/-innen von einem mehr als fragwürdigen Diktum gängeln und regelmäßig den völlig absurden Vorwurf der Theorielosigkeit ihrer Forschung gefallen lassen muss. Auch und v. a. wird es durch die Leugnung der Besonderheit unserer Domäne seitens einiger Kolleg(inn)en für Politiklehrer/-innen immer schwerer, „das Spezifische ihres Faches zu begründen und (…) gegenüber anderen Fächern auszuweisen" (ebd., S. 211). Da politische Bildner/-innen bei solchen Versuchen mithin immer weniger auf die argumenta-tive ‚Schützenhilfe' der Politikdidaktik bauen können, wird durch den o. g. Imperativ einer weiteren Entkoppelung von wissenschaftlicher Politikdidaktik und (außer-)schulischer Politischer Bildung also noch massiv Vorschub geleistet.

---

[11]Völlig zurecht konstatiert Meyer-Heidemann (2015, S. 30): Diese Praxis „überzeugt nicht. Denn aus dem Problem der Messbarkeit aller Kompetenzdimensionen die einfache Konsequenz zu ziehen, das Nicht-Messbare schlicht aus der Betrachtung auszuschließen, scheint ein mehr als zweifelhaftes Vorgehen zu sein. Denn so wird nicht dasjenige, was das Schulfach Politische Bildung insgesamt an Kompetenzen hervorbringen soll, zum Ausgangspunkt der Betrachtung gemacht, sondern ein spezifischer Leistungsbegriff und eine mit diesem zu vereinbarende Messmethode. Als unweigerliche Folge wird, da die Messmethode den Gegenstand nicht in seiner Mehrdimensionalität erfassen kann, (…) der Gegenstand reduziert und der Methode angepasst. Dies muss vor jedem messtheoretischen Hintergrund paradox und methodisch unzulässig erscheinen." Zur s. g. Evidenzbasierung – und ihrer Kritik – siehe auch Meyer-Heidemann (2014).

2   Von der Praxis, für die Praxis, mit der Praxis –
Die Politikdidaktik als interventionsorientierte
Disziplin

Um dieser fatalen Entwicklung entgegenzusteuern, wären nach meinem Dafür-
halten nun mindestens die folgenden Schritte nötig: (I) Zunächst einmal täte die
Politikdidaktik gut daran, sich ihre *Zugehörigkeit zur Praktischen Philosophie*
wieder intensiver bewusst zu machen, sich also als eine „praktische Wissenschaft
vom Menschen" zu begreifen (ebd., S. 50).[12] Diese Vergegenwärtigung könnte
sodann (II) dabei behilflich sein, wieder intensiver auf die *eigentlichen* Herausforderungen Politischer Bildung zu fokussieren und Antworten darauf zu finden, ob
und – falls ja – wie diesen Herausforderungen *sinnvoll* begegnet werden könnte.
Jenseits aller Fragen nach einer Theorie der Bildungsinhalte und denen nach
einem konkreten politikdidaktischen Planungs- und Entscheidungsmodell bestehen diese Herausforderungen m. E. mindestens in Folgendem:

a) Da die Demokratie als Staats- und Herrschaftsform nicht nur begründungs-
pflichtig, sondern auch in höchstem Maße zustimmungsbedürftig ist, ist es
eine essenzielle Aufgabe Politischer Bildung, einen Beitrag „zur Fundierung,
Legitimation und Reproduktion demokratischer Herrschaft" zu leisten (Lange
2007, S. 209). Weil die Persistenz eines demokratisch-politischen Systems
jedoch nicht allein von strukturellen (Minimal-)Bedingungen abhängig ist
(wie bspw. Rechts- und Verfassungsstaatlichkeit, Gewaltenteilung usw.),
sondern auch und v. a. von den politischen Orientierungen der Bürger/-innen
gegenüber diesem System (Partetzke 2017), besteht eine *erste* Herausforderung für die Politische Bildung darin, einen Beitrag zur Ausbildung eben
dieser Orientierungen zu leisten – und zwar ohne dabei hinter den Beutelsbacher Konsens zurückzufallen.
b) Mit Beutelsbach ist implizit eine weitere Herausforderung benannt: Will
sich Politische Bildung nicht den Vorwurf einhandeln, funktionalistisch-
systemaffirmativ zu sein, so liegt trotz der in (a) genannten Fokussierung ihre
eigentliche Orientierung klar auf der Hand. So unterliegt sie nicht etwa „dem
Primat der demokratischen Systemadaption, sondern dem Primat der politischen

---

[12]Es sei ausdrücklich erwähnt, dass mit diesem (veränderten) Selbstverständnis keine
methodologische/methodische Engführung verbunden ist (s. u.), schließlich wäre dies
nichts Anderes als jene hier kritisierte Verabsolutierung, bei der dann lediglich das
Vorzeichen ausgetauscht worden wäre.

Selbstverwirklichung mündiger Bürgerinnen und Bürger" (Lange 2008, S. 431).
Sie stellt die Fähigkeit „zur politischen Selbstbestimmung" heraus und „begreift
Autonomie und Mündigkeit des demokratischen Souveräns als Ausgangspunkt
(...) des Bildungsprozesses" (ebd., S. 432). M. a. W.: Eine *zweite* Herausforderung Politischer Bildung besteht darin, einen Beitrag zur Entwicklung eines
demokratisch-politischen Bewusstseins bzw. einer demokratisch-politischen
Identität von Schüler(inne)n zu leisten (Deichmann 2004, S. 32 bzw. 2007,
S. 146), damit diese ihre Bürgerrolle in der Demokratie aktiv wahrnehmen
können.[13]

c) Vergegenwärtigt man sich die Ergebnisse der Politischen-Kultur- sowie die
der Jugendforschung, so stößt man u. a. auf folgenden Befund: zwischen
der Alltagswelt von Jugendlichen und der traditionellen Politik besteht eine
z. T. erhebliche Distanz (Partetzke 2016, S. 1–9). Zwar ist es im Lichte der
Rollentheorie (Deichmann 2004, S. 57 ff.) sowie des Dualismus' von Mikro-
und Makrowelt (Berger und Berger 1994, S. 15; Berger und Luckmann 2004,
S. 21–36) nicht sonderlich schwer, plausible Ursachen für eben diese Distanz
zu identifizieren. Für die Politische Bildung ergibt sich damit sowie auf der
Folie von (a) und (b) jedoch eine *dritte* zentrale Herausforderung – nämlich:
einen Beitrag zur Überwindung dieser offenbar „strukturbedingten Distanz"
(Deichmann 2004, S. 57) zwischen der Alltagswelt von Jugendlichen und der
(traditionellen) Politik zu leisten.

Von der Didaktik der Politischen Bildung wiederum verlangt dies (III) in erster
Line die *Entwicklung solcher Lehr-Lern-Strategien,*

> die mittels eines bestimmten Phänomens aus der mehrdimensionalen sozialen/
> politischen ›Realität‹ nicht nur einen Zugang *zu* dieser ›Realität‹, sondern – als
> Analysepfade – stets auch einen spezifischen, interpretativen und verständnisin-
> tensiven Einblick *in* diese ›Realität‹ gewährleisten, damit diese von Schüler(inne)n
> in all' ihren Dimensionen und deren Interdependenzen kennen gelernt, verstanden
> und beurteilt werden kann (Partetzke 2016, S. 13 f.; dort anders hervorg.).

Insofern plädiere ich an dieser Stelle also für nicht weniger als für die Entwicklung solcher *politikdidaktischen Interventionen,* die inzwischen als politikdidaktische Ansätze bekannt sind (Deichmann und Tischner 2013), und damit für ein

---

[13]Freilich handelt es sich dabei nicht um zwingende Voraussetzungen der aktiven Wahrnehmung der Bürgerrolle, wohl aber um *wünschenswerte* (Partetzke 2016, S. 132–136).

Selbstverständnis unserer Disziplin *als interventionsorientiert.* Natürlich schließt dies Normativität explizit mit ein. Deren (versuchter) Ausschluss erscheint mir jedoch deshalb gleichermaßen undenkbar wie absurd, weil sich – nicht zuletzt aus ihrer eigenen geisteswissenschaftlichen Tradition heraus (s. o.) – doch

> sowohl die Pädagogik als auch die (Fach-)Didaktik(en) einem *Bildung*sbegriff verpflichtet [wissen], womit es ihnen keineswegs gleichgültig sein kann, ‚wie und wozu Menschen sich entwickeln bzw. was Menschen wie und wozu lernen; sie folg[en] einer normativen Orientierung, die ihr Handeln leitet' (Partetzke 2016, S. 510 f.; darin zit. Reinmann und Sesink 2011, S. 7).

(IV) Natürlich resultiert hieraus eines nun ganz sicher nicht: Empirielosigkeit, schließlich kann sich auch eine sich so begreifende Politikdidaktik keineswegs damit zufriedengeben, die Potenziale der von ihr entwickelten Interventionen[14] ausschließlich argumentativ zu begründen oder schlechterdings zu behaupten. M. a. W.: Will sie keine reine Wunschprosa sein und nicht auch sie Gefahr laufen, an der (schulischen) Praxis Politischer Bildung vorbeizugehen, so steht für sie nach der Interventionsentwicklung mindestens die empirische Beantwortung der beiden Fragen an, *ob* und – falls ja – *inwiefern* es sich bei den von ihr entwickelten Interventionen auch um *Innovationen* (dazu siehe Reinmann 2005, S. 53 ff.) handelt; also ob und inwiefern diese Interventionen für die Praxis nicht nur *neu* sind, sondern auch dabei behilflich sein können, eben diese zu *verbessern.* Als eine interventionsorientierte Disziplin muss sich jedenfalls auch die Politikdidaktik die Frage nach ihrem *Innovationspotenzial* gefallen lassen, was m. E. schon allein deshalb recht und billig ist, weil im Grunde doch jedwede Fachdidaktik immer nur eine Wissenschaft *von* der Praxis *für* die Praxis sein kann.[15]

Nun sind aus der Ferne die Aufschreie einiger ob dieses Konzepts von Forschung als anwendungsorientiert bzw. begleitend freilich schon vernehmbar, müssen sich die Praxis-, Aktions-, Begleit- und/oder Evaluationsforschung doch regelmäßig Fragen danach gefallen lassen, ob sie eigentlich *schon* (Reimers 2005) oder überhaupt *noch* (Altrichter 1990) Wissenschaft sind. Ruft man sich die innerhalb der *scientific community* durchaus existierenden, ganz unterschiedlichen Wertesysteme in Erinnerung (siehe dazu Reinmann 2010, S. 245 ff.) und

---

[14]Dabei muss es sich freilich nicht nur um politikdidaktische Ansätze handeln.
[15]Dass es – zumindest aus Sicht einiger, offenbar mit hohen Durchsetzungspotentialen ausgestatteter Akteure – einer s. g. *Transferstelle politische Bildung* bedarf, verweist insofern – selbst dann, wenn man den dahinterstehenden politischen Impetus vernachlässigt – auf offenbar eklatante Transferprobleme unserer Disziplin, der damit zugleich – jedenfalls diesbezüglich – ein absolutes Armutszeugnis ausgestellt wird.

Tab. 1 (Politik-)Didaktik als Scharnier zwischen Wissenschaft und Praxis

Wissenschaft (Wahrheit als Maßstab)	(Politik-) Didaktik	Praxis (Brauchbarkeit als Maßstab)
Scientific Community: Relativ geschlossene Gruppe mit explizitem Regelwerk, Zugangsbarrieren und hoher Identifikation		*Praxisgemeinschaften:* Relativ vielfältige und heterogene Gruppen mit impliziten Regeln und Offenheit für situative Anforderungen
Fiktives Marktgeschehen: Selbst gesetzte Normen und Kriterien handlungsleitend; kein Kontakt zum „Endkunden"		*Reales Marktgeschehen:* Nutzen oder Ressourcenverbrauch handlungsleitend; Entscheidung durch den „Endkunden"
Wertesystem: Reine Erkenntnis *vs.* Nutzen als Streitpunkt von Wissenschaft und Forschung		*Bedarfssystem:* Praktische Problemlösung *vs.* Reformen (Störung) als potenzieller Streitpunkt
→ stark ausgeprägter Dissens		→ schwach ausgeprägter Dissens

Quelle: eigene Darstellung, Text linke und rechte Spalte aus Reinmann (2007, S. 203)

stellt obendrein *beide* sozialwissenschaftliche Traditionslinien in Rechnung
(s. o.), dann entpuppt sich das in Kap. 1 beschriebene Empiriekonzept aber als
nicht weniger denn als „methodische und ideologische *Monokultur*" (Reinmann
2007, S. 216), der man problemlos eine Erweiterung bzw. Wiederentdeckung
dessen entgegenstellen kann, was alles *noch* als Empirie fassbar ist. Nimmt die
(Politik-)Didaktik die ihr unweigerlich eingeschriebene Sonderstellung als ein
Scharnier zwischen zwei jeweils als eigenlogisch charakterisierten ‚Märkten'
(Reinmann 2007) ernst (Tab. 1), so folgt jedenfalls auch daraus ein deutlich
anders gelagertes Selbstverständnis, aus dem heraus sich ein Gutteil der (politik-)
didaktischen Forschung dann wiederum in erster Linie als *design-based research*
darzustellen hat.[16]

Hiernach ist auch *politikdidaktisches Handeln* im Wesentlichen als ein doppelter *Problemlösungsprozess* zu konzeptualisieren. So geht es – wie oben beschrieben – *einerseits* darum, solche politikdidaktischen Interventionen zu entwickeln,
mit denen den zentralen Herausforderungen Politischer Bildung (potenziell) sinnvoll begegnet werden kann (das sind die s. g. *designs*), wobei auch „dieser Akt
der *Entwicklung im engeren Sinne* ebenso wie die damit verwobenen Aktivitäten
als empirische Tätigkeiten gelten können" (Reinmann 2013, S. 55). Da die Praxis
gegenüber der Wissenschaft legitimer Weise nicht nur Antworten bezüglich der
Fragen einfordern kann,

---

[16]Grundlegend zu diesem Paradigma: The Design-Based Research Collective (2003) sowie
alle hier zit. Texte Reinmanns.

a) was sein soll (Ziele Politischer Bildung),
b) was ist (Zustandsbeschreibung)

und

c) wie das, was sein soll, erreicht werden kann (u. a. Entwicklung von Interventionen),

sondern eben auch,

d) wie es sich mit der Umsetzbarkeit der von ihr entwickelten Interventionen verhält und ob diese gewissermaßen halten, was sie versprechen,

geht es aber *andererseits* auch darum, die entwickelten bzw. selbst gestalteten Interventionen zu erproben und

> anhand der Funktionsfähigkeit dieser Entwicklung[en] Erfahrungen über die jeweils tangierten Phänomene zu sammeln. Um solche Entwicklungen (…) im Kontext der Bildung zu testen, muss man sie in Schule (…) implementieren, um dann die erzielten Effekte zu überprüfen und zu begründen. Die dazu nötigen Planungs-, Konstruktions- und Umsetzungsprozesse sind selbstverständlich auch *erfahrungsbasiert* – allein am Schreibtisch lassen sich diese nicht vollziehen (Reinmann 2010, S. 247; dort teilw. anders hervorg.).[17]

Mithin plädiere ich an dieser Stelle nicht allein für ein *Selbstverständnis* der Politikdidaktik als interventionsorientierter Disziplin, sondern auch für eines *als einer auf die spezifischen Herausforderungen Politischer Bildung gemünzten, „entwicklungsorientierten Bildungsforschung"* (Reinmann und Sesink 2011, S. 2; Hervorh. MP). Danach müssen den Interventionsentwicklungen bzw. -gestaltungen *(design)* die Erprobungen dieser Interventionen in der Praxis *(enactment),* deren Evaluationen *(analysis),* auf der Basis der Evaluationsergebnisse gegebenenfalls nötige Veränderungen bzw. Verbesserungen *(re-design),* erneute Erprobungen, sich daran abermals anschließende Evaluationen sowie ggf. erneute Anpassungen dieser Interventionen folgen (Abb. 1) – und zwar in weiten Teilen *mit* der Praxis gemeinsam.[18]

Bedeutsam wäre dieses (veränderte) Selbstverständnis m. E. nun mindestens aus drei Gründen. Erstens ginge es damit auch der Politikdidaktik wieder verstärkt

---

[17]Hinsichtlich der Frage, wie neue politikdidaktische Ansätze (und andere *designs*) ihren Weg in die Praxis finden können, hilft der Blick in andere Fachbereiche. So diskutiert etwa Kliche (2010) *Erfolgsfaktoren für die Verbreitung, Einführung und Verstetigung von Innovationen* im Bereich Sozialer Arbeit.

[18]Beispielgebend ist etwa Besand (2015).

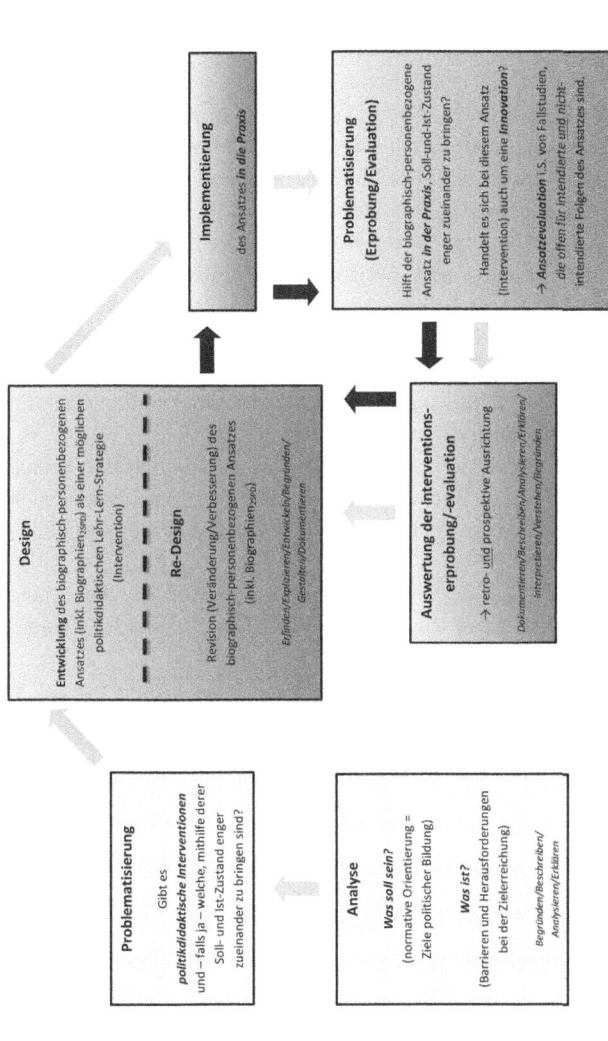

Abb. 1 Politikdidaktische Forschung als *design-based research* am Beispiel des biographisch-personenbezogenen Ansatzes. (Quelle: eigene Darstellung nach Partetzke [2016, S. 515]). Anmerkungen: Veranschaulicht wird hier insb. der iterative Grundmodus des *design-based research*-Ansatzes. Mit ‚Biographie[2SPD]‘ wird auf ein ganz bestimmtes Biographiekonzept abgehoben (zu diesem und anderen siehe Partetzke 2016). Die jeweils kursiv gesetzten Zeitwörter (Begründen, Beschreiben, Erklären, Verstehen usw.) referieren auf grundlegende wissenschaftliche Tätigkeiten, mit denen – jedenfalls teilweise – grundlegende Verfahren der empirischen Sozialforschung korrespondieren (bspw. Erklären = quantitativ-empirisch, Interpretieren/Verstehen = qualitativ-empirisch)

„über die empirische und rekonstruierende Erfassung der existierenden Welt und die kulturelle Verständigung über deren Legitimität *hinaus* um den Entwurf und die Realisierung (noch) nicht existierender, aber vorläufig als möglich angenommener und sinnvoll erachteter Welten" (Reinmann und Sesink 2011, S. 9), womit auch sie „die Potenziale zur *Transformation* existierender Realität in eine künftige Realität" (ebd.) erfassen und sodann mit auszugestalten versuchen würde.

Zweitens ließe sich damit auch durch sie bzw. mit ihr die bisherige, recht rigide Dichotomie zwischen Wissenschaft auf der einen und Praxis auf der anderen Seite ein gutes Stück weit aufweichen. Und drittens ließe sich die Politikdidaktik damit auf einen Weg ein, im Zuge dessen auch sie sich von einer Wissenschaft von der Praxis für die Praxis zu einer Wissenschaft von der Praxis, für die Praxis, *mit* der Praxis hin entwickeln könnte. Weil sie damit viel stärker, als dies bislang der Fall ist, einen Beitrag zum Gelingen eben dieser Praxis leisten dürfte, würde unsere Disziplin (wie wohl die Politische Bildung insgesamt) potenziell einen ganz erheblichen Bedeutungsgewinn erfahren und müsste ihre Besonderheit infolgedessen auch nicht länger verleugnen und/oder sich als Erfüllungsgehilfe bildungspolitischer bzw. -administrativer Akteure anbiedern.

Um möglichen Missverständnissen vorzubeugen, seien abschließend einige wenige Bemerkungen gestattet. Weder folgt aus dem hier vorgeschlagenen Selbstverständnis die Konsequenz, den einen Auftraggeber (Bildungspolitik) durch einen anderen (Praxis) zu ersetzen, noch die Schlussfolgerung, politikdidaktische *designs* seien als *top-down*-Innovationen zu begreifen und es ginge darum, Praktiker(inne)n etwas vorzuschreiben. So zeigt doch gerade die Kompetenzorientierung überaus effektvoll, dass Druck jeglicher Art

> zwar kurzfristig den Zwang zur Veränderung [erhöht], nicht aber die Handlungsfähigkeit der Menschen und die Gestaltungskapazität der Organisationen; er erzeugt daher meist Reaktanz, also offene und verdeckte Widerstände, Motivationseinbußen und Bestrebungen, Freiräume zu verteidigen (Kliche 2010, S. 135).

Intendiert ist stattdessen eine gleichermaßen fruchtbare wie produktive *„Entwicklungspartnerschaft"* (Reinmann und Sesink 2011, S. 12) zwischen wissenschaftlicher Politikdidaktik auf der einen und (schulischer) Praxis Politischer Bildung auf der anderen Seite, gemäß der sich auch unsere Didaktik nicht darauf beschränken kann, eine ausschließlich angebotsorientierte Disziplin zu sein – also eine, die zwar eifrig Interventionen entwickelt und selbstständig gestaltet, dann aber die Praxis, für die diese Interventionen ja konzipiert werden (sollten), weitestgehend sich selbst überlässt. Wer sich für die empirischen Potenziale (aber auch Grenzen) seiner Angebote nicht interessiert, beteiligt sich m. E. jedenfalls aktiv an der weiteren Trennung der beiden o. g. Märkte und vertagt die zentrale Frage nach dem Nutzen dadurch auch weiterhin (Reinmann und Kahlert 2007). Natürlich wird damit einer Auflösung der beiden Märkte hier nicht das Wort geredet. Angesichts der bisweilen tief klaffenden Lücke zwischen (fach-)didaktischer Forschung und den alltäglichen Herausforderungen (in) der Praxis, wäre eine größere Durchlässigkeit zwischen ihnen aber durchaus wünschenswert, zumal die (Fach-)Didaktiken einen erheblichen Teil ihrer Daseinsberechtigung doch auch dadurch erfahren, dass „sie Ergebnisse produzieren, die dazu in der Lage sind, *konkrete Impulse für eine praxisorientierte Fortentwicklung von Lehr-/ Lehrarrangements* zu liefern" (Besand 2015, S. 113; Hervorh. MP). Da man die Einführung, Verbreitung und Verstetigung solcher Ergebnisse wiederum (nur) dann „erfolgreich vorantreiben [kann], wenn man über ihre Träger gut Bescheid weiß, deren Bedürfnisse, Werte und Normen anspricht und ihnen am Beispiel nahebringen kann, welchen Nutzen sie aus (...) Veränderungen ziehen" (Kliche 2010, S. 132), sollten diese Träger möglichst frühzeitig und gleichberechtigt in den Prozess des *design-based research*-Ansatz einbezogen werden, womit man sie nicht länger in ihrem Status als bloße Forschungs*objekte* belassen kann.[19] „Wenn wir wollen, dass die Lehr-Lernforschung ihre Gestaltungskraft im Bildungsgeschehen nicht verliert und dass Fragen nach Zielen und Qualitäten von Neuerungen nicht allein dem Feld der Politik und der Wirtschaft überlassen werden (...), dann werden wir unsere Erfahrungen mit Ansätzen wie diesem in den nächsten Jahren deutlich ausbauen müssen" (Besand 2015, S. 123).

Literatur

Altrichter, Herbert. 1990. *Ist das noch Wissenschaft? Darstellung und wissenschaftstheoretische Diskussion einer von Lehrern betriebenen Aktionsforschung.* München: Profil.

Baumert, Jürgen et al. (Hrsg.). 2001. *PISA 2000. Basiskompetenzen von Schülerinnen und Schülern im internationalen Vergleich.* Opladen: Leske + Budrich.

Berger, Peter L. und Brigitte Berger. 1994. *Wir und die Gesellschaft. Eine Einführung in die Soziologie, entwickelt an der Alltagserfahrung, übersetzt von Monika Plessner.* Reinbek bei Hamburg: Rowohlt.

---

[19]Nötig sind mithin auch „*demokratische* Evaluationen" (Brügelmann 2015, S. 13), mit denen die Forderung verbunden ist, „die Betroffenen durch externe Beurteilungen nicht zu entmündigen, sondern sie in ihrer persönlichen Evaluations- und Problemlösekompetenz zu stärken" (ebd., S. 94).

Berger, Peter und Thomas Luckmann. 2004. *Die gesellschaftliche Konstruktion der Wirklichkeit. Eine Theorie der Wissenssoziologie, mit einer Einleitung zur deutschen Ausgabe von Helmut Plessner, übersetzt von Monika Plessner.* 20. Aufl. Frankfurt/M.: Fischer.

Besand, Anja. 2007. Sozialwissenschaftliche Bildung im Schnellkochtopf. Oder: Wie positioniert sich die sozialwissenschaftliche Bildung in der bildungspolitischen Reformdiskussion? In: *Domänenspezifische Diagnostik. Wissenschaftliche Beiträge für die politische Bildung,* hrsg. J. Schattschneider, 8–20. Schwalbach/Ts.: Wochenschau.

Besand, Anja. 2015. Design Based Research. Oder auch: Lernmedien als doppelter Forschungsgegenstand der fachdidaktischen Forschung. In: *Formate fachdidaktischer Forschung in der politischen Bildung,* hrsg. A. Petrik, 113–124. Schwalbach/Ts.: Wochenschau.

BMBF (Hrsg.). 2003. *Zur Entwicklung nationaler Bildungsstandards. Eine Expertise.* Bonn/Berlin: BMBF.

Brügelmann, Hans. 2015. *Vermessene Schulen – standardisierte Schüler. Zu Risiken und Nebenwirkungen von PISA, Hattie, VerA & Co.* Weinheim/Basel: Beltz.

Deichmann, Carl. 2004. *Lehrbuch Politikdidaktik.* München u. a.: Oldenbourg.

Deichmann, Carl. 2007. Politisches Bewusstsein und Politische Bildung. In: *Demokratiebewusstsein. Interdisziplinäre Annäherungen an ein zentrales Thema der Politischen Bildung,* hrsg. D. Lange und G. Himmelmann, 145–163. Wiesbaden: VS Verlag.

Deichmann, Carl und Christian K. Tischner (Hrsg.). 2013. *Handbuch Dimensionen und Ansätze in der politischen Bildung.* Schwalbach/Ts.: Wochenschau.

Dust, Martin und Johanna Mierendorff (Red.). 2010. *Der vermessene Mensch. Ein kritischer Blick auf Messbarkeit, Normierung und Standardisierung.* Frankfurt/M. u. a.: Lang.

Feyerabend, Paul. 1983. *Wider den Methodenzwang.* 2. Aufl. Frankfurt/M.: Suhrkamp.

Gantschow, Alexander und Christian Meyer-Heidemann. 2014. Kompetenzen ohne Standardisierung. Plädoyer für ein erweitertes Bildungsverständnis in den gesellschaftswissenschaftlichen Fächern. *Zeitschrift für die Didaktiken der Gesellschafswissenschaften* 2/2014: 48–67.

Goffman, Erving. 1974. *Das Individuum im öffentlichen Austausch. Mikrostudien zur öffentlichen Ordnung, übersetzt von R. und R. Wiggershaus.* Frankfurt/M.: Suhrkamp.

GPJE. 2004. *Anforderungen an Nationale Bildungsstandards für den Fachunterricht in der Politischen Bildung an Schulen. Ein Entwurf.* Schwalbach/Ts.: Wochenschau.

Hauk, Dennis und Marc Partetzke. 2014. Der Weg zum Ziel – Politikdidaktische Ansätze und kompetenzorientierte Politikdidaktik. In: *Kompetenzorientierung in der politischen Bildung. überdenken_weiterdenken,* hrsg. R. Behrens, 33–41. Schwalbach/Ts.: Wochenschau.

Kahlert, Joachim. 2015. Inklusionsdidaktische Netze in der politischen Bildung. Konzeptioneller Hintergrund und Anwendungsmöglichkeiten. In: *Didaktik der inklusiven politischen Bildung,* hrsg. C. Dönges et al., 182–195. Bonn: BpB.

Kliche, Thomas. 2010. Wie bekomme ich neue Ansätze in die Praxis? Erfolgsfaktoren für die Verbreitung, Einführung und Verstetigung von Innovationen. In: *Ressourcenorientiert Arbeiten. Anleitung zu einem gelingenden Praxistransfer im Sozialbereich,* hrsg. T. Möbius und S. Friedrich, 127–140. Wiesbaden: VS Verlag.

Lange, Dirk. 2007. Politikbewusstsein und Politische Bildung. In: *Konzeptionen Politischer Bildung,* hrsg. D. Lange, 205–213. Baltmannsweiler: Schneider Verlag Hohengehren.

Lange, Dirk. 2008. Bürgerbewusstsein. Sinnbilder und Sinnbildungen in der Politischen Bildung. *Gesellschaft, Wirtschaft, Politik* 3/2008: 431–439.

Manzel, Sabine. 2014. Was wissen wir wirklich über politische Bildung in der Schule? Eine kritische Würdigung zum Stand der Disziplin. In: *Politische Bildung als lebenslanges Lernen*, hrsg. D. Lange und T. Oeftering, 55–68. Schwalbach/Ts.: Wochenschau.

Meyer-Heidemann, Christian. 2014. Wissen und Einstellungen „evidenzbasiert" erforschen? Kritik einer spezifischen Vorstellung von politikdidaktischer Wissenschaftlichkeit. *POLIS* 2/2014: 14 ff.

Meyer-Heidemann, Christian. 2015. *Selbstbildung und Bürgeridentität. Politische Bildung vor dem Hintergrund der politischen Theorie von Charles Taylor*. 2., überarb. Aufl. Schwalbach/Ts.: Wochenschau.

Partetzke, Marc. 2016. *Von realen Leben und politischer Wirklichkeit. Grundlegung einer biographiebasierten Politischen Bildung am Beispiel der DDR*. Wiesbaden: Springer VS.

Partetzke, Marc. 2017. Kritisch, affirmativ, unnötig?! – Zu einem Schattengefecht innerhalb der Politikdidaktik. Oder: Der Beitrag der Politischen Kultur(-forschung) zur Zieldiskussion in der politischen Bildung. In: *Kritische politische Bildung. Standpunkte und Perspektiven*, hrsg. M. Görtler et al., 17–29. Schwalbach/Ts.: Wochenschau.

Reichenbach, Roland. 2015. „Was war es, was wir wissen wollten?" 15 Jahre vergleichende Leistungsstanderhebungen im Bereich der Bildung – eine Kritik. *Zeitschrift für die Didaktiken der Gesellschafswissenschaften* 2/2015: 19–33.

Reimers, Heiko. 2005. Schulbegleitforschung – ist das schon Wissenschaft? In: *Schulbegleitforschung. Erwartungen, Ergebnisse, Wirkungen*, hrsg. E. Eckert und W. Fichten, 75–88. Münster: Waxmann.

Reinmann, Gabi. 2005. Innovation ohne Forschung? Ein Plädoyer für den Design-Based Research-Ansatz in der Lehr-Lernforschung. *Unterrichtswissenschaft. Zeitschrift für die Lernforschung* 1/2005: 52–69.

Reinmann, Gabi. 2007. Innovationskrise in der Bildungsforschung: Von Interessenkämpfen und ungenutzten Chancen einer Hard-to-do-Science. In: *Der Nutzen wird vertagt ... Bildungswissenschaften im Spannungsfeld zwischen wissenschaftlicher Profilbildung und praktischem* Mehrwert, hrsg. G. Reinmann und J. Kahlert, 198–220. Lengerich u. a.: Pabst.

Reinmann, Gabi. 2010. Mögliche Wege der Erkenntnis in den Bildungswissenschaften. In: *Konkrete Psychologie. Die Gestaltungsanalyse der Handlungswelt*, hrsg. G. Jüttemann und W. Mack, 237–252. Lengerich u. a.: Pabst.

Reinmann, Gabi. 2013. Entwicklung als Forschung? Gedanken zur Verortung und Präzisierung einer entwicklungsorientierten Bildungsforschung. In: *Kompetenzentwicklung in unterschiedlichen Lernkulturen*, hrsg. S. Seufert und C. Metzger, 45–60. Paderborn: Eusl.

Reinmann, Gabi und Joachim Kahlert (Hrsg.). 2007. *Der Nutzen wird vertagt ... Bildungswissenschaften im Spannungsfeld zwischen wissenschaftlicher Profilbildung und praktischem Mehrwert*. Lengerich u. a.: Pabst.

Reinmann, Gabi und Werner Sesink. 2011. *Entwicklungsorientierte Bildungsforschung*. http://gabi-reinmann.de/wp-content/uploads/2011/11/SesinkReinmann_Entwicklungsforschung_v05_20_11_2011.pdf. Zugriff am 31. März 2016.

Salzborn, Samuel. 2013. *Sozialwissenschaften zur Einführung*. Hamburg: Junius.

Sander, Wolfgang. 2013. Die Kompetenzblase – Transformationen und Grenzen der Kompetenzorientierung. *Zeitschrift für die Didaktiken der Gesellschafswissenschaften* 1/2013: 100–124.

Schütz, Alfred. 2004. Common-Sense und wissenschaftliche Interpretation menschlichen Handelns. In: *Methodologie interpretativer Sozialforschung. Klassische Grundlagentexte*, hrsg. J. Strübing und B. Schnettler, 155–197. Konstanz: UTB.

Spinner, Kaspar H. 2005. Der standardisierte Schüler. *Didaktik Deutsch. Halbjahresschrift für die Didaktik der deutschen Sprache und Literatur* 18/2005: 4–13.

Steinke, Iris. 2012. Gütekriterien qualitativer Forschung. In: *Qualitative Forschung. Ein Handbuch*, hrsg. U. Flick et al. 9. Aufl., 319–331. Reinbek bei Hamburg: Rowohlt.

Strübing, Jörg. 2013. *Qualitative Sozialforschung. Eine komprimierte Einführung für Studierende*. München: Oldenbourg.

Terhart, Ewald. 2011. Hat John Hattie tatsächlich den heiligen Gral der Schul- und Unterrichtsforschung gefunden? Eine Auseinandersetzung mit Visible Learning. In: *Metamorphosen der Bildung. Historie, Empirie, Theorie*, hrsg. E. Keiner et al., 277–292. Bad Heilbrunn: Klinkhardt.

The Design-Based Research Collective. 2003. Design-Based Research: An Emerging Paradigm for Educational Inquiry. *Educational Researcher*, Vol. 32, No. 1: 5–8.

Weinert, Franz E. 2002. Vergleichende Leistungsmessung in Schulen – eine umstrittene Selbstverständlichkeit. In: *Leistungsmessung in Schulen*, hrsg. F. E. Weinert. 2. Aufl., 17–31. Weinheim/Basel: Beltz.

Weißeno, Georg. 2012. Zum Stand empirischer politikdidaktischer Forschung. In: *Unterrichtsleitbilder in der politischen Bildung*, hrsg. I. Juchler, 115–126. Schwalbach/Ts.: Wochenschau.

Performanzuntersuchung zur politischen Urteilskompetenz von Schüler*innen

Auszüge aus der Forschungspraxis:
Anwendungsbeispiel der objektiven Hermeneutik

Hendrik Schröder

1   Einleitung

Die Ausbildung einer fundierten politischen Urteilskompetenz gilt als ein Garant dafür, selbstbestimmt an gesellschaftlichen Strukturen partizipieren zu können. Aus diesem Grund wird die Urteilskompetenz als eine zentrale Intention politischen Lernens verstanden (Klee 2011, S. 54) und von vielen Didaktiker*innen als ein vorrangiges Vermittlungsziel der politischen Bildung gesehen (Breit und Weißeno 1997, S. 295; Massing 1997, S. 115; Pohl 2014, S. 188; Juchler 2014, S. 285). Auf den ersten Blick mag daher der geringe Umfang an empirischen Studien zur politischen Urteilskompetenz überraschen (Henkenborg 2005, S. 56; Sander 2012, S. 7 f.). Auf den zweiten Blick jedoch wird schnell deutlich, welche forschungspragmatischen Schwierigkeiten bei der Untersuchung dieser Kompetenz existieren – zumindest dann, wenn man die Sozietät des Menschen

H. Schröder (✉)
Bremen, Deutschland
E-Mail: hendrik.schroeder@uni-bremen.de

© Springer Fachmedien Wiesbaden GmbH, ein Teil von Springer Nature 2018   27
C. Deichmann und M. Partetzke (Hrsg.), *Schulische und
außerschulische politische Bildung*, Politische Bildung,
https://doi.org/10.1007/978-3-658-20618-5_3

in seiner Differenziertheit berücksichtigt. Die von Carla Schelle (2007, S. 381) diagnostizierten, prekären Forschungsbedingungen[1], unter denen die meisten politikdidaktischen Studien leiden, erschweren mithin eine vollumfängliche Untersuchung dieses komplexen Phänomens. Auch die im Folgenden in Auszügen beschriebene Untersuchung zur politischen Urteilskompetenz muss sich diesen forschungspragmatischen Bedingungen beugen. Dennoch versucht sie, unter Einbeziehung belastbarer Erkenntnisse anderer Studien und durch die Integration weithin vernachlässigter Aspekte des politischen Urteilens (z. B. Emotionen[2]), einen anschlussfähigen und weiterführenden Beitrag für die Erschließung dieses Gesamtphänomens zu leisten. Hierzu bot die im Weiteren vorgestellte Interpretationswerkstatt im Rahmen eines Arbeitstreffens der Jenaer Forschungs- und Arbeitsgruppe *Hermeneutische Politikdidaktik* an der Friedrich-Schiller-Universität Jena eine hervorragende Gelegenheit. Durch die gemeinschaftliche Textinterpretation konnten die eigene, individuell-biografische Standortgebundenheit aufgebrochen und die Qualität der Untersuchung maßgeblich gesteigert werden.

Der vorliegende Beitrag beginnt mit der Darstellung der ihm zugrunde liegenden Erkenntnisinteressen (vgl. Abschn. 2) sowie der allgemeinen Rahmendaten der Untersuchung (vgl. Abschn. 3). Im Anschluss daran werden die Ziele der Interpretationswerkstatt (vgl. Abschn. 4) und die daraus folgende Auswahl der Methode der objektiven Hermeneutik begründet (vgl. Abschn. 5), bevor ihre praktische Operationalisierung im Rahmen der Interpretationswerkstatt dargestellt wird (vgl. Abschn. 6 bis 8). Den Abschluss bildet schließlich ein bilanzierendes Fazit (vgl. Abschn. 9), in dem die Ergebnisse der gemeinschaftlichen Textinterpretation zusammengefasst und der generelle Ertrag der Interpretationswerkstatt benannt werden.

---

[1]Unter prekären Verhältnissen versteht Schelle (2007, S. 381) primär das Fehlen von notwendigen finanziellen Ressourcen, ohne die aufwendige empirische Studien nicht zu realisieren sind.

[2]Was unter Emotionen zu verstehen ist, wird intra- und interdisziplinär kontrovers diskutiert (Vaas 2000, S. 386). Der Fokus des vorliegenden Beitrags rechtfertigt keine ausführliche Darstellung dieser Diskurse. Eine Skizze hierzu findet sich z. B. bei Vaas (2000), Landweer (2007) und Hartmann (2010). Zur allgemeinen Orientierung und als Arbeitsdefinition werden im Folgenden *Emotionen* als subjektive Wertungen eines konkreten Phänomens aufgefasst (vgl. Schröder i. B.).

2   Erkenntnisinteressen

Der vorliegende Beitrag thematisiert Textauszüge, die im Kontext eines laufenden Dissertationsprojektes zur politischen Urteilskompetenz von Schüler*innen entstanden sind. Im Fokus stehen dabei folgende Forschungsfragen:

a) Welche Rolle spielen *Emotionen* beim politischen Urteilen?
b) Welche Qualität weisen politische Urteile von Schüler*innen auf?

Die Untersuchung von Kompetenzen gilt gemeinhin als ein schwieriges Unterfangen (Frederking 2008, S. 9). Sie erfordert die Entwicklung und Anwendung solcher Untersuchungsmethoden, die insbesondere gegen Manipulationsversuche seitens der Proband*innen gewappnet sind. So können beispielsweise Äußerungen und Verhaltensweisen von Schüler*innen, die sich mit den klassischen quantitativen (z. B. Fragebögen) und qualitativen (z. B. Interviews) Erhebungsmethoden erfassen lassen, von ihnen selbst relativ leicht manipuliert werden. Ihr Antwortverhalten erfolgt in diesen Fällen etwa im Sinne einer von ihnen vermuteten sozialen Erwünschtheit und/oder orientiert sich am eigenen (gewünschten) Selbstbild, ohne dass eine tatsächliche Kohärenz zwischen den gegeben Äußerungsformen und den untersuchten Phänomen existieren muss (Lind 2009, S. 48 f.). Einige Untersuchungen und Analysen von Peter Massing (1997, 2003 und 2006) und Hans-Werner Kuhn (2003) zur politischen Urteilskompetenz von Schüler*innen legen genau dies nahe. So zeigte sich bei ihren Analysen von Unterrichtsstunden zur politischen Urteilsfindung, dass die Schüler*innen zwar dazu in der Lage gewesen waren, die im Unterricht vermittelten Analysekategorien für politische Urteile zu benennen und zu verwenden – nämlich immer dann, wenn sie angenommen hatten, dass die Nennung dieser Kategorien den Erwartungen der Lehrkräfte entsprechen würde. Sobald die Schüler*innen jedoch außerhalb des formalen Unterrichtsrahmens politisch urteilten, verzichteten sie auf die Anwendung der erlernten Kategorien (Massing 1997, S. 131). Massing (ebd.) folgerte daraus, dass die Schüler*innen zwar „äußerlich" über fachliche Kategorien zur politischen Urteilsbildung verfügen, diese aber nicht „verinnerlicht" hätten. Fälle wie diese verdeutlichen die Schwierigkeiten, die bestehen, wenn aus der Analyse von Unterrichtsstunden dezidierte Einsichten über die Qualität der Urteilskompetenz einzelner Schüler*innen abgeleitet werden sollen. Daneben ist eine Untersuchung politischer Urteilskompetenz im Unterricht aber auch aus weiteren Gründen ein schwieriges Unterfangen. So fallen die individuellen

Redeanteile der Schüler*innen im Unterricht strukturbedingt äußerst gering aus[3]. Die logische Folge hiervon ist, dass im Unterricht häufig nur fragmentarische mündliche Urteilsbegründungen, die lediglich auf Teilaspekte der komplexen Urteilsproblematik rekurrieren, vonseiten der Schüler*innenschaft möglich sind (Massing 2006). Die Schüler*innen sind m. a. W. dazu gezwungen, ihre Begründungen auf die ihnen am wesentlichsten und zentralsten erscheinenden Aspekte zu beschränken. Vor diesem Hintergrund kann es freilich nicht verwundern, dass primär gesinnungsethische Urteile zustande kommen (ebd.) – schließlich könnte das Vorbringen verantwortungsethischer Urteilsaspekte ohne einen Bezug auf ethisch-moralische Gesichtspunkte den Eindruck von Gefühlskälte, Misanthropie und Egozentrik hervorrufen; ein Etikett, dass sich nicht nur Schüler*innen äußerst ungern anheften lassen dürften.

Der *Urteilsraum* hat danach – so eine zentrale Ausgangsthese meiner eigenen empirischen Untersuchung[4] – einen weitreichenden Einfluss auf die Urteilsbildung und -vermittlung. So assoziieren Schüler*innen Schulunterricht mit spezifischen, von ihnen erwarteten Verhaltensmustern und entwickeln mitunter ganz gezielt Strategien, um mit diesen Erwartungen in ihrem eigenen Sinne gelungen umzugehen (Jackson 1975, S. 29). Anzunehmen ist, dass die dabei zum Tragen kommenden Verhaltensmuster in Abhängigkeit von der Schulform und -struktur, der Klassenstufe, den eingesetzten Lehrkräften und der generellen Zusammensetzung der Klasse variieren. Um solche, aus forschungspragmatischer Perspektive ungünstigen Effekte zu vermeiden, ist die Urteilskompetenz der Schüler*innen im Rahmen meines Dissertationsprojektes daher mittels einer differenzierenden Performanzuntersuchung in Form eines Sozialexperimentes auf die Probe gestellt worden. Durch die fiktive Konstruktion eines den Schüler*innen als real erscheinenden politischen Urteilsraumes konnten die oben beschriebenen, urteilshemmenden Faktoren weitgehend überwunden werden.

Im Laufe des Experiments verfassten die teilnehmenden Schüler*innen eigenständig und ohne Zeitdruck schriftliche politische Urteile zu einem vorgegebenen Thema. Das im Folgenden vorgestellte Analysematerial entstammt einem dieser Schüler*innenprodukte und beschäftigt sich mit der Frage, ob die Bundesrepublik Deutschland ein bedingungsloses Grundeinkommen einführen sollte oder nicht.

---

[3]Vgl. hierzu beispielhaft die Unterrichtseinheiten zum Fall Pinochet (Massing 2003) und zum Castor-Transport (Kuhn 1997).
[4]Schröder, Hendrik (i. B.) Zur Performanz der politischen Urteilskompetenz von Schüler*innen – Eine empirische Studie aus politikdidaktischer Perspektive (Arbeitstitel). Bremen.

3   Rahmendaten der Untersuchung

Im Verlauf der Studie (2014/2015) nahmen innerhalb von sechs Monaten 112 Bremer Gymnasiast*innen der neunten Jahrgangsstufe an dem Sozialexperiment teil. Bezüglich ihrer freiwilligen Teilnahme wurde ihnen der Eindruck vermittelt, dass sie an einem bundesweiten Pilotprojekt namens *Denkmanufaktur der Jugend* beteiligt wären. Im Rahmen dieses Projektes – so die Legende – hätten sie als Jugendliche die Möglichkeit, politische Urteile zu aktuellen politischen Themen abzugeben. Diese Urteile würden schließlich an die jeweils politisch Verantwortlichen auf Landes- oder Bundesebene weitergeleitet und bei deren finaler Entscheidungsfindung berücksichtigt. Das Ziel des eingerichteten Pilotprojektes sei es, junge Menschen schon früh für politische Prozesse zu sensibilisieren und gleichzeitig, bereits vor ihrem Einritt in das Wahlalter, ihre politische Urteilskompetenz wahr- und ernst zu nehmen, sowie ihnen die Möglichkeit einzuräumen, Einfluss auf politische Entscheidungsfragen zu nehmen. Die Glaubwürdigkeit dieser Legende wurde, im Anschluss an die Untersuchung, durch Befragung evaluiert. Dabei ergab sich, dass mehr als neunzig Prozent der teilnehmenden Schüler*innen davon überzeugt gewesen waren, an dem beschrieben Pilotprojekt *Denkmanufaktur der Jugend* teilzunehmen.

Im Rahmen des Experimentes verfassten die teilnehmenden Schüler*innen fünfundachtzig politische Einzelurteile zum Thema *Bedingungsloses Grundeinkommen* und siebenundzwanzig zum Thema *Facebook*. Mithilfe aus der Psychologie getesteter Bildbatterien wurden dabei die emotionale Stimmungslage einzelner Untersuchungskohorten manipuliert, um den Einfluss von *Emotionalität* beim politischen Urteilen besser ergründen zu können.

Im Anschluss an das Experiment füllten die Schüler*innen zusätzlich einen mehrseitigen, standardisierten Fragebogen zu ihrem Vorgehen aus, der neben der eigentlichen Performanzuntersuchung für die Analyse der Urteilskompetenz der Schüler*innen berücksichtigt worden ist. Um Anfangsinterpretationen und -hypothesen besser prüfen zu können, sind im Rahmen der Untersuchung zudem (neunundzwanzig) Stichprobeninterviews geführt worden.

4   Ziele der Interpretationswerkstatt

Das primäre Ziel bei der gemeinsamen Textinterpretation im Rahmen der Arbeitstagung der Jenaer Forschungs- und Arbeitsgruppe *Hermeneutische Politikdidaktik* bestand darin, die dort anwesende *scientific community* als ein Korrektiv für die eigene Materialinterpretation zu nutzen. Erst die interpretativen Leistungen, Verstehensweisen und Hypothesen dieser Gemeinschaft ermöglichen eine Über- windung der individuell-biografischen Standortgebundenheit und tragen somit maßgeblich zur Elaboration und Validität der Datenanalyse bei. Hinzu kommt, dass es sich bei der verwendeten Methode der *objektiven Hermeneutik* (vgl. Abschn. 5 und 6) nicht um ein rein methodisches, d. h. mechanisch anwendba- res Verfahren handelt, sondern um eine Form der Kunstlehre (Kleemann 2013, S. 127). Wie jede Kunstlehre so kann auch diese nicht einzig theoretisch erschlos- sen werden, sondern ist auf die prozessuale Weitergabe praktischer Erfahrungen angewiesen. Das Arbeiten in kollegialen Gemeinschaft bietet daher stets auch die Möglichkeit, die eigenen interpretativen Verstehensweisen zu vermitteln und/oder zu erweitern. Nicht zuletzt ergibt sich hieraus auch die Chance, methodologische Diskussionen zu führen und den konkreten Nutzen unterschiedlicher Analysever- fahren auszuloten. Für die Arbeiten einer wissenschaftlichen Gemeinschaft ist eine solche Partizipation daher ein unverzichtbarer Bestandteil ihrer Profession.

5   Auswahl und Begründung der Methode

Für die Auswahl der objektiven Hermeneutik als Auswertungsmethode sprachen im vorliegenden Fall in erster Linie inhaltliche Gründe. So ermöglicht es diese Methode, den latenten Sinngehalt eines Textes zu erschließen und die darin ver- borgenen Sinnstrukturen (vgl. Abschn. 6) offenzulegen (Brüsemeister 2008, S. 199). Damit erfüllt die objektive Hermeneutik die wichtigste Anforderung, die an jede Auswertungsmethode gestellt wird, nämlich: bei der Suche nach belastbaren Antworten in Bezug auf das eigene Erkenntnisinteresse dienlich zu sein. Darüber hinaus bietet sich die Verwendung der objektiven Hermeneutik im vorliegenden Fall auch aus forschungspragmatischen Gründen an. So liegt eine ihrer Stärken darin, dass sie eine Datenanalyse ohne detaillierte Vorkenntnisse über den Kon- text der Datenerhebung ermöglicht. Personen, die weder an der Konzeptionie- rung noch an der Operationalisierung der experimentellen Untersuchung beteiligt gewesen sind, können mithin qualitativ kongruente Interpretationen leisten, was im vorliegenden Fall den Einsatz der Methode begünstigte (ebd.). Hinzu kommt, dass die Methode, durch ihre Annahme, dass sich die sinntragenden Elemente eines Textes prinzipiell in jedem Textauszug manifestieren, auch die Analyse von Textausschnitten im Rahmen einer zeitlich begrenzten Interpretationswerkstatt ermöglicht.

6   Grundzüge der objektiver Hermeneutik[5]

Der Begriff der objektiven Hermeneutik steht für divergierende hermeneutische Auswertungsverfahren[6], die sich in der Forschungspraxis zum Teil stark voneinander unterscheiden (Reichertz 1995, S. 225). Dennoch lassen sich einige gemeinsame Merkmale identifizieren, die eine Subsumierung der einzelnen Ansätze unter den gemeinsamen Sammelbegriff der objektiven Hermeneutik rechtfertigen. Primär ist ihnen allen gemein – und darin korrelieren sie sehr wohl mit einem klassischen Verständnis von Hermeneutik (Gadamer 2010, S. 188) –, dass es ihnen nicht um ein Verstehen im Sinne des Erkennens einer (vermeintlich) objektiven Wirklichkeit geht, sondern sie vielmehr beabsichtigen, ein objektives Sinnverstehen von Wirklichkeit zu rekonstruieren (Reichertz 1995, S. 223). Ziel objektiv-hermeneutischer Verfahren ist es also nicht, empirische Aussagen über *die* Wirklichkeit zu treffen, sondern über unser Verständnis darüber, was wir als Wirklichkeit *bezeichnen*. Hierbei spielt insbesondere der Strukturbegriff der objektiven Hermeneutik eine entscheidende Rolle. Unter Strukturen werden keine Modelle (Rekonstruktionen) von Wirklichkeit verstanden. Vielmehr gelten in der objektiven Hermeneutik Strukturen als (1) ahistorische und invariante menschliche Verstehensmuster (z. B. Grammatikalität, Logizität, Moralität) und (2) als solche Muster, die historisch und geografisch nur eine begrenzte Reichweite aufweisen (z. B. große philosophische Weltdeutungen, Zeitgeist, gruppenspezifische Interaktionsmuster) (ebd., S. 224 f.). Hermeneutische Untersuchungen gehen davon aus, dass das

> Leben aller Sozialität [...] bis ‚in die kleinsten Poren‘ von der Vielzahl der Strukturen bestimmt [wird]. Dies gilt ebenso für das Verhältnis der Strukturen zueinander: Auch die Transformationsprozesse der Strukturen sind von übergeordneten Strukturen gelenkt (ebd. S. 225).

---

[5]Der vorliegende Beitrag kann freilich nur eine überblicksartige Einführung in die objektive Hermeneutik leisten. Für eine umfassendere Einführung siehe bspw. Oevermann (2003) und Kleemann et al. (2013).

[6]Reichertz unterscheidet hier fünf verschiedene, objektiv hermeneutische Verfahren: „Die summarische Interpretation eines Textes unter Heranziehung eines breiten Kontextwissens", „Die Feinanalyse eines Textes auf acht unterschiedlichen Ebenen", „Die Sequenzanalyse jedes einzelnen Interpretationsbeitrages", „Die ausführliche Interpretation der objektiven Sozialdaten" und „Die Adaption der Begrifflichkeit der objektiven Hermeneutik, ohne allerdings das Verfahren anzuwenden." (Reichertz 1995, S. 225).

Letztlich materialisieren sich diese Strukturen im menschlichen Handeln, wobei deren Einfluss dem Subjekt häufig verborgen bleibt (ebd.). Erst durch die Reflexionen der eigenen Handlungen kann der Mensch seine strukturellen Handlungsmotivatoren freilegen und die „objektiven Bedeutungen seiner Handlungen" (ebd.) rekonstruieren. Damit folgt die objektive Hermeneutik der Annahme, dass die Rekonstruktion subjektiver Handlungen letztlich einen Rückschluss auf die objektiven Strukturen und damit auch auf das objektive Sinnverstehen von Wirklichkeit ermöglicht. Methodologisch zu den qualitativen Analyseverfahren zählend, beschränkt sie sich dabei auf Einzelfallanalysen[7] nicht-standardisierten Datenmaterials.

7   Beschreibung des methodischen Vorgehens

Im Folgenden werden die im Sinne der objektiven Hermeneutik vollzogenen Analyseschritte im Einzelnen dargestellt.

7.1   Grundvoraussetzungen für die Textinterpretation

Damit die Analysedaten mit den Mitteln der objektiven Hermeneutik konstruktiv interpretiert werden können, müssen einige Grundvoraussetzungen erfüllt sein. So vollzieht sich die sequenzielle Textinterpretation üblicherweise in einer Gemeinschaft, deren Mitglieder denselben Sprach- und Interaktionsgemeinschaften angehören wie der/die Uhrheber*in des zu analysierenden Ausgangsmaterials (Kleemann et al. 2013, S. 124). Die Gemeinschaft dient dabei als ein Korrektiv, um die einzelnen, subjektiven Deutungen der Gemeinschaftsmitglieder auf ihre Objektivierbarkeit hin zu prüfen. Im vorliegenden Fall bestand die Interpretationsgemeinschaft aus zehn Mitgliedern, deren verbindendes Merkmal in ihrer beruflichen Tätigkeit im Bereich der Politikdidaktik bzw. politischen Bildung liegt. Aufgrund ihrer Professionen verfügten die Gemeinschaftsmitglieder über fachliche Vorannahmen und Kenntnisse bezüglich der lebensweltlichen

---

[7]Aus forschungspragmatischen Gründen, womit in erster Linie das aufwendige und kleinschrittige Gruppen-Interpretationsverfahren der Methode gemeint ist, eignet sich die objektive Hermeneutik eher schlecht für die Analyse größerer Datenmengen (Reichertz 1995, S. 226 f.).

Strukturen[8] der untersuchten Schüler*innen, wodurch sie im besonderen Maße die Voraussetzungen einer sachkundigen Interpretationsgemeinschaft erfüllten. Die Unvoreingenommenheit bei der Textinterpretation, die eine weitere wichtige Voraussetzung darstellt (ebd.), sowie die fachliche Qualität der Beiträge konnten zudem durch mehrere Faktoren gesichert werden:

a) Durch die freiwillige Teilnahme an der Jenaer Forschungs- und Arbeitsgruppe und die damit einhergehende Bereitschaft, sich prinzipiell auf hermeneutische Arbeitsweisen einzulassen.
b) Durch professionsbedingte, theoretische (Vor-)Kenntnisse und praktische Erfahrungen innerhalb der Interpretationsgemeinschaft im Bereich der Hermeneutik.
c) Durch die Anonymisierung des Analysematerials und die weitgehend kontextlose Darstellung des Analysematerials (vgl. Abschn. 7.2).
d) Durch die Zusicherung von Anonymität bei der Dokumentation der Interpretation.

Eine weitere Grundvoraussetzung für eine gelungene, objektiv-hermeneutische Textinterpretation besteht in der Aufhebung des üblicherweise allseits existierenden Zeit- und Handlungsdrucks (Kleemann et al. 2013, S. 124). Zwar konnte im vorliegenden Fall der auf Tagungen übliche Zeitdruck nicht gänzlich vermieden werden, gleichwohl stand der Interpretationsgemeinschaft eine volle Zeitstunde zur Verfügung.

7.2 Darstellung des Analysematerials

Aus forschungspragmatischen Gründen konzentriert sich die objektiv-hermeneutische Textinterpretation i. d. R. nicht auf einen Gesamttext, sondern fokussiert lediglich einen oder mehrere Textausschnitt/e. Möglich wird dies durch die Annahme, dass sich die latenten Sinnstrukturen eines Textes exemplarisch in jedem seiner Einzelfragmente manifestieren (Kleemann et al. 2013, S. 125). Demzufolge reicht eine intensive und akribische Interpretation eines einzelnen Textabschnittes bereits aus, um die Gesamtheit der in einem Text verborgenen Sinnstrukturen zu erfassen bzw. zu rekonstruieren. Nach Kleemann et al. (ebd.) sind besonders die Anfangssequenzen eines Textes für eine solche Analyse geeignet. Sie erlauben den Textinterpret*innen einen chronologischen Einstieg, wodurch die Rekonstruktion der textimmanenten Sinnstrukturen erleichtert wird.

---

[8]Vgl. zum Strukturbegriff in der objektiven Hermeneutik den Abschn. 6 im vorliegenden Beitrag.

Theoretisch schwer zu bestimmen ist hingegen, wie lang ein einzelner Textabschnitt sein muss, damit in ihm tatsächlich alle, im Gesamttext implizierten objektiven Sinnstrukturen freigelegt werden können. Allerdings stellt sich dieses Problem in der Forschungspraxis äußerst selten. Vielmehr wird in ihr „schnell klar, an welcher Stelle der sequenzielle Sinnzusammenhang abgeschlossen ist." (ebd.).

Im vorliegenden Fall (vgl. Abb. 1) orientiert sich das *sampling* an den dargestellten Charakteristiken. Bei der für die Gemeinschaftsinterpretation ausgewählten Textsequenz handelt es sich daher um die Anfangssequenz einer schriftlichen Urteilsbegründung zum Thema *Bedingungsloses Grundeinkommen,* die im Rahmen des oben beschriebenen Experimentes erhoben worden ist[9].

Vor der Interpretation war der Interpretationsgemeinschaft lediglich bekannt, dass der Text im Rahmen der oben dargestellten Untersuchung zur politischen Urteilskompetenz erstellt worden war. Sie wusste hingegen nicht, dass es sich bei der Verfasserin um eine Schülerin handelt und auch nicht, ob diese Person sich für oder gegen ein bedingungsloses Grundeinkommen ausgesprochen hatte.

1   Ich sehe Vorteile wie Nachteile an einem bedingungslosen Grundeinkommen. Zunächst wäre da die

2   Ausgrenzung von Hartz-IV-Empfängern. Der Experte meinte, durch ein Bedingungsloses

3   Grundeinkommen würde die Gesellschaft hier keinen Grund mehr haben zum Ausgrenzen – aber

4   ich bin mir sicher, da würde man ganz schnell einen anderen Grund finden („Du hast kein Job!",

5   „Du hast nichts als das Grundeinkommen!", „Du lebst aus der Tasche vom Staat") … nur dass

6   dieser Grund nicht mehr Hartz-IV heißt – Also kein Argument. Weniger Kriminalität würde es

7   geben – ja das stimmt, aber die Kriminalität, die es dadurch noch geben würde, wäre sicher noch

8   etwas grausamer, weil die Menschen mehr Zeit und einen freien Kopf hätten.

Abb. 1   Textauszug aus der Urteilsbegründung der Schülerin Lena (Name verändert)

---

[9]Der auf der Tagung verteilte Textauszug umfasste fünfundzwanzig und nicht wie im hier abgebildeten Ausschnitt acht Zeilen. Diese Differenz ergibt sich daraus, dass im Rahmen der geleisteten Gemeinschaftsinterpretation, aus zeitlichen Gründen, lediglich die ersten acht Zeilen Gegenstand der Interpretation gewesen sind. Aus Platzgründen werden hier lediglich diese acht Zeilen wiedergegeben.

Diese Kontextinformationen bezüglich der Verfasserin wurden der Interpretationsgemeinschaft bewusst vorenthalten, damit diese sich möglichst nicht im Vorfeld auf bestimmte, möglicherweise stereotype Lesarten festlegen konnten. Damit wurde der für die meisten qualitativen Verfahren konstitutiven Annahme gefolgt, dass das Aufrechterhalten einer „künstlichen Naivität" (Kleemann et al. 2013, S. 128) eine Grundvoraussetzung dafür darstellt, um möglichst kontroverse und divergierende Deutungen bei der Textinterpretation zu fördern.

7.3   Analyseschritte bei der Textinterpretation

Bei der Analyse eines Textes mittels der objektiven Hermeneutik kommt es darauf an, dass jedes einzelne Wort, jeder einzelne Satz und jeder Bedeutungszusammenhang akribisch gelesen und penibel ausgedeutet wird. Ziel dieses akribischen Verfahrens ist es zunächst, extensive Hypothesen zur Fallstruktur des betreffenden Textes aufzustellen, die dann im weiteren Verlauf auf ihre Plausibilität und Validität hin überprüft werden. Durch diese überaus kleinschrittige, sequenzielle Vorgehensweise kann auf systematischem Wege, die objektive Sinnstruktur des betreffenden Textes rekonstruiert werden.

Der oben dargestellte Textauszug wurde bei der gemeinschaftlichen Interpretation im Rahmen der Tagung satzweise[10] gelesen. Als hilfreich hat es sich dabei herausgestellt, mittels zweier Blätter den kompletten Text abzudecken und lediglich durch ein Verschieben derselben den jeweils zu interpretierenden Satz freizulegen. Diese Technik zentriert nicht nur den Fokus auf die zu interpretierende Textstelle, sondern verhindert primär, dass die eigene Hypothesenbildung durch den vorschnellen Einbezug der nachfolgenden Textsequenzen beeinflusst wird.

Bei der Hypothesenbildung bezüglich der einzelnen Sätze wurden alle Lesarten zugelassen, „die sich im Zuge der diskursiven Validierung als plausibel erwiesen" (Kleemann et al. 2013, S. 125). Um den Einstieg der Textinterpretation zu erleichtern, konnten sich die Teilenehmer*innen an den von Kleemann et al. (2013, S. 128 f.) vorgeschlagenen, deutungsanregenden Leitfragen orientieren[11].

---

[10]Auch eine Interpretation von Wort zu Wort ist in der objektiven Hermeneutik durchaus üblich (Kleemann et al. 2013, S. 130). Um die zur Verfügung stehende Zeit optimal ausnutzen zu können, bildeten im vorliegenden Fall jedoch einzelne Sätze die kleinsten Analyseeinheiten.

[11]Es handelt sich dabei um insgesamt sechzehn Leitfragen, die hier aus Platzgründen nicht im Detail wiedergegeben werden können.

Mithilfe der Leitfragen formulierte die Interpretationsgemeinschaft narrative Deutungen, die ihnen im Hinblick auf das Analysematerial plausibel erschienen (vgl. Abschn. 7.4). Dieses Verfahren ermöglichte es, unterschiedliche Deutungen desselben Satzes zusammenzutragen und diese Deutungen diskursiv auf ihre Validität hin zu überprüfen.

7.4 Interpretationsphase

Die akribische Interpretation der einzelnen Sätze[12] hat eine Fülle unterschiedlicher Deutungen hervorgebracht, die in einem ersten Schritt live protokolliert wurden. Soll heißen, während eine Deutung verbal geäußert wurde, entstand eine paraphrasierte Mitschrift auf einer für alle einsehbaren Projektionsfläche. Durch diese transparente Verfahrensweise konnte sichergestellt werden, dass es bei der Transkription der Deutungen zu keinen unerwünschten Sinnverfälschungen kommen konnte. Die *live*-Mitschrift ermöglichte der Interpretationsgemeinschaft zudem, sich zu jedem Zeitpunkt an den bereits geäußerten Lesarten zu orientieren, wodurch ein Rückbezug auf bereits freigelegte Textelemente und Sinndeutungen erleichtert werden konnte[13].

Im weiteren Verlauf werden nun die paraphrasierten Deutungsvorschläge in chronologischer Reihenfolge ihrer Äußerung dargestellt. Um den Umfang des vorliegenden Beitrags nicht unnötig zu steigern, wird dieser Schritt nicht einzeln, sondern in Kombination mit einer ersten Systematisierung des Textes vollzogen. Idealerweise erfolgt eine solche Systematisierung ebenfalls in der Interpretationsgemeinschaft (Kleemann et al. 2013, S. 132). Im vorliegenden Fall war dies aus organisatorischen Gründen jedoch nicht möglich und wurde daher vom Autor geleistet. Da das Verfahren der objektiven Hermeneutik keine formalen Auswertungsschritte bereithält, mussten die im Text verborgenen Sinngehalte anhand

---

[12]Aus Platzgründen kann im Folgenden lediglich die Analyse des ersten Satzes exemplarisch ausgeführt werden.

[13]Um zusätzlich bei der späteren Feinanalyse der Deutungen auf die Originalformulierungen der Interpret*innen zurückgreifen zu können, wurde außerdem eine Audioaufzeichnung mittels Diktiergerät angefertigt.

logischer, argumentativer Schlüsse herausgearbeitet werden. Hierzu wurden zunächst (a) falsifizierbare und redundante Textinhalte von der weiteren Interpretation ausgeschlossen und somit die letztlichen Analyseeinheiten festgelegt. Dabei hat es sich als hilfreich erwiesen, das Kontextwissen der Untersuchung bewusst miteinzubeziehen. Die dadurch übrig gebliebenen Analyseeinheiten, d. h. alle plausiblen und verifizierbaren Lesarten, konnten sodann (b) zu komplexen Hypothesen über den Sinngehalt des Textes verdichtet werden.

Ad (a):

1. Satz : „*Ich sehe Vorteile wie Nachteile an einem bedingungslosen Grundeinkommen.*" (Lena 18/2/N)

Paraphrasierte Deutungen der Interpretationsgemeinschaft inklusive Streichung redundanter Inhalte und Falsifizierung sachlogisch inkorrekter Lesarten (a) unter Einbezug der Kontextinformationen:

- ~~Die Person will Teil der Gesellschaft sein. Sie will gefallen und positioniert sich daher aus taktischen Gründen so, wie sie die gesellschaftliche Mehrheitsmeinung zu dem Thema vermutet. Das Leitmotiv ist dabei, geliebt und anerkannt zu werden und nicht, ein politisches Urteil zur Sache zu fällen. (TN1 #00:03:42-2#)~~

Erläuterung: Diese Hypothese konnte durch die Auswertung der weiteren Textsequenzen falsifiziert werden. So hat sich durch diese ergeben, dass die Schülerin in ihrem Urteil keiner subjektiv vermuteten, gesellschaftlichen Mehrheitsmeinung zum Thema *Bedingungsloses Grundeinkommen* folgt, sondern zu einem eigenständigen politischen Urteil in der Sache kommt.

- Das Anfangswort *Ich* weist auf eine persönliche Perspektive hin. Außerdem nimmt die Person mehrere Perspektiven ein. Dies äußert sich darin, dass sie Vor- und Nachteile eines bedingungslosen Grundeinkommens erwähnt. Das Wort *bedingungslos* ist in jedem Falle auffällig. *Bedingungslos* heißt ja, etwas ohne Gegenleistung zu tun oder zu bekommen und das ist schon ziemlich stark. (TN2 #00:04:26-6#)

- ~~Es handelt sich um eine persönliche Perspektive. Andernfalls hätte die Aussage auch mit dem Pronomen *man* generalisiert werden können.~~ Das Erwähnen von Vor- und Nachteilen bezüglich eines bedingungslosen Grundeinkommens weist darauf hin, dass die Person sowohl positive als auch negative Elemente mit einem bedingungslosen Grundeinkommen assoziiert. ~~Der~~

~~These der gesellschaftlichen Entäußerung (TN1 #00:03:42-2#) wird widersprochen, da die Person offen legt, dass sie Vor- und Nachteile sieht, sich also letztlich angreifbar macht. Das Sehen von Vor- und Nachteilen kann bedeuten, dass (a) die Person sich nicht Entscheiden kann, ob sie für oder gegen ein bedingungsloses Grundeinkommen ist, oder~~ (b), dass die Entscheidung schwer fällt, weil es für die möglichen Urteile jeweils gleich elaborierte Argumentationen gibt. Außerdem bietet die Erwähnung von Vor- und Nachteilen eine Einleitung für eine folgende pro-contra-Argumentation. (TN3 #00:06:10-3#)

Erläuterung: Der erste Satz wurde gestrichen, da es sich um eine redundante Äußerung handelt. Bei den beiden weiteren gestrichenen Sätzen handelt es sich um Hypothesen, die durch die Analyse der weiteren Textsequenz falsifiziert werden konnten. So gelang die Schülerin abschließend zu einem begründeten politischen Urteil.

~~• Das Erwähnen von Vor- und Nachteilen hat einen einleitenden Charakter. (TN2 #00:07:51-1#)~~
Erläuterung: Diese Hypothese wurde gestrichen, da es sich um eine redundante Äußerung handelt.

~~• Das erwähnen von Vor- und Nachteilen hat einen einleitenden Charakter. (TN3 #00:07:55-6#)~~

Erläuterung: Diese Hypothese wurde gestrichen, da es sich um eine redundante Äußerung handelt.

• Das Erwähnen von Vor- und Nachteilen weist auf eine intensive Beschäftigung mit dem Thema hin. Wenn ich Vor- und Nachteile benennen kann, muss ich mich mit einem Thema genauer beschäftigt haben. Das Wort *einem* im Zusammenhang mit dem bedingungslosen Grundeinkommen weist zudem darauf hin, dass die Person sich womöglich unterschiedliche Modelle eines Grundeinkommens vorstellen kann. (TN4 #00:08:05-1#)

~~• Bedingungslos bedeutet, es gibt keine Gegenleistung. Das ist wirklich eine starke Wortbedeutung. (TN3 #00:08:36-4#)~~
Erläuterung: Diese Hypothese wurde gestrichen, da es sich um eine redundante Äußerung handelt.

• Das Wort *bedingungslos* sollte in dem speziellen Kontext nicht in seinem Sinngehalt überhöht werden, da es durch die Aufgabenstellung vorgegeben ist. (TN5 #00:10:14-5#)

• ~~Die Person will Teil der Gesellschaft sein. Sie will gefallen und positioniert sich daher aus taktischen Gründen so, wie sie die gesellschaftliche Mehrheitsmeinung zu dem Thema vermutet. Das Leitmotiv ist dabei, geliebt und anerkannt zu werden und nicht, ein politisches Urteil zur Sache zu fällen.~~ Sich den gesellschaftlichen Mehrheitsverhältnissen bewusst zu sein und sich nicht von der Gesellschaft zu isolieren, zeugt insgesamt von intelligentem Handeln. ~~Ich glaube, dass die Person eher gegen ein bedingungsloses Grundeinkommen ist, obwohl sie glaubt, dass die Mehrheit dafür wäre. Aus diesem Grund argumentiert sie auch so vorsichtig.~~ (TN1 #00:10:27-6#)

Erläuterung: Die ersten beiden Sätze der Hypothese wurden gestrichen, da es sich bei ihnen um redundante und zudem bereits falsifizierte Thesen handelt. Der letzte Satz konnte nach der Analyse der weiteren Textsequenzen ebenfalls falsifiziert werden. Die Schülerin Lena spricht sich letztlich für ein bedingungsloses Grundeinkommen aus.

- Dass es sich um eine intelligente Person handelt, zeigt sich auch daran, dass die Person gleich am Anfang ihre heuristischen Analyseinstrumente in Form von Beurteilungskategorien (die Identifizierung von Vor- und Nachteilen) offen legt. Hierdurch wird deutlich, dass es sich bei der Beurteilung nicht um ein Urteil anhand einer monoperspektivischen Achse handelt, sondern eine multiperspektivische Sichtweise eingenommen wird. Es handelt sich also nicht nur um eine suggerierte inhaltliche Offenheit (es hat etwas Gutes und etwas Schlechtes so ein bedingungslosen Grundeinkommen), sondern um die Darlegung der verwendeten Suchinstrumente, mit deren Hilfe die für den Fall entscheidenden Urteilskategorien erschlossen werden sollen. (TN6 #00:11:19-4#)

Ad (b):
Nachdem redundante und inhaltlich nicht haltbare Hypothesen ausgeschlossen worden sind, können im Folgenden die verbleibenden Paraphrasen zu zwei systematischen Clustern zusammengefasst werden. Das erste Cluster »*Differenzierte Beurteilung*« umfasst dabei allesamt diejenigen Aussagen über den Text, die verdeutlichen, dass die Schülerin erkennbare Suchbewegungen innerhalb eines als pluralistisch und divergierend wahrgenommenen Sachverhaltes vollführt, um zu einem abschließenden politischen Urteil zu kommen. Unter dem zweiten Cluster »*Aussagen über die Person*« subsumieren sich hingegen solche Lesearten, die persönliche Charakteristika der urteilenden Person beschreiben.

1. Cluster: Differenzierte Beurteilung

- Das Anfangswort *Ich* weist auf eine persönliche Perspektive hin. Das Wort *bedingungslos* ist auf jeden Fall auffällig. Bedingungslos heißt ja, etwas ohne Gegenleistung zu tun oder zu bekommen und das ist schon ziemlich stark. (TN2 #00:04:26-6#)

- Außerdem nimmt die Person mehrere Perspektiven ein. Dies äußerst sich darin, dass sie Vor- und Nachteile eines bedingungslosen Grundeinkommens erwähnt. (TN2 #00:04:26-6#)

- Das Erwähnen von Vor- und Nachteilen bezüglich eines bedingungslosen Grundeinkommens weist darauf hin, dass die Person sowohl positive als auch negative Elemente mit einem bedingungslosen Grundeinkommen assoziiert. Das Sehen von Vor- und Nachteilen kann bedeuten, dass die Entscheidung schwer fällt, weil es für die möglichen Urteile jeweils gleich elaborierte Argumentationen gibt. Außerdem bietet die Erwähnung von Vor- und Nachteilen eine Einleitung für eine folgende pro-contra-Argumentation. (TN3 #00:06:10-3#)

- Das Erwähnen von Vor- und Nachteilen weist auf eine intensive Beschäftigung mit dem Thema hin. Wenn ich Vor- und Nachteile benennen kann, muss ich mich mit einem Thema genauer beschäftigt haben. Das Wort *einem* im Zusammenhang mit dem bedingungslosen Grundeinkommen weist zudem darauf hin, dass die Person womöglich sich unterschiedliche Modelle eines Grundeinkommens vorstellen kann. (TN4 #00:08:05-1#)

- Das Wort *bedingungslos* sollte in dem speziellen Kontext nicht in seinem Sinngehalt überhöht werden, da es durch die Aufgabenstellung vorgegeben ist. (TN5 #00:10:14-5#)

- Dass es sich um eine intelligente Person handelt, zeigt sich auch daran, dass die Person gleich am Anfang ihre heuristischen Analyseinstrumente in Form von Beurteilungskategorien (die Identifizierung von Vor- und Nachteilen) offen legt. Hierdurch wird deutlich, dass es sich bei der Beurteilung nicht um ein Urteil anhand einer monoperspektivischen Achse handelt, sondern eine multiperspektivische Sichtweise eingenommen wird. Es handelt sich also nicht nur um eine suggerierte inhaltliche Offenheit (es hat etwas Gutes und etwas Schlechtes so ein bedingungslosen Grundeinkommen), sondern um die Darlegung der verwendeten Suchinstrumente, mit deren Hilfe die für den Fall entscheidenden Urteilskategorien erschlossen werden sollen. (TN6 #00:11:19-4#)

2. Cluster: Aussagen über die Person
- Sich den gesellschaftlichen Mehrheitsverhältnissen bewusst zu sein und sich nicht von der Gesellschaft zu isolieren, zeugt insgesamt von intelligentem Handeln. (TN1 #00:10:27-6#)

- Dass es sich um eine intelligente Person handelt, zeigt sich auch daran, dass die Person gleich am Anfang ihre heuristischen Analyseinstrumente in Form von Beurteilungskategorien (die Identifizierung von Vor- und Nachteilen) offen legt. (TN6 #00:11:19-4#)

8   Strukturanalyse

Wie bereits beschrieben (vgl. Abschn. 6), werden in der objektiven Hermeneutik
Strukturen als invariante menschliche Verhaltensmuster verstanden. Dieses Verständnis erlaubt es, identifizierte Handlungsstrukturen als (vorläufig) objektive
Charakteristika einer Person zu fassen. Die folgende Strukturanalyse legt erste
Ansätze von objektiven Strukturen offen[14], indem die verschiedenen Lesarten
der Interpretationsgemeinschaft auf ihre Unterschiede und ihre Überschneidun-
gen hin untersucht bzw. interpretiert werden (Kleemann et al. 2013, S. 137 f.).
Dabei werden sowohl die gemeinsamen Fluchtpunkte des Sinnverstehens, aber
auch bestehende Divergenzen unter der Berücksichtigung des Kontextwissens
herausgearbeitet. Ziel dieses Arbeitsschrittes ist es, belastbare Antworten für die
eingangs formulierten Erkenntnisinteressen (vgl. Abschn. 2) zu gewinnen. Nachfolgend werden dafür lediglich die Paraphrasen aus dem ersten Cluster (*„Differenzierte Beurteilung"*) für die Analyse berücksichtigt. Die im zweiten Cluster
(*„Aussagen über die Person"*) einsortierten Hypothesen der Interpretationsgemeinschaft finden hier deshalb keine weitere Berücksichtigung, da sie mit Blick
auf die Erkenntnisinteressen (vorerst) als wenig aussagekräftig erscheinen.

Die Interpretationsgemeinschaft charakterisiert die Verwendung des Personal-
pronomens *Ich* vonseiten der Schülerin als ein Zeichen dafür, dass sie eine *persönliche Perspektive* einnimmt. Die Betonung dieser Perspektive suggeriert, dass
es sich im Folgenden um eine rein subjektive Wahrnehmung handelt – letztlich
also um eine Form der impliziten Relativierung, ohne dass dies der sprechenden
Person ausdrücklich bewusst sein muss. Diese Relativierung besteht darin, dass
durch das Kenntlichmachen der eigenen Subjektivität, von der aus die betreffende
Urteilsfrage behandelt wird, angezeigt wird, dass kein objektiver Wahrheitsan-
spruch bezüglich des eigenen politischen Urteils besteht. Das eigene Urteil wird
hier also als ein persönliches Urteil gekennzeichnet. Andere Personen könnten
in der selben Urteilsfrage mithin zu gänzlich anderen Urteilen gelangen. Durch
diese Subjektivierung der eigenen Position wird der Begründungsdruck, der auf
dem eigenen Urteil lastet, maßgeblich reduziert. Gleichzeitig wird aber auch
deutlich, dass die Schülerin sich durchaus vorstellen kann, dass es divergierende

---

[14]Eine vollständige Ausarbeitung der Strukturen kann an dieser Stelle aufgrund des
begrenzten Analyseausschnitts nicht erfolgen.

Perspektiven und inhaltlich alternative politische Urteile zu dem zur Disposition
stehenden Thema geben kann.[15]

Weniger eindeutig kann die Verwendung des Wortes *bedingungslos* in einer
objektiven Sinnstruktur verortet werden. Die Lesarten der Interpretationsgemeinschaft variieren diesbezüglich jedenfalls stark. So weist ein Teil der Gemeinschaft
auf den *starken Charakter* dieses Wortes hin und akzentuiert damit primär die
originäre Wortbedeutung im Sinne von *uneingeschränkt, ohne Gegenleistung,
absolut.* So verstanden, weist dieses Lexem darauf hin, dass es sich bei der zu
beurteilenden Frage um eine Angelegenheit von außergewöhnlicher Relevanz
handelt, denn wenn etwas bedingungslos ist, gilt es, die möglichen Folgen des
Phänomens im Vorfeld besonders gründlich zu prüfen. Nach einer möglichen
Einführung entfällt – nach dieser Logik – schließlich jegliche weitere Prüfung.
Doch auch der Hinweis darauf, dass das Wort *bedingungslos* eine externe Setzung
darstellt – also die Schülerin explizit beurteilen sollte, ob sie sich für oder gegen
die Einführung eines bedingungslosen Grundeinkommens ausspricht –, hat seine
Berechtigung, denn eine Beurteilung dieser Frage dürfte schwerlich ohne die Verwendung des Begriffes selbst möglich sein. Demnach sei davon auszugehen, dass
das Wort *bedingungslos* von der Schülerin nicht selbst gewählt verwendet worden
ist, sondern sie es lediglich im Sinne der Aufgabenstellung reproduziert hat. Nach
der Analyse des hier vorgestellten Materials können also durchaus beide Lesarten
als plausibel eingeordnet werden.

Die meisten Mitglieder der Interpretationsgemeinschaft sahen den Verweis
darauf, dass die Einführung eines bedingungslosen Grundeinkommens sowohl
Vor- als auch Nachteile hätte, als einen Beleg für eine differenzierte Sichtweise
der Schülerin an. Das Kategorisieren der erwarteten Urteilsfolgen in die Bereiche Vor- und Nachteile wird von ihnen als ein heuristisches Verfahren verstanden, vor dessen Hintergrund ein verantwortungsethisches Urteilen möglich wird.
Die Analyse weiterer Textsequenzen konnte diese Hypothese stützen. So folgte
die Urteilsbegründung der Schülerin im weiteren Textverlauf keiner monokau-
salen Argumentationsstruktur, sondern stellte eine differenzierte Erörterung
verschiedener Urteilsaspekte dar. Auch die Hypothese einer *intensiven Beschäftigung* mit dem Urteilsthema konnte durch die weitere Analyse des Datenmaterials validiert werden. Deutlich zeigte sich dies in der akribisch durchgeführten
Erörterung der Schülerin, wobei sie die sachlogischen und moralischen Effekte

---

[15]Dieser Befund lässt sich als Muster auch aus der Analyse der restlichen 111 schriftlichen
Urteilsbegründungen herauskristallisieren. So tritt die Form der Urteilsrelativierung über
die explizite Betonung einer subjektiven Perspektive auffällig häufig zutage.

einzelner Urteilsaspekte aus verschiedenen Perspektiven identifizierte, definierte und abwägte, um so letztlich zu einem eigenen, begründeten politischen Urteil zu kommen. Bereits die Hypothese, dass die Urteilsfindung durch das Vorhandensein von sowohl elaborierten pro- als auch contra-Argumenten erschwert sein dürfte, implizierte dabei, dass die Schülerin sich zumindest implizit darüber bewusst gewesen ist, dass sie für die Urteilsfindung eine komplexe analytische Leistung erbringen muss.

9 Fazit

Die gemeinschaftliche Datenanalyse mit den Mitteln der objektiven Hermeneutik hat sich im vorliegenden Fall als ein gewinnbringendes Verfahren herausgestellt. Die im Vorfeld vom Autor gebildeten, qualitativen inhaltlichen Hypothesen wurden im Laufe des Verfahrens von der Interpretationsgemeinschaft bestätigt und konnten daneben punktuell weiter ausdifferenziert werden. Das primäre Ziel der Interpretationswerkstatt, zur Elaboration und Validierung der Forschungsarbeit beizutragen, konnte somit realisiert werden. Bei der gemeinsamen Datenanalyse wurde zudem die Stärke der Methode, die objektiven Sinnstrukturen eines Textes anhand eines begrenzten Ausschnittes heraus zu präparieren, besonders deutlich. Obwohl die Interpretationsgemeinschaft aus forschungspragmatischen Gründen lediglich einen quantitativ begrenzten Teil des Originaldokumentes hat analysieren können, gelang es ihr, eine Fülle qualitativ bedeutsamer Sinnstrukturen offenzulegen. In Bezug auf die eingangs formulierten Erkenntnisinteressen liefern die Ergebnisse der Interpretationswerkstatt vor allem Antwortfragmente auf die Forschungsfrage (b) *Welche Qualität weisen politische Urteile von Schüler*innen auf?*. So legen die gebildeten Hypothesen der Interpretationsgemeinschaft offen, dass die Schülerin im vorliegenden Fall ein heuristisches Verfahren angewendet hat, um zu einem multiperspektivischen politischen Urteil zu gelangen. Die dabei identifizierte, komplexe Begründungsarchitektur gilt als ein wichtiges Qualitätsmerkmal politischen Urteilens (Klee 2011, S. 54). Abschließend lässt sich konstatieren, dass der diskursive Austausch über Forschungsansätze, -methoden, Datenauswertungsverfahren sowie Forschungsergebnisse unverzichtbare Bestandteile einer qualitativen Forschungspraxis darstellen (sollten) und dass durch den Einbezug divergierender Perspektiven bei der interpretativen Textanalyse die Qualität der Analyseergebnisse entscheidend gesteigert werden kann.

Literatur

Breit, Gotthard und Georg Weißeno. 1997. Offene Fragen. In: *Politische Urteilsbildung –
Aufgabe und Wege für den Politikunterricht*, hrsg. BpB, 295–300. Bonn: BpB.

Bürsemeister, Thomas. 2008. *Qualitative Forschung. Ein Überblick*. 2. überarb. Aufl.
Wiesbaden: VS Verlag.

Frederking, Volker. 2008. Schwer messbare Kompetenzen – Herausforderungen für die
empirische Fachdidaktik. In: *Schwer messbare Kompetenzen – Herausforderungen für
die empirische Fachdidaktik*, hrsg. V. Frederking, 5–10. Baltmannsweiler: Schneider.

Gadamer, Hans-Georg. 2010. *Wahrheit und Methode. Grundzüge einer philosophischen
Hermeneutik*. 7 Aufl. Tübingen: Mohr Siebeck.

Hartmann, Martin. 2010. *Gefühle – Wie die Wissenschaften sie erklären*. 2. akt. Aufl.
Frankfurt/M.: Campus.

Henkenborg, Peter. 2005. Empirische Forschung zur politischen Bildung – Methoden und
Ergebnisse. In: *Handbuch politische Bildung*. 3., überarb. Aufl., hrsg. W. Sander, 48–61.
Schwalbach/Ts.: Wochenschau.

Jackson, Philipp W. 1975. Einübung in eine bürokratische Gesellschaft: Zur Funktion
der sozialen Verkehrsformen im Klassenzimmer. In: *Der heimliche Lehrplan*, hrsg. J.
Zinnecker, 19–34. Weinheim: Beltz.

Juchler, Ingo. 2014. Wissenschaftsorientierung. In: *Handbuch politische Bildung*. 4., überarb. Aufl., hrsg. W. Sander, 284–292. Schwalbach/Ts.: Wochenschau.

Klee, Andreas 2011. Von der Alltagsmeinung zum politischen Urteil. *Unterricht Wirtschaft + Politik* 1 (1): 54–56.

Kleemann, Frank/Krähnke, Uwe und Ingo Matuschek (Hrsg.). 2013. *Interpretative Sozialforschung. Eine Einführung in die Praxis des Interpretierens*. 2. Aufl. Wiesbaden: VS
Verlag.

Kuhn, Hans-Werner. 1997. Urteilsbildung im Politikunterricht. Fachdidaktische Analyse.
In: *Politische Urteilsbildung – Aufgabe und Wege für den Politikunterricht*, hrsg. BpB,
202–220. Bonn: BpB.

Kuhn, Hans-Werner (Hrsg.). 2003. *Urteilsbildung im Politikunterricht. Ein multimediales
Projekt*. Schwalbach/Ts.: Wochenschau.

Landweer, Hilge. 2007. Struktur und Funktion der Gefühle. Zur Einleitung. In: *Struktur
und Funktion der Gefühle*, hrsg. H. Landweer, 7–16. Berlin: Akademie Verlag.

Lind, Georg. 2009. *Moral ist lehrbar. Handbuch zur Theorie und Praxis moralischer und
demokratischer Bildung*. 2. überarb. u. akt. Aufl. München: Oldenbourg.

Massing, Peter. 1997. Kategorien politischen Urteilens und Wege zur politischen Urteilsbildung. In: *Politische Urteilsbildung – Aufgabe und Wege für den Politikunterricht*, hrsg.
BpB, 115–131. Bonn: BpB.

Massing, Peter. 2003. Kategoriale politische Urteilsbildung. In: *Urteilsbildung im Politikunterricht. Ein multimediales Projekt*, hrsg. H.-W. Kuhn, 91–108. Schwalbach/Ts.:
Wochenschau.

Massing, Peter. 2006. Wie lassen sich im Politikunterricht Kompetenzen der politischen
Urteilsbildung verbessern? In: *Politikunterricht evaluieren. Ein Leitfaden zur fachdidak-
tischen Unterrichtsanalyse*, hrsg. D. Richter und C. Schelle, 161–177. Baltmannsweiler:
Schneider.

Oevermann, Ulrich. 2003. *Strukturprobleme supervisorischer Praxis. Eine objektiv herme-neutische Sequenzanalyse zur Übersetzung der Professionalisierungstheorie.* 2. Aufl. Frankfurt/M.: Humanities.

Pohl, Kerstin. 2014. Schulischer Fachunterricht. In: *Handbuch politische Bildung.* 4., über-arb. Aufl., hrsg. W. Sander, 186–193. Schwalbach/Ts.: Wochenschau.

Reichertz, Jo. 1995. Objektive Hermeneutik. In: *Handbuch Qualitative Sozialforschung. Grundlagen, Konzepte, Methoden und Anwendung.* 2. Aufl., hrsg. U. Flick et al., 223–228. Weinheim: Beltz.

Sander, Wolfgang. 2012. Urteilen – Zur Einführung in das Schwerpunktthema. *Zeitschrift für Didaktik der Gesellschaftswissenschaften.* 3 (2): 7–8.

Schelle, Carla. 2007. Unterrichtsforschung. In: *Wörterbuch – Politische Bildung,* hrsg. G. Weißeno et al., 377–386. Schwalbach/Ts.: Wochenschau.

Schröder, Hendrik. i. B. Zur Performanz der politischen Urteilskompetenz von Schüler*innen – Eine empirische Studie aus politikdidaktischer Perspektive (Arbeitstitel). Bremen.

Vaas, Rüdiger. 2000. Emotionen. In: *Lexikon der Neurowissenschaften.* 1. Bd., hrsg. H. Hanser, 386–397. Heidelberg: Spektrum.

Didaktik politisch-demokratischer Bildung als Gegenstand in der universitären Lehramtsausbildung im Jenaer Modell der Lehrerbildung

Michael May

1 Einleitung

Es kann als eine Errungenschaft der bundesdeutschen Nachkriegsgeschichte gelten, dass in allen Bundesländern und in allen weiterführenden Schulformen ein Unterrichtsfach installiert wurde, das – in welcher konkreten Ausgestaltung auch immer – die politisch-demokratische Bildung der heranwachsenden Generation anstrebt (Lange 2010). Diese bildungspolitische Entscheidung ging von Anfang an mit der Entwicklung einer Didaktik der politischen Bildung einher. Wenngleich eine genuine Aufgabe der Politikdidaktik darin besteht, Wege der Gestaltung von fachlichem Unterricht aufzuzeigen sowie die unterrichtlichen Prozesse zu erforschen – dies hat mit der universitären Ausbildung der Fachlehrer(inne)n zu tun –, so verstand sich die politische Bildung in der Bundesrepublik doch zu keinem Zeitpunkt als ein Unterfangen, das in einem Unterrichtsfach aufgehen könnte. Es mag sein, dass die frühen Kontroversen um politische Bildung als Schulprinzip oder Unterrichtsfach dazu geführt haben, dass die Kritiker(innen) der Partnerschaftspädagogik Theodor Wilhelms die Notwendigkeit des Fachprinzips, des distanzierten Nachdenkens über Politik im Klassenraum stark betont und somit auch die Schwierigkeiten nahräumlich-erfahrungsorientierten politischen Lernens in der Schulgemeinschaft hervorgehoben haben. Dennoch finden sich bei vielen wichtigen Didaktiker(inne)n nicht lediglich Überlegungen zu den

M. May (✉)
Jena, Deutschland
E-Mail: m.may@uni-jena.de

© Springer Fachmedien Wiesbaden GmbH, ein Teil von Springer Nature 2018   49
C. Deichmann und M. Partetzke (Hrsg.), *Schulische und
außerschulische politische Bildung,* Politische Bildung,
https://doi.org/10.1007/978-3-658-20618-5_4

Inhalten des Faches und zu Wegen der Behandlung von Unterrichtsgegenständen, sondern auch zu erfahrungsbasierten Strategien, die politisch-demokratisches Lernen ermöglichen, wie etwa fächerübergreifende Interaktionsstile oder Schülermitbestimmung (stellvertretend Fischer 1970). Politische Bildung und Politikdidaktik haben also von je her ihr Geschäft als eines verstanden, das sich nicht im inhaltlich-fachlichen Lernen erschöpft (Politiklernen), sondern auch auf das Praktizieren von demokratischen Umgangsformen im Nahbereich angewiesen ist (Demokratielernen).

Die Kontroverse zwischen politikdidaktischen und demokratiepädagogischen Ansätzen (May 2010) ist vor diesem Hintergrund also zumindest insofern überflüssig, als politische Bildung den Wert nahräumlich-erfahrungsbasierten Demokratielernens in und neben dem Politikunterricht kaum je bestritten hat. Gleichzeitig hat die Kontroverse aber sowohl aufseiten der fachlich organisierten politischen Bildung als auch aufseiten nahräumlich-erfahrungsbasierten Demokratielernens jeweilige Schwächen und Probleme deutlich hervortreten lassen. Im Folgenden möchte ich andeuten, worin gemeinsame Zielsetzungen von Demokratiepädagogik und politischer Bildung liegen sowie welche Chancen und Schwierigkeiten die jeweils vorgeschlagenen Wege politisch-demokratischen Lernens aufweisen. Abschließend können auf dieser Grundlage einige Konsequenzen für die universitäre Ausbildung von Sozialkundelehrer(inne)n im Speziellen und für Lehrer(innen) als politische Bildner im Allgemeinen gezogen werden.

2   Politische Bildung und Demokratiepädagogik – Gemeinsame Ziele

Die großen Überschneidungsbereiche von politischer Bildung und Demokratiepädagogik werden deutlich, wenn man sich die jeweils angestrebten Bildungsziele vergegenwärtigt. In einer „operativen Bestimmung" der Aufgabe von Demokratiepädagogik fordert Wolfgang Edelstein (2007, S. 203 f.) die Entwicklung von Kompetenzen, die notwendig sind, „um an Demokratie als Lebensform teilzuhaben und diese aktiv in Gemeinschaft mit anderen Menschen zu gestalten; um sich für Demokratie als Gesellschaftsform zu engagieren und sie durch partizipatives Engagement in lokalen und globalen Kontexten mitzugestalten; um Demokratie als Regierungsform durch aufgeklärte Urteilsbildung und Entscheidungsfindung zu erhalten und weiterzuentwickeln." Ganz ähnlich wie in dieser operativen demokratiepädagogischen Bestimmung stehen in den Kompetenzmodellen der politischen Bildung politische Handlungs- und Partizipationsfähigkeiten einerseits und politische Urteilsfähigkeit andererseits im Mittelpunkt (GPJE 2004;

Behrmann et al. 2004; Detjen et al. 2012). Wenngleich die politische Urteilskompetenz eine Art Megakompetenz der politischen Bildung und des Politikunterrichts darstellt, erscheint das Fazit tragfähig, dass auf der Ebene der Bildungsziele keine Gegensätze zwischen politischer Bildung und Demokratiepädagogik zu identifizieren sind. Die Handlungsdimension und die Urteilsdimension werden jeweils berücksichtigt (auch wenn aus erziehungs- und politikwissenschaftlichen Gründen unterschiedliche Schwerpunkte gelegt werden).

Deutlicher als die politische Bildung betont die Demokratiepädagogik über diese Gemeinsamkeit hinaus jedoch in besonderer Weise den Bereich demokratischer *Einstellungen* (Magdeburger Manifest 2007). Zwar kann ein grundlegendes, selbstverständliches und deshalb vermutlich häufig nicht eigens betontes Ziel der politischen Bildung darin gesehen werden, Desinteresse und Distanz zur Demokratie als Lebens-, Gesellschafts- und Herrschaftsform zu vermeiden oder zu vermindern (z. B. Reinhardt 2012), erst in letzter Zeit wurden jedoch im Rahmen eines Kompetenzmodells die Unterstützung der Idee der Demokratie sowie eine kritische Loyalität zum politischen System als Bildungsziel ausdrücklich gefordert (Detjen et al. 2012). Die Betonung von Einstellungen macht darauf aufmerksam, dass politische Handlungsfähigkeit und Urteilsfähigkeit normativ-demokratiehaltige Orientierungen voraussetzen, um auf eine demokratische Art und Weise ausgeübt werden zu können. Die relative Zurückhaltung gegenüber der Entwicklung demokratieadäquater Einstellungen in der Politikdidaktik ist insofern misslich, als diese explizit als normative Orientierung in den Schulgesetzen festgehalten ist. Es geht im Kern darum, gegenüber grundlegenden demokratischen Werten eine zustimmende Orientierung zu entwickeln, wie hier am Beispiel des Schulgesetzes von Thüringen, § 2:

> Der Bildungs- und Erziehungsauftrag der Schule in Thüringen leitet sich ab von den grundlegenden Werten, wie sie im Grundgesetz für die Bundesrepublik Deutschland und in der Verfassung des Freistaats Thüringen niedergelegt sind.

3   Unterschiedliche Wege des Lehrens und Lernens

Angesichts der differenzierten und im Großen und Ganzen harmonierenden Bildungsziele von Demokratiepädagogik und Politikdidaktik erscheint es bemerkenswert, dass die unterrichtsmethodischen Konsequenzen vonseiten der Demokratiepädagogik recht eindimensional diskutiert wurden. Wenn es bei politisch-demokratischer Bildung insgesamt um die *Entwicklung von politischer Handlungs- und Partizipationsfähigkeit, politischer Urteilsfähigkeit und von demokratieförderlichen Einstellungen* geht, dann erscheint die demokratiepädagogische Schwerpunktlegung auf handlungsorientierte Unterrichtsmethoden (v. a. die Projektmethode) und die demokratische Mitbeteiligung der Schüler(innen) (Magdeburger Manifest 2007) als eine doch sehr grobe Lösung für ein diffiziles Problem.

Gleichwohl ist die Kritik der Demokratiepädagogik zutreffend, dass in der Unterrichtspraxis häufig ein lehrerzentrierter und kognitiv verengter Unterricht anzutreffen ist, der es nicht vermag, die Lebenswelt der Schüler(innen) mit den makropolitischen Strukturen zu verknüpfen. Allzu häufig ist Politikunterricht bloß „verständnislose Begriffsakrobatik" (Bernhard Sutor). Auf der Ebene der politikdidaktischen Theoriebildung und Programmatik läuft eine solcherart demokratiepädagogische Kritik jedoch ins Leere. Wie in der Einleitung bereits erwähnt, diskutiert die Politikdidaktik traditionell ein breites Spektrum an methodischen Hebeln, die zur demokratisch-politischen Bildung bzw. der Entwicklung der oben genannten Kompetenzen eingesetzt werden können. Darunter fallen eher kognitiv orientierte Methoden wie die Problemstudie ebenso wie die Projektmethode oder aber auch demokratische Umgangs- und Mitbeteiligungsformen in Unterricht und Schulleben (z. B. bereits Fischer 1970).

Angesichts der Vielfalt der Ziele politisch-demokratischer Bildung kommt es darauf an, jenseits eines Überlegenheitsanspruchs bestimmter Lehr-Lern-Arrangements den jeweiligen Wert und die jeweiligen Probleme einer spezifischen Lehr-Lern-Methode im Hinblick auf anzustrebende Bildungsziele zu reflektieren. Es gehört zu einer schulpädagogischen Grundeinsicht, dass Lehr-Lern-Methoden nicht unabhängig von spezifischen Lernzielen und Lerngegenständen eingeplant werden können (Terhart 2005).

3.1 Anbahnung politischer Urteilsfähigkeit

Für die Anbahnung politischer Urteilsbildung, die die Kernaufgabe des Sozialkundeunterrichts darstellt, bieten sich z. B. Methoden wie das politische Entscheidungsdenken, die Dilemmamethode oder die Problemstudie an. So phasiert die Problemstudie nach Wolfgang Hilligen den Unterricht entlang von Leitfragen, mithilfe derer ein gesellschaftliches oder politisches Problem (wie etwa Arbeitslosigkeit) identifiziert oder bearbeitet werden kann. Im Einzelnen lauten die Leitfragen der Methode: Worin besteht das Problem? Wie ist das Problem entstanden? Wessen Interessen sind durch das Problem berührt? Welche Lösungsmöglichkeiten gibt es? Welche Auswirkungen haben mögliche Lösungen auf Betroffene? Wie soll entschieden werden? (in Anlehnung an Reinhardt 2012).

Unterricht, der sich an diesen Leitfragen orientiert, trägt vor allem zur Schulung von Urteilskompetenz, insbesondere der Sachurteilskompetenz bei. Es geht bei dieser Methode nicht in erster Linie um die moralische Einschätzung einer Problemlage, sondern um die Suche nach Mitteln zur Bearbeitung eines ungewollten Ist-Zustands (wie etwa Arbeitslosigkeit); es geht vorrangig (wenn auch nicht ausschließlich) um Ursache-Wirkungszusammenhänge.

Am Beispiel der Problemstudie lassen sich auch die *Schwierigkeiten* solcher kognitiv orientierten Methoden verdeutlichen. Nicht jedes politische oder gesellschaftliche Problem wird als solches von den Schüler(inne)n wahrgenommen. Probleme sind immer nur Probleme für jemanden. Arbeitslosigkeit kann in einem Gymnasium mit gut situierter Schülerschaft weit weg von der eigenen Lebenswelt sein; die Probleme des Weltsicherheitsrates der Vereinten Nationen werden von Schüler(inne)n kaum selbst erlitten; Datensicherheit ist für viele Schüler(innen) ein abstraktes Problem, das für eigenes Handeln in der digitalen Welt häufig eine geringe Rolle spielt. Bereits Wolfgang Hilligen (1985), der für die politische Bildung das fachdidaktische Prinzip der Problemorientierung ausgearbeitet hat, unterscheidet subjektive und objektive Betroffenheit. Ein politisches und gesellschaftliches Phänomen, das Menschen objektiv betrifft, muss in seinen Auswirkungen auf das eigene Leben nicht automatisch erfasst werden. Die sich hier abzeichnende Schwierigkeit, die politische Makrowelt in modernen Massengesellschaften mit der subjektiven Lebenswelt der Schüler(innen) für diese nachvollziehbar zu verknüpfen, ist typisch für die politische Bildung und firmiert dort unter der Bezeichnung „Brückenproblem".

Es kann vermutlich als eine Hauptaufgabe des konzeptionell-unterrichtsplanerischen Denkens in der Politikdidaktik angesehen werden, solche Gestaltungsprinzipien des Unterrichts zu entwickeln, die das Brückenproblem mindern. Klassische *fachdidaktische Prinzipien,* die explizit auf die Verknüpfung von Mikro- und Makrowelt abzielen, sind etwa die Fallorientierung nach Kurt Gerhard Fischer, die Schülerorientierung nach Rolf Schmiederer oder das genetische Prinzip nach Eduard Spranger (May und Schattschneider 2014). So geht es etwa bei der Fallorientierung darum, ein politisches oder gesellschaftliches Problem an konkreten *Protagonisten* zu verdeutlichen. Die Personalisierung der Fallmethode kommt dem individuellen Entwicklungsverlauf der kognitiven Verarbeitung sozialer Prozesse entgegen (Keller und Edelstein 1982). Sie sorgt dafür, dass Lernende z. B. das Problem der Arbeitslosigkeit als eines erkennen, unter dem Menschen leiden, und von dort aus gesellschaftliche und politische Maßnahmen erkunden, die der Problembewältigung zuträglich sind – und schließlich auch den im Fall handelnden Protagonisten helfen würden. Deutlich wird hier der „Pulsschlag" politischer Bildungsprozesse von Konkretheit, Abstraktion und Rekonkretisierung (Hilligen 1985).

3.2   Anbahnung demokratieadäquater Einstellungen

Für die Anbahnung demokratieadäquater *Einstellungen* und kritischer Systemloyalität reichen kognitiv orientierte Methoden nicht aus. Einstellungen lassen sich
nicht – auch nicht mit schüleraktivierenden Unterrichtsmethoden – vom Katheder
‚beibringen‘, sondern sind das Ergebnis komplexer Lernprozesse, in denen kognitive und emotionale Elemente miteinander verwoben sind (Zick 2004). Neben
sozialkognitiven Kompetenzen (z. B. soziale Perspektivenübernahmefähigkeit
oder Kreuzkategorisierung) sind es vor allem sozialpsychologische Faktoren –
soziale Situierungen in Kombination mit den individuellen Verarbeitungsleistun-
gen der Individuen –, die zu Demokratiedistanz oder gar Extremismus führen.
Notwendig werden somit Gestaltungsregeln von Unterrichtskommunikation und
Schulleben, die eine Wertschätzung der Demokratie als Idee (und ständig zu ver-
bessernde Praxis) erreichen können.

Hilfreich für die Entwicklung einer kritischen Demokratieloyalität und men-
schenrechtsorientierter Einstellungen scheint die Etablierung und Aufrechter-
haltung einer schulischen und unterrichtlichen Anerkennungskultur zu sein.
Jedenfalls gehen stabile Anerkennungsbeziehungen innerhalb von Schule und
Unterricht mit geringeren rechtsaffinen Einstellungen der Schülerschaft einher
(Sandring 2006). Eine solche Anerkennungskultur kann man auf verschiedenen
Ebenen und mithilfe verschiedener Verfahren realisieren. Zu nennen ist *erstens*
die Entwicklung einer wertschätzenden Interaktionsqualität im Unterricht selbst.
Zu vermeiden sind hier Demütigungen, hilfreich sind Fehlertoleranz und der stän-
dige Versuch, die Weltkonstruktionen der Schüler(innen) in ihrer Orientierungs-
funktion ernst zu nehmen und mit ihnen zu arbeiten. Auch die Beteiligung der
Schüler(innen) an der Unterrichtsplanung und bestimmte Unterrichtsmethoden
sind geeignet, um die Wertschätzung der Schüler(innen)interessen zu fördern.
So setzt Projektunterricht bereits bei der Formulierung der Projektidee an den
Wünschen der Schüler(innen) an, und auch die weiteren Schritte werden unter
Einbeziehung der Schüler(innen) geplant. *Zweitens* lässt sich Anerkennung der
Schüler(innen) durch die Einbindung in formale Mitbestimmungsmöglichkeiten
im Rahmen der Schüler(innen)mitverwaltung praktizieren, darüber hinaus durch
Verfahren wie den Klassenrat oder die Just Community. Mitbestimmungsmöglichkeiten fördern die Wertschätzung der Weltsichten und Interessen der Schü-
ler(innen) – mithin Anerkennung. In diesem Sinne weisen Autor(inn)en aus der
politischen Bildung und vor allem der Demokratiepädagogik immer wieder auf
die Bedeutsamkeit der *Erfahrung* mit demokratischen Umgangs- und Rege-
lungsformen sowie demokratischen Mitbestimmungsformen im mikropolitischen
Nahraum – wie etwa der Schule oder Schulklasse – hin. Im besten Falle machen

und erleiden Schüler(innen) Erfahrungen, die ihnen den Wert der Demokratie vermitteln und somit demokratieaffine Einstellungen auszubilden helfen (wenngleich die Zumutungen der Demokratie, die Möglichkeit des Scheiterns, die Anstrengungen des Konflikts auch distanzierend wirken können).

Trotz der auch empirisch greifbaren, positiven Auswirkungen einer etablierten Anerkennungskultur in Schule und Unterricht (Sandring 2006), weisen die Forderungen nach Demokratie und Anerkennungskultur im mikropolitischen Nahraum einige Probleme auf. Die Formel „Demokratieerfahrung schafft Demokraten" scheint nicht ganz ohne Ambivalenzen und praktische *Schwierigkeiten* zu sein. Diese zeigen sich gerade dann, wenn bereits demokratiedistanzierte oder rechtsaffine Schüler(innen) die Adressat(inn)en des Bildungsprozesses sind. In solchen Fällen stehen Lehrer(innen) vor der schwierigen Aufgabe, „pädagogische Partnerschaft" und „politische Gegnerschaft" (Gloel und Gützlaff 2010) auszubalancieren. Bloße Anerkennung und das Verständnis für demokratiefeindliche Einstellungen werden kaum bildsame Irritationen und Einstellungswandel auslösen können. Zu deutliche Zurückweisungen der politischen Orientierungen Jugendlicher können jedoch dazu führen, dass diese sich in ihren Weltzugängen und Einstellungen nicht ernst genommen fühlen. Eine pädagogische Beziehung zwischen Lehrenden und Lernenden ist dann kaum möglich. An dieser Stelle wird das Akzeptanz-Korrektur-Dilemma der politischen Bildung deutlich (May 2014a, dort noch ungenau als Urteilsproblem bezeichnet).

4　Konsequenzen für die Sozialkundelehrer(innen)-Ausbildung in Jena

Neben dem methodischen Handwerkszeug für die Schul- und Unterrichtsebene sollten Studierende des Lehramts *auch* lernen, welche Probleme bei dessen Einsatz auftreten. Ein zentrales Anliegen in der Ausbildung politisch-demokratischer Bildner sollte deshalb sein, diese mit den Schwierigkeiten und Ambivalenzen zu befassen, die bei der Anbahnung von politischer Urteilsfähigkeit und demokratieadäquater Einstellungen entstehen. In der universitären Sozialkundelehrer(innen)-Ausbildung an der Universität Jena kommen deshalb vor dem Praxissemester, das in der Mitte des Studiums absolviert wird, zunächst orientierende und instruierende Lehrveranstaltungen zum Einsatz (May 2014a), während des Praxissemesters und danach vor allem reflexive Seminare, die sich mit den Schwierigkeiten und Ambivalenzen beschäftigen (wenngleich diese Trennung freilich sehr grob ist und lediglich Schwerpunkte andeutet). Für die Ausprägung eines reflexiven Habitus, der für die Lehrer(innen)professionalisierung von großer

Bedeutung ist, erscheinen diese Lehrveranstaltungen besonders funktional. Deshalb sollen sie etwas näher beschrieben werden.

Ausgangspunkt der Seminare sind subjektiv empfundene Schwierigkeiten oder gar Erfahrungen des Scheiterns, denen die Studierenden im Praxissemester im Versuch der Anbahnung politischer Urteilskompetenz und demokratieadäquater Einstellungen ausgesetzt waren – und die einen besonderen ‚Leidensdruck' und eine besondere Unzufriedenheit hervorriefen. Diese Handlungsprobleme sind der zentrale Gegenstand dieser Veranstaltungen. Analysiert werden somit Situationen, in denen der Unterricht etwa aufgrund des Brückenproblems oder des Akzeptanz-Korrektur-Dilemmas unbefriedigend erschien oder scheiterte. Methodisch orientieren sich die Seminare an dem Prinzip der didaktischen Fallarbeit.

Hierzu deute ich knapp zwei Seminarbeispiele an. Das erste Seminar beschäftigt sich hauptsächlich mit den Schwierigkeiten bei der Entwicklung von Interesse für politische Fragen und der Anbahnung von Urteilsfähigkeit, das zweite Seminar mit den Schwierigkeiten bei der Anbahnung von demokratie- und menschenrechtsadäquaten Einstellungen bzw. im Umgang mit menschenfeindlichen Äußerungen von Schüler(inne)n.

4.1 Seminar „Von den Schwierigkeiten, ein guter Sozialkundelehrer zu werden" – Beispiel: ‚Projektunterricht'

Ein Student brachte folgenden Bericht mit ins Seminar
Die Projektarbeit zum Thema ‚*soziale Ungleichheiten*' fand in der 11. Klasse an einem Gymnasium statt, wobei sich in drei vorangegangenen Sozialkundestunden bereits mit der Thematik auseinandergesetzt wurde.

Die Schülerinnen und Schüler (SuS) wurden am Ende der dritten Stunde darüber informiert, wie die kommende Projektarbeit (geplant waren vier Unterrichtsstunden) ablaufen würde. Zuerst bestimmten die Lehrer die jeweiligen Gruppenleiter. Im Anschluss wurden die restlichen SuS per Zufall in drei verschiedenen Gruppen zugelost (sechs SuS pro Gruppe). Jeder Gruppenleiter erhielt ein Arbeitsblatt mit allen wichtigen Informationen über das Ziel der Projektarbeit, dem spezifischen Arbeitsauftrag der Gruppe, einen zeitlichen Ablaufplan und die empfohlene Einführungsliteratur. Zur Überprüfung des Arbeitsstandes wurde zum einen darauf hingewiesen, dass am Ende der zweiten Stunde jede Gruppe in kurzen Einzelpräsentationen ein Zwischenergebnis vorlegen sollte und zum anderen die Gruppenleiter die fertigen Handouts per E-Mail an den Lehrer schicken mussten. Als Abschluss der Projektarbeit waren Expertengruppen geplant [gemeint ist hier, dass jeder Schüler aus einer Sechsergruppe mit je einem Schüler aus den anderen zwei Sechsergruppen eine neue Dreiergruppe bildete, in der dann zu jedem Thema ein Experte vertreten war; M.M.]. Alle SuS sollten in der Lage sein, als Experte (sechs Gruppen zu je drei SuS) das bearbeitete Thema zu präsentieren. Alle SuS in den Expertengruppen sollten dabei ein Handout erhalten. Im Anschluss an die Vorträge waren die SuS dafür zuständig, sich aufgrund ihrer Leistung innerhalb der Gruppe zu bewerten (6 × 15 Punkte = maximal 90 Punkte zur Verfügung). In einem Abschlussgespräch mit dem Lehrer sollte die Gruppe daraufhin ihre Notenwahl begründen und infolge einer Einschätzung durch den Lehrer eine individuelle Note erhalten.

Die Einteilung war erfolgt und es bestanden keine Fragen zum Ablauf. Alle SuS wirkten äußerst motiviert aufgrund der Projektarbeit, welche für sie in dieser Art und Weise noch nie stattgefunden hatte. Der Lehrer nahm sich während der Projektarbeit weitestgehend zurück und überließ den SuS ihre Eigenständigkeit und die detaillierten Arbeitsblätter. Sowohl das schulische Computerkabinett als auch der Klassenraum standen den einzelnen Gruppen zur Verfügung.

Die kurzen Zwischenpräsentationen verliefen alle zufriedenstellend und der Lehrer nannte den einzelnen Gruppen zielführende Kritikpunkte. Am folgenden Freitag lief die Frist für das Einreichen der Gruppenhandouts gegen Mittag ab. Eine Stunde nach Ablauf der Frist war lediglich ein Handout angekommen. Dieser Sachverhalt änderte sich bis zum Abend nicht. Auch ein Nachfragen via E-Mail änderte daran nichts. Als Sonntag immer noch zwei Handouts fehlten, beschloss der Lehrer, die Gruppenleiter via E-Mail darüber zu informieren, dass die geplante Präsentation am Montag nicht stattfinden könnte. Am Montag wurde daraufhin die gesamte Klasse, vor allem die Gruppenleiter, zur Situation befragt. Abgesehen von einem fehlerhaften Handout wurden falsches Eintippen der E-Mail-Adresse und die Unwissenheit, dass der Gruppenleiter das Handout zu schicken hat, als Gründe für das Versäumnis genannt.

Aus diesem Grund wurde die nächste Stunde genutzt, um zu verdeutlichen, was von den SuS jetzt verlangt wurde. Zudem wurden die wichtigsten Punkte zur Herstellung eines Handouts gemeinsam besprochen. Zum folgenden Freitag wurde eine erneute Frist festgesetzt, welche dieses Mal auch von jeder Gruppe eingehalten wurde. Allerdings erneut mit fehlerhaften Handouts. Eine vorgenommene Korrektur und Hinweise durch den Lehrer verhinderten ein weiteres Aufschieben der Expertengespräche. Somit konnten erst in der siebten Stunde die Expertengespräche stattfinden.

Ein Überziehen der festgeschriebenen Redezeit und das ständige Ablesen einiger SuS lieferten gute Anhaltspunkte dafür, dass sich einige SuS nicht ausreichend auf die Gespräche vorbereitet hatten. Im Anschluss an die Expertenrunde hatten die SuS dann die Möglichkeit, ihre Notenverteilung vorzunehmen. Wie sich herausstellte, zeigten sich erhebliche Schwankungen zwischen Lehrer- und SuS-Einschätzungen (größte Schwankung: zehn Punkte Differenz in der Note).

Der Lehrer entschied aufgrund des Verlaufes der stattgefundenen Projektarbeit, die achte Unterrichtsstunde dafür zu nutzen, alle wichtigen Aspekte der einzelnen Gruppen nochmals zu nennen. Demnach kam umgehend das Gefühl auf, dass der vorangegangene Zeitaufwand deutlich zu groß war. Infolge der aufgetretenen Probleme, während der gesamten Projektarbeit, reflektierten die SuS und der Lehrer die Projektarbeit in einem ausführlichen Gespräch.

Das Seminar, in dem auch der beschriebene Unterricht bearbeitet wurde, orientiert sich an dem Konzept der politikdidaktischen Hermeneutik von Hans-Werner Kuhn (2003). Der Interpretationsprozess geht von konkreten Unterrichtssituationen aus, ist aber zumindest teilweise als ein deduktives Verfahren zu kennzeichnen, bei dem Unterrichtsdokumentationen vor dem Hintergrund politikdidaktischer Theoreme eingeordnet werden; „bestimmte Theoreme, Fragestellungen, Theorien und Konzeptionen der Fachdidaktik [bilden] die Interpretationsfolie" (Kuhn 2003, S. 162). Im Einzelnen besteht das Vorgehen aus drei Schritten: Verstehen, Auslegen, Anwenden. In diesen Schritten werden spezifische Fragen an das Material gerichtet:

1. Verstehen: Welche Unterrichtsbedingungen konnten beobachtet werden? Wie lief der Unterricht ab (Phasen, Methoden, Medien etc.)? Welche Ziele verfolgte die Lehrkraft (vermutlich)? Wie agierten und reagierten Lehrende und Lernende im Unterrichtsgeschehen? Wie wirkten sich die Reaktionen auf den weiteren Unterrichtsverlauf aus? Wie lassen sich die Anforderungen an die SuS charakterisieren? Welche Haltungen der SuS zu Gegenstand, Methode, Arbeitstechnik, Arbeitsauftrag zeigen sich? Inwiefern traten schwierige Situationen auf?
2. Auslegen: Welche politikdidaktischen Grundsätze oder Strukturprinzipien werden in der Stunde sichtbar – oder *nicht* sichtbar (Unterrichtsstil, fachspezifische Kompetenzen, fachdidaktische Prinzipien, Anforderungssituationen, fachspezifische Implikationszusammenhänge, Beutelsbacher Konsens)? Welche typischen Handlungsdilemmata des Politikunterrichts (May 2014a, b) oder didaktische Fehlformen (z. B. Gruschka 2011) werden sichtbar (hier: Hinzuziehung von Literatur)?
3. Anwenden: Würdigung und Kritik der Stunde, Alternativplanung (Handlung- und Planungsalternativen).

Ich verzichte an dieser Stelle auf eine ausführliche Wiedergabe des Seminargeschehens und skizziere nur die wichtigsten Ergebnisse der Seminarinterpretation (Verstehen und Auslegen): *Erstens* ist am Bericht des Studenten auffällig, dass abgesehen von dem knappen Hinweis auf das Thema „soziale Ungleichheiten" der Bildungsgegenstand praktisch keine Rolle spielt. Im Zentrum der Schilderungen steht eine fein ausgeklügelte, sich an der Methode Gruppenpuzzle orientierende Unterrichtsarchitektur, in der die Schüler(innen) weitgehend selbstorganisiert an Materialien arbeiten, ihre Ergebnisse präsentieren und sich sogar an der Notenfindung beteiligen sollen. Der Lehrer instruiert die Schüler(innen) im Hinblick auf den Rahmen und die zu erledigenden Aufgaben, übernimmt aber getreu dem vorherrschenden pädagogischen Paradigma eher die Rolle als ein sich selbst zurücknehmender Lernbegleiter. Die Schüler(innen) erledigen mehr oder weniger Erschließungsaufgaben zu Texten, Statistiken und anderen Materialien (dies ergaben weitere Berichte des Studenten), ohne dass diese Tätigkeiten eine sinnstiftende Funktion für die Beantwortung einer bildungsrelevanten Fragestellung übernehmen könnten. Ein deutliches Indiz für eine fehlgeschlagene gegenseitige Resonanz zwischen Unterrichtsgegenstand und Schüler(inne)n ist folgende Beschreibung: „Ein Überziehen der festgeschriebenen Redezeit und das ständige Ablesen einiger SuS lieferten gute Anhaltspukte dafür, dass sich einige SuS nicht ausreichend auf die Gespräche vorbereitet hatten." Insgesamt wird deutlich, dass die Entwicklung einer authentischen und appellativen thematischen Anforderungssituation, durch die eine bildungsinitiierende Verknüpfung von Lerngegenstand und Schüler(inne)n erfolgen kann (May 2011), zugunsten einer Methodisierung des Unterrichts vernachlässigt wird (Gruschka 2011). Die genuin fachdidaktischen Fragen nach Bedeutung sozialer Ungleichheit für das Zusammenleben der Menschen in einer Gesellschaft, nach dem möglichen und nötigen Ausmaß sozialer Ungleichheit oder etwa nach politischen Möglichkeiten der Steuerung sozialer Ungleichheitsverhältnisse werden nicht lernwirksam inszeniert.

Zweitens wird durch den Bericht, aber vor allem durch die begleitenden Erzählungen im Seminar, die große Enttäuschung des Praxissemesterstudenten deutlich. Obwohl der Student nach eigenem Verständnis eine innovative Methode, die Projektmethode, angewandt, sich nach dem vorherrschenden Paradigma als Lernbegleiter versucht und den Schüler(inne)n viel Raum zum selbst regulierten Arbeiten gegeben hat, wurde offenbar viel zu viel Zeit benötigt – und die Ergebnisse des Unterrichts ließen zu wünschen übrig. Die Enttäuschung des Studenten entsteht, weil die Hoffnungen, die er mit seiner als innovativ wahrgenommenen Praxis verbindet, offenbar nicht erfüllt wurden. Allerdings basieren diese Hoffnungen des Studenten auf einem Fehlkonzept der Makromethode „Projekt". Projektunterricht wird scheinbar vor allem mit der Selbsttätigkeit der Schüler(innen) in Verbindung gebracht. Ohne hier auf den konkreten Ablauf der Projektmethode einzugehen, lässt sich aber feststellen, dass eine Bedingung der Projektmethode in der *Erfahrung* eines zu lösenden Problems oder einer Herausforderung liegt (Frey und Schäfer 2012). Im Bericht des Studenten wird deutlich, dass gerade hier große Defizite liegen, weil sich Lehrer und Schüler(innen) nicht über eine zu bewältigende oder zu bearbeitende, authentisch empfundene Problemlage verständigen.

Abschließend wurden im Seminar didaktische Konzeptionen und Ideen gesammelt, auf deren Grundlage eine Alternativplanung des dokumentierten Unterrichts erfolgen könnte (Anwenden). Hierzu wurden vor allem Grundsätze genetischer Politikdidaktik berücksichtigt, etwa die Maßgabe, den Schüler(inne)n zum Thema soziale Ungleichheit keine Antworten, sondern offene, gesellschaftlich virulente Fragen zu präsentieren (Petrik 2013). In der Hausarbeit wurden sodann eine ausführliche Analyse des dokumentierten Unterrichts (orientiert an der politikdidaktischen Hermeneutik nach Kuhn) sowie eine Alternativplanung vorgelegt.

4.2 Seminar „Taktvoll gegen Rechts" – Beispiel: „Gelten Menschenrechte auch für Schwarze?"

Im Rahmen des Praxissemesters bietet der Autor seit nunmehr zehn Semestern für Studierende aller Fachrichtungen eine Begleitveranstaltung an, die sich mit der Frage beschäftigt, wie man didaktisch sinnvoll mit rechtsextremistischen, demokratiefeindlichen und menschenverachtenden Äußerungen von Schüler(inne)n umgehen kann. Auch in diesem Seminar steht die Analyse, Diagnose und ggf. die Entwicklung alternativer Handlungsmöglichkeiten im Mittelpunkt. Grundlage sind einschlägige, von den Studierenden dokumentierte Szenen aus dem Unterricht. Eine Studentin brachte folgende Dokumentation einer Szene aus ihrer ersten, selbst gehaltenen Stunde mit.

Sozialkundeunterricht, Thüringen, Jg. 9, erste eigene Stunde einer Praxissemesterstudentin

Lehrerin:
„Der Unterschied zwischen Bürger- und Menschenrechten ist der, dass die Menschenrechte für alle Menschen gelten und die Bürgerrechte nur für die Bundesbürger."

Schüler:
„Gelten die Menschenrechte auch für Schwarze?"

Klasse:
Lachen und Raunen

Lehrerin:
„Wie ich schon sagte, die Menschenrechte gelten für alle Menschen."

Schüler:
„Achso, ok."

Im Seminar kommen, anders als im oben vorgestellten Seminar, einige Techniken der qualitativen Unterrichtsforschung, wie etwa die Entwicklung von Lesarten und die Fallkontrastierung, zur Anwendung. Gleichzeitig kann das Vorgehen jedoch für sich nicht in Anspruch nehmen, Forschung oder auch nur Lehrforschung zu sein.

Damit sollen einige Nachteile der Nutzung qualitativer Methoden in der Lehre, wie etwa die Suspendierung von pädagogischen Handlungsfragen, vermieden werden (May 2018). Die Gestaltung der pädagogischen Fallarbeit orientiert sich an einem Dreischritt. Im *ersten Schritt* (Analyse) wird eine Reihe von interessant erscheinenden Dokumentationen ausgewählt. Danach erfolgt in Stammgruppen und im Plenum eine Vergegenwärtigung der Geschehnisse der Szenen, um ein gemeinsames Verständnis der dokumentierten Abläufe zu sichern. Der bedeutendste Schritt ist jedoch die vergleichende Analyse der *Funktionalität* der jeweils dokumentierten rechtsextremistischen oder menschenfeindlichen Äußerungen. Hierzu gehen wir davon aus, dass etwa menschenfeindliche Äußerungen zwar eine stabile und authentische subjektive Orientierung in der sozialen Welt liefern, sie jedoch zudem je spezifische, situative Funktionen erfüllen können und diese Spezifika sich insbesondere durch einen Vergleich der Szenen offenbaren. Mitunter zeigen sich diese Funktionalitäten auch – mehr oder weniger unterschiedlich gewichtet – in einer einzelnen Szene (wie dies in der oben zitierten der Fall ist). In dieser Phase werden Lesarten zu den Szenen entwickelt (Wernet 2009). Im *zweiten Schritt* (Diagnose) geht es um die Einschätzung von dokumentierten Reaktionen der Lehrperson unter didaktischen Gesichtspunkten. Vor allem die Fragen, ob eine Bearbeitung des Vorurteils oder der menschenfeindlichen Einstellung in der Situation geboten war sowie welche Vor- und Nachteile die dokumentierte Reaktion der Lehrperson mit sich bringt, werden diskutiert. Im *dritten Schritt* (Problemlösung) werden alternative Reaktionsmöglichkeiten sowie deren Vor- und Nachteile diskutiert. Dieser Schritt ist im Rahmen eines auf Praxis orientierten Lehramtsstudiums nicht verzichtbar.

Auch an dieser Stelle vernachlässige ich eine ausführliche Wiedergabe unserer Interpretation der Szene (hierzu May 2018). Das Ergebnis besteht jedenfalls darin, dass sich in der Szene verschiedene Funktionalitäten der Schüleräußerung durchdringen und überlagern. Erstens kommt ein subjektives rassistisches Vorurteil in der Schülerfrage zur Geltung, dass schwarze Menschen das Menschsein nicht mit anderen Menschen teilen (nur diese Prämisse ermöglicht die Schülerfrage). Zweitens zeigt sich – in der Szene dominierend – eine Herausforderung der Lehrperson, da es sich offenbar um einen Tabubruch handelt („Lachen und Raunen"). Drittens schließlich stellt der Schüler schlicht eine Wissensfrage, die von der Lehrerin beantwortet wird. Insofern zeigt sich ein unterrichtstypischer und die Situation entschärfender turn-taking-Prozess von Unterricht.

Über die letzten Semester haben sich verschiedene szenische Funktionalitäten, die jeweils unterschiedliche Handlungsstrategien nahelegen, immer wieder gezeigt. Diese lassen sich zu bestimmten Szenentypen verdichten.

In einem *ersten Typus* wird durch die klassenöffentliche Artikulation eines Vorurteils die Lehrperson herausgefordert. In solchen Fällen droht der Gesichtsverlust der Lehrperson. Die Herausforderung für die Lehrperson besteht darin, souverän zu reagieren und den Unterricht als soziale Situation zu stabilisieren. Es geht um die Bewährung der Lehrperson (Behrens 2014). Welche Handlungsempfehlungen kann man für den Typus „Herausforderung" geben? Allgemein ist es schlicht angeraten, sich nicht provozieren zu lassen. Aber wie macht man das? Techniken hierfür können sein: Unterrichtsroutinen fortsetzen, bewährte Unterrichtstechniken nutzen, die Rolle als Sachwalter richtigen Wissens und geltender Werte ausüben, aber auch: Zeit gewinnen, Thema vertagen, in Ruhe nachdenken, Kolleg(inn)en und Sozialpädagog(inn)en einbeziehen. In einem *zweiten Typus* werden Mitschüler(innen) abgewertet. Hier ist der Schutz von Geschädigten geboten. Grundsätzlich sollte aber darauf geachtet werden, dass durch gut gemeinte Aktionen der Lehrperson die „Opferrolle" nicht verstärkt oder erst erzeugt wird. Bei einem *dritten Typus* scheinen authentische Vorurteile auf, die oft Angst, Unsicherheit oder fehlendes Wissen der Schüler(innen) dokumentieren. Auch in den anderen Typen ist davon auszugehen, dass Vorurteile als authentische Sinnbildungsinstrumente zum Vorschein kommen. Die Spezifik dieses dritten Typus besteht aber darin, dass in der Artikulation keine weitergehende Funktionalität dominiert. Dies zeigt sich etwa daran, dass Schüler(innen) das Gespräch suchen. Vor allem solche Szenen sind geeignet, Versuche zu unternehmen, abwertende Einstellungen oder Vorurteile zu bearbeiten. Gleichzeitig zeigen sich insbesondere in solchen Szenen aber regelmäßig auch große Schwierigkeiten, die durch das oben skizzierte Akzeptanz-Korrektur-Dilemma der politischen Bildung entstehen. Typisch sind rituelle Konklusionen und Diskursabbrüche. Einfache Handlungsempfehlungen sind hier kaum möglich, wenngleich die Balancierung von pädagogischer Partnerschaft und politischer Gegnerschaft geboten bleibt (weitere Hinweise May 2018).

5   Fazit

In diesem Beitrag wurde gezeigt, dass die Ziele politisch-demokratischer Bildung (politische Urteilskompetenz, politische Handlungskompetenz, kritische Systemloyalität) nur mit zielangemessenen Lernarrangements angestrebt werden können. Weder eher kognitiv orientierte Methoden des Fachunterrichts, die auf Urteilskompetenz gerichtet sind, noch stärker erfahrungsbasierte Arrangements der Demokratiepädagogik, die schwerpunktmäßig auf Handlungskompetenz und Einstellungen orientieren, können eine globale Reaktion auf die Anliegen politisch-demokratischer Bildung sein. Gleichzeitig bringen die verschiedenen methodischen Strategien von politischer Bildung und Demokratiepädagogik je spezifische Schwierigkeiten mit sich. Verwickelt sich kognitiv orientierte politische Bildung allzu oft in das Brückenproblem und bleibt schüler(innen)fern, so zeigt sich v. a. in Anerkennungsstrategien der Demokratiepädagogik das Problem, pädagogische Partnerschaft mit politischer Gegnerschaft zu vereinbaren. Die Ausbildung politischer Bildner(innen) muss fachunterrichtliche und demokratiepädagogische Instrumente vermitteln, vor allem aber die mit diesen Instrumenten verknüpften, typischen Schwierigkeiten reflektieren sowie Handlungsalternativen diskutieren. In didaktischen Fallseminaren, die zwar das Situative des Lehrer(innen)handelns betonen, aber auch Reflexionsfähigkeit schulen und zum Aufbau systematischen Wissens beitragen, kann dies erfolgen.

Literatur

Behrens, Rico. 2014. *Solange die sich im Klassenzimmer anständig benehmen. Politiklehrer/innen und ihr Umgang mit rechtsextremer Jugendkultur in der Schule.* Schwalbach/Ts.: Wochenschau.

Behrmann, Günter C., Tilman Grammes und Sibylle Reinhardt. 2004. Politik. Kerncurriculum Sozialwissenschaften in der gymnasialen Oberstufe. In: *Kerncurriculum Oberstufe. Biologie, Chemie, Physik, Geschichte, Politik. Expertisen – im Auftrage der KMK,* hrsg. H.-E. Tenorth, 322–406. Weinheim/Basel: Beltz.

Detjen, Joachim, Peter Massing, Dagmar Richter und Georg Weißeno. 2012. *Politikkompetenz. Ein Modell.* Wiesbaden: Springer VS.

Edelstein, Wolfgang. 2007. Was ist Demokratiepädagogik? Versuch einer operativen Bestimmung. In: *Demokratiepädagogik. Lernen für die Zivilgesellschaft,* hrsg. W. Beutel und P. Fauser, 203–204. Schwalbach/Ts.: Wochenschau.

Fischer, Kurt Gerhard. 1970. *Einführung in die Politische Bildung.* Stuttgart: Metzlersche Verlagsbuchhandlung.

Frey, Karl und Ulrich Schäfer. 2012. *Die Projektmethode. "Der Weg zum bildenden Tun".* 12., neu ausgestattete Aufl. Weinheim: Beltz.

GPJE. 2004. *Nationale Bildungsstandards für den Fachunterricht in der Politischen Bildung an Schulen. Ein Entwurf.* Schwalbach/Ts.: Wochenschau.

Gloel, Rolf und Kathrin Gützlaff. 2010. *Gegen Rechts argumentieren lernen.* Hamburg: VSA Verlag.

Gruschka, Andreas. 2011. *Verstehen lehren. Ein Plädoyer für guten Unterricht.* Stuttgart: Reclam.

Hilligen, Wolfgang. 1985. *Zur Didaktik des politischen Unterrichts.* Opladen: Leske + Budrich.

Keller, Monika und Wolfgang Edelstein. 1982. Perspektivität und Interpretation. Zur Entwicklung des sozialen Verstehens. In: *Perspektivität und Interpretation. Beiträge zur*

Entwicklung sozialen Verstehens, hrsg. W. Edelstein und M. Keller, 9–43. Frankfurt/M.: Suhrkamp.

Kuhn, Hans-Werner. 2003. Sozialwissenschaftlicher Sachunterricht – qualitativ erforscht. In: *Sozialwissenschaftlicher Sachunterricht. Konzepte, Forschungsfelder, Methoden. Ein Reader,* hrsg. H.-W. Kuhn, 151–174. Herbolzheim: Centaurus.

Lange, Dirk. 2010. *Monitor politische Bildung. Daten zur Lage der politischen Bildung in der Bundesrepublik Deutschland.* Schwalbach/Ts.: Wochenschau.

Magdeburger Manifest. In: *Demokratiepädagogik. Lernen für die Zivilgesellschaft,* hrsg. W. Beutel und P. Fauser, 200–202. Schwalbach/Ts.: Wochenschau.

May, Michael. 2010. *Politiklernen oder Demokratielernen?* Schwalbach/Ts.: Wochenschau.

May, Michael. 2011. Kompetenzorientiert unterrichten – Anforderungssituationen als didaktisches Zentrum politisch-sozialwissenschaftlichen Unterrichts. *Gesellschaft Wirtschaft Politik* 60 (1): 123–134.

May, Michael. 2014a. Das Brücken-, Urteils- und Emanzipationsproblem als strukturelle Bedingung kompetenten Lehrerhandelns im Sozialkundeunterricht – Politiklehrerkompetenzen und deren Anbahnung in der ersten Phase der Lehrerbildung. In: *Ein Praxissemester in der Lehrerbildung. Konzepte, Befunde und Entwicklungsperspektiven am Beispiel des Jenaer Modells der Lehrerbildung,* hrsg. K. Kleinespel, 177–192. Bad Heilbrunn: Klinkhardt.

May, Michael. 2014b. Politische Bildung als Beruf. Oder: Welche professionellen Herausforderungen stellen politische Bildungsprozesse an die Lehrenden? *Gesellschaft Wirtschaft Politik* (63) 4: 585–596.

May, Michael. 2018. Vorurteile bearbeiten durch politische Bildung. Ergebnisse eines Fallseminars. In: *Toleranz und Radikalisierung in Zeiten sozialer Diversität. Beiträge aus Psychologie und Sozialwissenschaften,* hrsg. A. Beelmann, 107–125. Schwalbach/Ts.: Wochenschau.

May, Michael und Jessica Schattschneider. 2014. Klassische politikdidaktische Theorien. In: *Handbuch politische Bildung.* 4. Aufl., hrsg. W. Sander, 31–41. Schwalbach/Ts.: Wochenschau.

Petrik, Andreas. 2013. *Von den Schwierigkeiten, ein politischer Mensch zu werden.* 2. Aufl. Opladen: Budrich.

Reinhardt, Sibylle. 2012. *Politik-Didaktik. Handbuch für die Sekundarstufe I und II.* 4. Aufl. Berlin: Cornelsen Scriptor.

Sandring, Sabine. 2006. Schulische Anerkennungsbeziehungen an Schulen in Sachsen-Anhalt und Nordrhein-Westfalen. In: *Unpolitische Jugend? Eine Studie zum Verhältnis von Schule, Anerkennung und Politik,* hrsg. W. Helsper, H.-H. Krüger, S. Fritzsche, S. Sandring, C. Wiezorek, O. Böhm-Kasper und N. Pfaff, 145–164. Wiesbaden: VS Verlag.

Terhart, Ewald. 2005. *Lehr-Lern-Methoden. Eine Einführung in Probleme der methodischen Organisation von Lehren und Lernen.* 4., erg. Aufl. Weinheim: Juventa.

Wernet, Andreas. 2009. *Einführung in die Interpretationstechnik der objektiven Hermeneutik.* 3. Aufl. Wiesbaden: VS Verlag.

Zick, Andreas. 2004. Soziale Einstellungen. In: *Krieg und Frieden. Handbuch der Konflikt- und Friedenspsychologie,* hrsg. G. Sommer und A. Fuchs, 129–142. Weinheim: Beltz.

Personenbezogene Geschichtspolitik: Perspektive für die Analyse und Beurteilung aktueller gesellschaftlicher und politischer Probleme in der handlungsorientierten politischen Bildung

Carl Deichmann

1 Einführung

Wollen politische Bildung und die Politikdidaktik auf gesellschaftliche Herausforderungen reagieren, so müssen sie Strategien entwickeln, die als geeignete
Antworten in einer multikulturellen Gesellschaft (Abschn. 2) und für die mit der
Einwanderung verbundenen Integrationsprobleme geeignet sind. Als besonders
hilfreiche politikdidaktische Strategie erweist sich hierbei die im Folgenden entwickelte **personenbezogene Geschichtspolitik** (Abschn. 5), weil die Integrationsprobleme und die interkulturelle Kommunikation mit unterschiedlichen,
auch diametral entgegengesetzten politisch-kulturellen Erfahrungen und Deutungsmustern einer zunehmenden Anzahl der politisch Lernenden verbunden
sind. Das politische Bewusstsein der Mitglieder in Lerngruppen beruht seiner-
seits wiederum auf unterschiedlichen persönlichen und kollektiven Erfahrungen,
welche es in den politischen Lernprozess aufzunehmen gilt. Die personenbezogene
Geschichtspolitik orientiert sich deshalb einerseits an dem **personenbezogenen
Ansatz** in der politischen Bildung (Deichmann 2013; Partetzke 2016), welcher in
der **hermeneutischen Politididaktik** (Deichmann und Juchler 2010) und deren

C. Deichmann (✉)
Jena, Deutschland
E-Mail: carl.deichmann@uni-jena.de

© Springer Fachmedien Wiesbaden GmbH, ein Teil von Springer Nature 2018
C. Deichmann und M. Partetzke (Hrsg.), *Schulische und
außerschulische politische Bildung*, Politische Bildung,
https://doi.org/10.1007/978-3-658-20618-5_5

Bezügen zu der sozialwissenschaftlichen Hermeneutik begründet ist (Abschn. 3). Andererseits sind die Bezüge zu dem Forschungsfeld der Geschichtspolitik herzustellen, um daraus eine adäquate politikdidaktische Strategie in einer hand-lungsorientierten politischen Bildung zu entwickeln (Abschn. 6).

2 Narrationen in der multikulturellen Gesellschaft: Herausforderung für die politische Bildung und die Politikdidaktik

Bei der Beobachtung der Politik, die in einer Lerngruppe durchgeführt wird, stoßen unterschiedliche, oft diametral entgegengesetzte politische Deutungsmuster aufeinander. Sie zeichnen sich durch konträre Wertorientierungen, unterschiedliche Auffassungen über den Verlauf politischer Prozesse und über die Bedeutung von poli-tischen Institutionen aus. Es handelt sich um die Bandbreite von Auffassungen, die, politikwissenschaftlich eingeordnet, von der Identitätstheorie der Demokratie über die Repräsentationstheorie bis hin zu autoritären und totalitären Deutungen reichen.

Dies ist zwar kein neuer, überraschender Befund. Eine neue Herausforderung für die politische Bildung stellt jedoch der politische Hintergrund der multikulturellen Bezüge in einer Einwanderungsgesellschaft mit starkem Intergrationsbedarf bei den einwandernden Teilen der Bevölkerung dar (Münkler und Münkler 2016, S. 227 ff.), in dem diese Deutungsmuster in einer aktuellen Konfliktstruktur in einem neuen Licht erscheinen. Denn die **multikulturelle Gesellschaft** zeichnet sich dadurch aus, dass es im Rahmen der unterschiedlichen Alltagskulturen und politischen Teilkul-turen **verschiedene Erzählkulturen** gibt, die sich zum Teil in ihren Inhalten, aber auch besonders in ihren Wertvorstellungen und in ihren Vorstellungen von der poli-tischen Ordnung unterscheiden, ja widersprechen und sich gegenseitig ausschließen. Dies führt sowohl im Alltag als auch in der öffentlichen Diskussion zu Konflikten, welche in Demonstrationen ihren Ausdruck finden. So demonstrierten z. B. am 31.07.2016 in Köln, aber auch in anderen Städten, in Deutschland lebende Türken für die Unterstützung der Politik des türkischen Staatspräsidenten Erdogan[1] oder am 19.11.2016 Aleviten und Kurden gegen dessen Politik.[2]

---

[1]vgl. http://www.sueddeutsche.de/politik/kundgebungen-tausende-demonstrieren-in-koeln-fu-er-erdoan-polizei-loest-gegendemo-auf-1.3102089; Zugriff 10.11.2016.

[2]vgl. http://www.salzburg.com/nachrichten/welt/politik/sn/artikel/25000-bei-anti-erdogan-de-mo-in-koeln-221876/; Zugriff 21.11.2016.

Deshalb sollten bei der Inszenierung politischer Lernprozesse diese Gegensätze und Konflikte, welche in einer multikulturell zusammengesetzten Lerngruppe vorhanden sind, an aktuellen Beispielen zum Gegenstand der Analyse gemacht werden, um eine **interkulturelle Kompetenz,** welche die Berücksichtigung der unterschiedlichen, religiös-kulturell geprägten Biografien (Mansour 2016, S. 216 ff. zur „Biographiearbeit als notwendigem Teil des Lehrplans") einschließt, zu entwickeln.

Eine solche politikdidaktische Strategie ist auch deshalb notwendig, weil die politisch Lernenden neben den Konflikten in ihrer Alltagswelt (Soziokultur) mit einer Vielzahl von Deutungsmustern in der Öffentlichkeit konfrontiert sind. Diese werden in offenen, **multikulturellen Gesellschaften in der** von den Eliten in Politik, Medien, Wissenschaft, Kunst, Religion gestalteten **Deutungskultur** (Rohe 1994 zur Sozio- und Deutungskultur) artikuliert. Sie werden für die Interpretation der Welt als **Framing,** d. h. einen Deutungs- und Handlungsrahmen vorgebend (Wehling 2016, S. 68 ff.), für politische Handlungen als „Weltbilder" für das individuelle politische Deutungs- und Ordnungswissen „angeboten". Zu diesen **Deutungsmustern** gehören in Deutschland z. B. die – in einer pluralen Gesellschaft durchaus konträren – Vorstellungen von der parlamentarischen Demokratie, der Rechtsstaatlichkeit und Sozialstaatlichkeit, die auf dem Hintergrund der Erfahrungen in der Weimarer Republik und des Nationalsozialismus gedeutet werden, die Interpretation der Geschichte der DDR, die Vorstellungen von einem geeinten Europa als Voraussetzungen für die friedliche, politische und ökonomische Entwicklung der Bundesrepublik Deutschland u. a. Sie sind also in ihrem historischen Aspekt verbunden mit dem in einem jeden Land vorhandenen Mythen und **Narrationen** (Barricelli 2013). Diese sind in einer offenen Gesellschaft Gegenstand unterschiedlicher Interpretationen, auch wenn sich eine mehrheitsgesellschaftliche Interpretation von populistischen und extremistischen Deutungsmustern abgrenzen lässt. Mit diesen vielfältigen Deutungen sind die politisch Lernenden, auch diejenigen mit anderen kulturellen Sozialisationen, konfrontiert.

Eine Erfolg versprechende Strategie, welche **Einwanderung und Integration als Herausforderung für die politische Bildung und die Politikdidaktik begreift,** wird sich deshalb an der Auffassung orientieren müssen, dass ein wesentliches Element der politischen Kultur eines Landes darin besteht, dass sie sich als Erzählgemeinschaft versteht, die gemeinsame Vorstellungen über die Welt mittels der Hervorbringung und Zirkulation von Geschichten bewusst pflegt (vgl. ebd.).

Die Überlegungen zur personenbezogenen Geschichtspolitik tragen angesichts dieser Befunde dazu bei, dass politisch Lernende die Struktur der Narrationen in der Deutungskultur untersuchen können. Aus den gewonnenen Erkenntnissen über die Pluralität und die Bedeutung, welche diese Narrationen für die Identitätsbildung ihrer Kommunikationspartner besitzen, können sie Konsequenzen für die Gestaltung ihrer alltagsweltlichen politischen Kommunikation und für ihr politisches Handeln ziehen. Dabei sollten sie ein wechselseitiges Verständnis für die jeweilige biografische, also emotionale Verankerung dieser Narrationen entwickeln. Denn einerseits geht es in der konkreten Situation von Einwanderungsgesellschaften darum, die Einwanderer mit den bundesrepublikanischen Narrationen vertraut zu machen, andererseits müssen die deutschen Interaktionspartner Verständnis für die Narrationen der Einwanderer entwickeln. Dies geht nur in einem gemeinsamen, alltagsweltlichen **Erfahrungsraum,** durch welchen sich eine demokratische politische Ordnung mit ihrer Wertorientierung an den Werten der Freiheit, Gleichheit und der sozialen Gerechtigkeit auszeichnet. Dadurch sollen auch die „neuen Deutschen" (Münkler und Münkler 2016, S. 283 ff.) eine demokratische politische Identität entwickeln können. Dies ist die Aufgabe der Schule, in der die institutionalisierte politische Bildung – auch durch den fächerübergreifenden Unterricht (vgl. Deichmann und Tischner 2014) – ihre Professionalität zur Entwicklung einer interkulturellen Kompetenz einbringen muss.

3 Chance der personenbezogenen Geschichtspolitik: Orientierung an dem personenbezogenen Ansatz der sozialwissenschaftlichen Hermeneutik

Entwickeln die Lernenden die Fähigkeit, die Alltags- und Deutungskultur unter der Perspektive der personenbezogenen Geschichtspolitik zu untersuchen, werden zudem die politikdidaktischen Vorteile genutzt, welche in dem personenbezogenen politikdidaktischen Ansatz gegeben sind. In diesem Ansatz wird nämlich von der Prämisse ausgegangen, dass die Entwicklung der demokratischen politischen Identität „über Personen abläuft": In dem politischen Bewusstseinsbildungsprozess spielen als Interaktions- und Kommunikationspartner konkrete Personen in der vis-à-vis-Situation (Eltern, Freunde, Lehrer, religiöse Führer etc.), aber auch Personen in der Medienwelt, bei Jugendlichen besonders die sozialen Medien als ein integrativer Bestandteil ihrer Alltagswelt, eine zentrale Rolle (vgl. Deichmann 2015, S. 83 ff. zur Struktur des politischen Bewusstseinsbildungsprozess).

Damit rückt die Beschäftigung mit der Sichtweise, die politischen Deutungen und die Handlungen öffentlicher Personen unter dem Blickwinkel ihrer Wirkung auf politische Einstellungen und Strukturen sowie (damit) auf die Alltagswelt der

Bürger und deren Selbstinterpretation zu verstehen, in den Mittelpunkt des politikdidaktischen Erkenntnisinteresses. Der aktuelle politische Prozess der Flüchtlingskrise zeigt dies besonders gut:

- Politische Entscheidungen, die von bestimmten Entscheidungsträgern getroffen werden, sichern die Freiheiten bestimmter Gruppen (der Asylbewerber); bei bestimmten Gruppen entsteht das subjektive Gefühl der Einschränkung von Freiheit;
- mögliche Auswirkungen von politischen Entscheidungen sind aber oft nicht überschaubar;
- sie wirken erst in der Zukunft, aber provozieren politische Programme und politisches Handeln sowie kontroverse Diskussionen.

Die politische Bildung, welche der Komplexität der Politik gerecht werden will, muss also in ihrem Politikbegriff die personenbezogene Dimension der Politik berücksichtigen. Dabei geht es zunächst um die direkt einsehbare Feststellung, dass Interessen einerseits mit den Existenzgrundlagen von Personen(-gruppen) verbunden sind und andererseits diese Interessen nur von Personen in je unterschiedlich legitimierten Funktionen vertreten werden. Die personenbezogene Dimension der Politik meint aber mehr: Personen thematisieren bestimmte Probleme, setzen bestimmte Akzente in der politischen Diskussion (auf Parteitagen, in Interviews und Presseerklärungen etc.), bewirken politische Entscheidungen, welche nur aus dem je individuellen Lebensweg, aus der Erfahrung ihrer Generation zu verstehen sind. Da sie also in bestimmte Narrationen eingebunden sind, kann von „Geschichtspolitik" gesprochen werden: Die Interpretation der Geschichte, die Narration, generiert politische Entscheidungen (vgl. Abschn. 3).

In diesem Zusammenhang wird bei der Gewichtung dieses persönlichen Anteils am politischen Diskussions- und Entscheidungsprozess davon ausgegangen und zu belegen sein, dass die konkreten Inhalte von anderen Personen mit entgegengesetzten Erfahrungen **anders** ausgestaltet worden wären. Die Berücksichtigung der personenbezogenen Geschichtspolitik verdeutlicht den politisch Lernenden nicht nur die persönliche Motivation der politisch Handelnden und die Eingebundenheit in Narrationen, sondern auch die unmittelbare Auswirkung dieses Handelns auf die eigene Person, auf das eigene Weltbild und auf den eigenen Lebensweg. Orientiert sich die personenbezogene Geschichtspolitik zudem an der hermeneutischen Politikdidaktik, insbesondere an dem **Hermeneutischen Zirkel, der im Wesentlichen darin besteht, dass man ein Teil interpretiert, um das Ganze zu verstehen, doch um ein Teil zu verstehen, das Ganze schon verstanden haben muss,** (Knoblauch 2010, S. 177), so folgen daraus konkrete

Auswirkungen auf die didaktische Struktur der **Unterrichtsgegenstände.** Deshalb werden im Folgenden zwei unterschiedliche Gegenstände ausgewählt, um zu zeigen, dass die „Kunstlehre" bei der Interpretation im Rahmen der personenbezogenen Geschichtspolitik nicht nur bei der Textinterpretation, sondern auch bei der Interpretation der gesellschaftlichen Interaktionen anzuwenden und dabei besonders der **„hermeneutische Zirkel"** zu berücksichtigen ist.

So muss man z. B. bei der Interpretation der Flüchtlingspolitik von Angela Merkel den Zusammenhang zwischen den politischen Prozessen, die in Institutionen nach bestimmten Regeln ablaufen, der Wiedergabe dieser Vorgänge in den Medien und die möglichen Wirkungen der Darstellungen in den Medien auf die Bewusstseinsbildung der Bürger in seinen Grundstrukturen verstanden haben, damit man wiederum das Handeln der Politiker verstehen kann (Hitzler und Honer 1997, S. 7 f. zu den sozialen Praktiken). Oder: Bei der Interpretation der Reden zum 8. Mai muss man schon die Geschichte der Weimarer Republik und die des Nationalsozialismus verstanden haben, um die jeweilige Geschichtsinterpretation in den Reden zu verstehen, das heißt, um deren Gesamtschau sowie die Bedeutung für die Bewusstseinsbildung der Bürger zu erfassen (Knoblauch 2010, S. 176; vgl. Deichmann und Juchler 2010; Deichmann 2015, S. 40 ff.).

4 Politikdidaktische Funktion der Geschichtspolitik

Einige zentrale Kenntnisse über die Geschichtspolitik stellen somit eine Voraussetzung dafür dar, dass politisch Lernende den politisch-historischen Prozess verstehen, welcher in demokratischen Gesellschaften in eine Auseinandersetzung um die Deutungsmuster in der **politischen Kultur** eingebunden ist. Denn „Deutungskonkurrenz in Demokratien heißt auch, dass ein öffentlicher Wettstreit der Erinnerungen ausgetragen wird. Es sind sichtbar Kräfte und Gegenkräfte am Werk, die um die Hegemonie von Deutungsmustern ringen." (Wolfrum 2010, S. 20).

Damit sind für die politische Bildung **zwei bedeutsame Funktionen der Geschichtspolitik** benannt. Eine **erste Funktion der Geschichtspolitik** besteht – relativ losgelöst von konkreten politischen Prozessen – in der Generierung oder der Beeinflussung eines politisch-historischen Bewusstseins: „Geschichtspolitik ist auch eine politisch-pädagogische Aufgabe, denn es gibt nicht nur politisches Handeln *aus* historischem Bewusstsein, sondern auch politisches Handeln *für* historisches Bewusstsein." (ebd., S. 26). Dieses politische Handeln **für** politisches Bewusstsein erhält z. B. bei den jährlichen Feiern zum 3. Oktober einen signifikanten Höhepunkt symbolischen Handelns. In diesem politisch-historischen Kontext bringt symbolische Geschichtspolitik das Selbstverständnis der politischen Ordnung zum Ausdruck: Umzüge am 3. Oktober sind nicht nur ein Symbol für die wiedergewonnene staatliche Einheit und Freiheit in Deutschland; ihr jährlicher Wechsel und die Rotation in den Bundesländern symbolisieren gleichzeitig den Föderalismus als Element dieser Freiheit. Zudem sind diese Anlässe auch ein Indikator für politisch-kulturelle Entwicklungen, wenn anlässlich der Feiern zur deutschen Einheit am 3. Oktober 2016 in Dresden – auf dem Hintergrund zunehmender populistischer Rhetorik und extremistischer Gewalt, aber auch von Pöbeleien und entsprechenden Gegendemonstrationen – ein Kommentator feststellt: „Zum ersten Mal wurde die deutsche Einheit gefeiert, ohne dass wirklich von einer Einheit Deutschlands gesprochen werden kann." (Altenbockum 2016, S. 1).

Die zweite Funktion der Geschichtspolitik, diejenige **aus** historischem Bewusstsein, ist in der politischen Bildung fast bei jeder politischen Rede oder einem Interview von Politikern festzustellen, wenn politische Handlungen, politische Forderungen oder Feststellungen mit historischen Bezügen begründet werden, zum Beispiel: „die Gefahr des Kalten Krieges"; „Beschimpfungen der politischen Elite wie in der Weimarer Republik"; „Rückfall in sozialistisches Denken wie in der DDR" etc. Hieraus werden Konsequenzen für die notwendige Wertorientierung der deutschen Innen- und Außenpolitik gezogen (Winkler 2015, S. 65 ff. zur Wert- und Interessenorientierung der deutschen Außenpolitik; S. 123 ff. zur Problematik der direkten Demokratie). Die Geschichtspolitik aus historischem Bewusstsein bildet den Legitimationsrahmen für politisches Handeln. Die Begründung, welche mit dem Verweis auf die leidvollen Erfahrungen mit dem ersten und zweiten Weltkrieg für die deutsch-französische Freundschaft und für die europäische Integration seit Gründung der Bundesrepublik Deutschland geliefert wurden, machen dies besonders deutlich. Aber auch aktuelle politische Prozesse, wie die Bewältigung der Flüchtlingskrise oder die oben genannten Reaktionen auf die Politik Erdogans verdeutlichen dies.

5　Personenbezogene Geschichtspolitik als politikdidaktische Perspektive

Sowohl die Bezüge zum personenbezogenen Ansatz und zur hermeneutischen Politikdidaktik als auch diejenigen zu den Funktionen der Geschichtspolitik, dem Handeln für politisches Bewusstsein und dem Handeln aus politischem Bewusstsein, legen nahe, einerseits Interpretationen zu Reden der deutschen Geschichte als auch einen aktuellen politischen Prozess unter besonderer Berücksichtigung der personenbezogenen Aspekte zum Gegenstand der politischen Bildung zu machen.

5.1 Geschichtspolitik: Schaffung politisch – historischen Bewusstseins

Für die Geschichtspolitik, die im Rahmen der politischen Deutungskultur besondere Akzente gesetzt hat, gilt die **Rede des Bundespräsidenten Richard von Weizsäcker zum 40. Jahrestag des Kriegsendes am 8. Mai 1985.** Sie wird oft als Wendepunkt in der Einstellung der Deutschen zur nationalsozialistischen Vergangenheit stilisiert, obwohl Theodor Heuss, Helmut Kohl und Walter Scheel sehr unmissverständliche Reden zur Aufarbeitung der nationalsozialistischen Verbrechen gehalten haben, die allerdings nie eine solche nachhaltige Aufmerksamkeit erhielten (vgl. Grosser 2002, S. 100 ff.; Wofrum 2007, S. 394 ff.; bes. S. 363):

(…) Die meisten Deutschen hatten geglaubt, für die gute Sache des eigenen Landes zu kämpfen und zu leiden. Und nun sollte sich herausstellen: Das alles war nicht nur vergeblich und sinnlos, sondern es hatte den unmenschlichen Zielen einer verbrecherischen Führung gedient. Erschöpfung, Ratlosigkeit und neue Sorgen kennzeichneten die Gefühle der meisten. Würde man noch eigene Angehörige finden? Hatte ein Neuaufbau in diesen Ruinen überhaupt Sinn?

Der Blick ging zurück in einen dunklen Abgrund der Vergangenheit und nach vorn in eine ungewisse dunkle Zukunft.

Und dennoch wurde von Tag zu Tag klarer, was es heute für uns alle gemeinsam zu sagen gilt: Der 8. Mai war ein Tag der Befreiung. Er hat uns alle befreit von dem menschenverachtenden System der nationalsozialistischen Gewaltherrschaft.

Niemand wird um dieser Befreiung willen vergessen, welche schweren Leiden für viele Menschen mit dem 8. Mai erst begannen und danach folgten. Aber wir dürfen nicht im Ende des Krieges die Ursache für Flucht, Vertreibung und Unfreiheit sehen. Sie liegt vielmehr in seinem Anfang und im Beginn jener Gewaltherrschaft, die zum Krieg führte.

Wir dürfen den 8. Mai 1945 nicht vom 30. Januar 1933 trennen (…).[3]

Die Rede des **Historikers August Winkler im Deutschen Bundestag anlässlich der 70. Erinnerung an den 8. Mai 1945**[4] kann als Erweiterung der historischen Perspektive zu der Rede von Richard von Weizsäcker gesehen werden. Denn erstens reduziert Winkler das historische Datum nicht auf den Begriff des „Tages der

---

[3]http://www.bundespraesident.de/SharedDocs/Reden/DE/Richard-von-Weizsaecker/ Reden/1985/05/19850508_Rede.html; Zugriff 05.10.2016.
[4]vgl. Winkler 2015, S. 198–209; vgl. https://www.bundestag.de/dokumente/textarchiv/2015/ kw19_gedenkstunde_wkii_rede_winkler/373858; Zugriff 10.10. 2016.

Befreiung", auch wenn er die Geschichtsinterpretation des ehemaligen Bundespräsidenten Richard von Weizsäcker erwähnt und dort anknüpft:

> In seiner historischen Rede (...) hat der damalige Bundespräsident Richard von
> Weizsäcker die Deutschen gemahnt, den 8.Mai 1945 nicht vom 30. Januar 1933 zu
> trennen – dem Tag, an dem Reichspräsident von Hindenburg Hitler zum Reichskanzler
> ernannte. Den 8. Mai 1945 aber gelte es, als das Ende eines Irrweges deutscher
> Geschichte zu erkennen, das den Keim der Hoffnung auf eine bessere Zukunft barg.
> Der Irrweg, von dem Weizsäcker sprach, hatte nicht erst 1933 begonnen. Großen
> Teilen der deutschen Elite, ja der Gesellschaft insgesamt galt die erste deutsche
> Demokratie, die Republik von Weimar, als ein Produkt der deutschen Niederlage im
> Ersten Weltkrieg, als die Staatsform der westlichen Siegermächte, als ein undeut-
> sches System (ebd., S. 198).

Zweitens zeigt er als Konsequenz aus der nationalsozialistischen Politik, die im
Zweiten Weltkrieg endete und für millionenfache Verbrechen verantwortlich ist,
die Wertorientierung für die deutsche Außen- und Innenpolitik auf: Es gilt „(...)
zu jeder Zeit die eigentliche Lehre der deutschen Geschichte der Jahre 1933 bis
1945 zu beherzigen: die Verpflichtung, unter allen Umständen die Unantastbarkeit
der Würde jedes einzelnen Menschen zu achten" (ebd., S. 200).

Eine solche Politik ist, dies erkennen die politisch Lernenden, im Inneren
gegen jede Form eines populistischen, links- und rechtsorientierten oder sala-
fistischen Mythos' gerichtet, in den internationalen Beziehungen wendet sie
sich gegen die Missachtung der Menschenrechte und des Völkerrechtes. Eine
große Herausforderung für Politik und politische Bildung dürfte darin bestehen,
heutigen und zukünftigen Generationen unterschiedlicher kultureller Prägung
„Zugang" zu diesem Geschichts- und Werteverständnis zu verschaffen.

Bei der **vergleichenden Interpretation der beiden Reden** können die
politisch Lernenden neben den unterschiedlichen Akzentsetzungen zu demsel-
ben Anlass die politisch-kulturelle Einbindung von geschichtspolitischen Reden
erkennen. Ging es zur Zeit Weizsäckers noch um die öffentliche Diskussion der
deutschen Schuld, (Wolfrum 2007, S. 363 f., 399 ff.), so kann 70 Jahre nach dem
2. Weltkrieg die – distanzierte – wissenschaftliche Einordnung auch in der öffentlichen Rede eingenommen werden, ohne dass der Verdacht einer Relativierung
der Verbrechen des Nationalsozialismus entstehen könnte (vgl. Winkler 2005,
S. 439–447 zur Diskussion um die bundesrepublikanische Identität, die deutsche
Nation und um die NS-Vergangenheit; S. 442 zur Rede Weizsäckers; S. 443 ff.
zum „Historikerstreit").

5.2   Personenbezogene Geschichtspolitik: Angela Merkel

Das politikdidaktische Interesse an der personenbezogenen Geschichtspolitik besteht in der Zusammenfügung der Geschichtspolitik **aus** und **für** politisches Bewusstsein, fokussiert auf politische Entscheidungsträger und damit in ihrer Funktion als Legitimationsrahmen für politisches Handeln.

Es besteht in den Fragen:

- Welche Bedeutung besitzen die biografisch-kulturell bedingten historischen Deutungsmuster für die Interpretation der Geschichte durch die politischen Handlungsträger?
- Welche Bedeutung erlangen sie damit für die Formulierung politischer Ziele und für politische Entscheidungen?

Bei der Beantwortung dieser Fragen wird davon auszugehen sein, dass das politisch-historische Bewusstsein des Politikers von der jeweiligen politischen (Teil-) Kultur geprägt wurde, in der er aufgewachsen ist. Hier gilt es, den Zusammenhang zwischen der entsprechenden politischen Kultur und dem politischen System herauszuarbeiten. Die jeweiligen politischen Deutungsmuster und die Sicht auf die Geschichte wirken sich wieder auf die Sicht der politischen Realität und auf die konkreten politischen Prozesse aus. Im Kontext dieses Bewusstseins und in der Interaktion mit anderen politischen Interaktionspartnern trifft der entsprechende Politiker seine politischen Entscheidungen (vgl. Abb. 1).

Politisch Lernende können diese Zusammenhänge an dem folgenden Beispiel untersuchen.

Für das Verhalten der Bundeskanzlerin Angela Merkel in der Flüchtlingskrise 2015 gibt es, betrachtet man die Kommentare und Berichterstattungen, **zwei Argumentationslinien: Die erste Argumentationslinie** betont die **Reaktion auf das aktuelle Image** als Motivation für ihr Handeln:

- Durch die harte Haltung in der EURO-Krise ab 2010, speziell gegenüber Griechenland, bekam sie das Image der „eiskalten Lady" und wurde in Griechenland mit Hitler- und Nazisymbolen verunglimpft.

Politiker/-innen

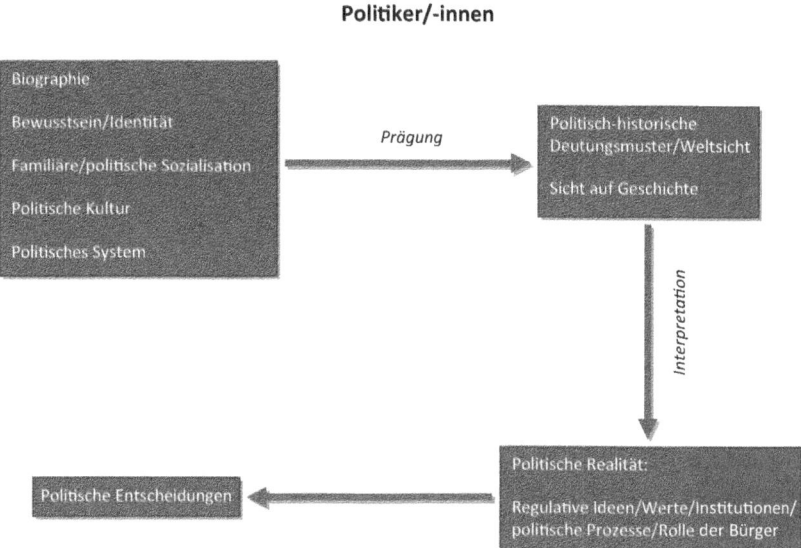

Abb. 1 „Struktur personenbezogener Geschichtspolitik". (Quelle: Eigene Darstellung)

- Am 16.07.2015 fand die Begegnung in Rostock mit dem weinenden Flücht-lingsmädchen Reem aus dem Libanon statt. Emotionen rief Merkels Verweis in der Diskussionsrunde hervor, Deutschland könne nicht alle Menschen auf-nehmen, die sich ein besseres Leben erhofften.[5]

Als **Reaktion auf die in diesem Zusammenhang** erhobenen Vorwürfe der Unmenschlichkeit und Hartherzigkeit, so die Interpretation, sollte in der Öffent-lichkeit das Bild einer den Flüchtlingen zugewandten Bundeskanzlerin erscheinen und Merkel ließ „Selfies" mit Flüchtlingen, z. B. beim Besuch des Bundesamtes für Migration, Außenstelle Berlin zu und sie forderte „Willkommensklassen" an Berliner Schulen. etc. (vgl. Berliner Zeitung v. 10.09.2015, S. 1). Vielleicht hat die-ses Erlebnis auch dazu beigetragen, dass sie, zusammen mit der österreichischen Regierung, entschieden hat, am 4. September 2015 die Grenzen für Flüchtlinge zu öffnen, die am Bahnhof in Budapest „festsaßen". Diese Entscheidung führte zu der

---

[5]vgl. http://www.sueddeutsche.de/politik/fluechtlingsmaedchen-reem-und-die-kanzlerin-was-merkel-statt-streicheln-tun-sollte-1.2569936; Zugriff 10.10.2016.

Zuwanderung von etwa 800.000 Flüchtlingen im Jahr 2015.[6] In einem **Interview mit Anne Will** vom 07.10.2015 gestand die Bundeskanzlerin angesichts der öffentlichen Diskussion um eine restriktivere Flüchtlingspolitik zu, dass „begleitende Maßnahmen" notwendig seien, um das Problem der „Flüchtlingsströme" zu regulieren: Abkommen mit der Türkei, gerechtere Umverteilung in Europa.[7] Sie machte das Problem zur „Chefsache", indem Kanzleramtsminister Peter Altmeier als Beauftragter für die Koordination der Flüchtlingsprobleme ernannt wurde. Ansonsten blieb sie bei der oft wiederholten Aussage „Wir schaffen das".

Die politisch Lernenden können die Diskrepanz zwischen der öffentlichen Kommunikation der Kanzlerin, ihrer symbolischen Politik als dem Außenaspekt des politischen Prozesses – sie stellte meist die humanitären Aspekte ihrer Politik in den Mittelpunkt – und dem faktischen politischen Prozess, der u. a. in einem neuen Asylrecht[8] sowie in einem Integrationsgesetz[9] seinen Ausdruck fand, analysieren und beurteilen.

Letztlich wurde in Deutschland eine Fülle von Maßnahmen für die technische Umsetzung der Asylverfahren und für die Integration von Flüchtlingen durchgeführt (Bargeld wird durch Sachleistungen ersetzt; Durchsetzung bestehender Ausreisepflicht; Beschleunigung der Asylverfahren; schnellere Integration durch Arbeit, Deutschkurse; Möglichkeit der Wohnungszuweisungen für Asylbewerber etc.), welche die Bundeskanzlerin aber nicht im Sinne einer Wende ihrer Politik interpretierte.[10]

Die Diskussion um die Politik der Kanzlerin 2015/2016 und ihrer (parteiinternen) Kritiker, besonders der CSU, welche eine Obergrenze der Zuwanderung fordert, können politische Lernende unter ethischer Perspektive der **Gesinnungsethik und Verantwortungsethik diskutieren:** einerseits die Position, nach der

---

[6]vgl.   https://www.welt.de/politik/deutschland/article157810.760/Merkel-sieht-in-Fluechtlingskrise-drei-Grossbaustellen.html; Zugriff 10.10.2016; vgl. „Die Nacht, in der Deutschland die Kontrolle verlor", Die ZEIT Nr. 35 vom 18.08.2016 zur weitergehenden Darstellung der Umstände dieser Entscheidungen; vgl. http://www.zeit.de/2016/35/ grenzoeffnung-fluechtlinge-september-2015-wochenende-angela-merkel-ungarn-oesterreich#!top-of-overscroll; Zugriff 09.10.2016.

[7]vgl. http://dokustreams.de/anne-will-interview-mit-angela-merkel-vom-07-10-2015/; Zugriff 10.11.2016.

[8]vgl.https://www.bmi.bund.de/SharedDocs/Kurzmeldungen/DE/2015/09/kabinett-beschliesst-asylverfahrensbeschleunigungsgesetz.html („Asylverfahrensbeschleunigungsgesetz"); Zugriff 10.10.2016.

[9]vgl. https://www.tagesschau.de/inland/integrationsgesetz-meseberg-101.html; Zufgriff am 10.10.2016.

[10]vgl. http://www.spiegel.de/politik/deutschland/fluechtlinge-und-einwanderer-die-wichtigsten-fakten-a-1030320.html; Zugriff 05.10.2016.

politisches Handeln nur an Werten orientiert sein müsse, ohne dass die Folgen des Handelns reflektiert werden, andererseits die Verantwortungsethik in dem Sinne, dass auch die Folgen des Handelns bei den politischen Entscheidungen wesentlich zu berücksichtigen sind (vgl. Weber 1919/1999, S. 70 f.).

Die zweite Argumentationslinie der Flüchtlingspolitik von Angela Merkel bezieht sich auf die biografischen Erfahrungen in der DDR, welche das Weltbild von Angela Merkel geprägt haben und verantwortlich sind für ihre naturwissenschaftliche Ausbildung und pragmatische, sachbezogene Denkweise (Blome 2013, S. 52 ff.), auch die politischen Prozesse „von ihrem Ende her" zu gestalten und eher emotionslos zu beurteilen, vielleicht auch für die Tendenz eines „Werterelativismus": „Die junge Angela Merkel betritt die politische Bühne mit Stärken, die viele Demokraten erschrocken als Schwächen beschreiben: Relativismus, Indifferenz in Wertefragen, moralisches Desinteresse, Verzicht auf Bekenntnisse" (Höhler 2012, S. 20.). Eine Denkweise, die im Konflikt zwischen Macht und Prinzipien die Machtoption bevorzugt: „Die Macht als Gesetzgeber des eigenen Handelns ist ein besserer Erfolgsgarant als Werte und Prinzipien, so Merkels Lektion" (ebd., S. 21). Sie selbst hebt in vielen Reden die Erfahrung der Wende und die **Freiheit,** die sozialen und rechtsstaatlichen Grundlagen sowie den politischen Erfolg in der Bundesrepublik Deutschland hervor und stellt den Bezug zu ihren biografischen Erfahrungen her. Dies hängt mit der von ihr unerwarteten Lebenschance zusammen, nach der Öffnung der Berliner Mauer am 9. November 1989 in einer demokratischen politischen Ordnung aktiv zu werden. „In dieser Situation entschied sich Angela Merkel erstmals, in der gebotenen Vorsicht für ein politisches Engagement – das aber zu einem Zeitpunkt, als die DDR-Staatsgewalt schon entscheidend geschwächt war und für sie keine echte Gefährdung mehr entstehen konnte. Das war mehr als einen Monat nach der Maueröffnung" (Langguth 2009, S. 324). Nach dem kurzen Engagement in der Bürgerrechtsbewegung „Demokratischen Aufbruch" und dann ab 1990 in der CDU (vgl. ebd., S. 342 f.) machte sie eine „Blitzkarriere" in der CDU – ohne das ansonsten notwendige politische Netzwerk – die sie selbst überraschte: Nachdem sie bei den Bundestagswahlen am 2. Dezember 1990 den nordöstlichsten Wahlkreis in Mecklenburg-Vorpommern gewonnen hatte und von Helmut Kohl wenige Wochen später zur Bundesministerin für Frauen und Jugend gemacht wurde, staunte sie selbst: „„Plötzlich saß ich mit all den Leuten an einem Tisch, die ich mein Leben lang im Fernsehen gesehen hatte."" (ebd., S. 343). Diese einschneidende biografische Erfahrung schlägt sich in der Rede am 04.11.2009 vor dem amerikanischen Kongress nieder, in der sie einen Vergleich der Lebenswege von Konrad Adenauer und dem ihrigen zieht und besonders die Identifikation der Bundesrepublik Deutschland mit Art. 1 GG benennt:

Nichts steht mehr für diese Bundesrepublik Deutschland als ihre Verfassung, ihr Grundgesetz. Es wurde vor genau 60 Jahren verabschiedet. In Artikel 1 dieses Grundgesetzes heißt es: ‚Die Würde des Menschen ist unantastbar.' Dieser kurze, einfache Satz – ‚Die Würde des Menschen ist unantastbar' – war die Antwort auf die Katastrophe des Zweiten Weltkriegs, auf den Mord an sechs Millionen Juden im Holocaust, auf Hass, Verwüstung und Vernichtung, die Deutschland über Europa und die Welt gebracht hat.[11]

Im Vergleich mit der Rede von Winkler stehen also nicht die Traditionen der deutschen Geschichte, die deutsche Verfassungstradition, die Verfassungsdefizite der Weimarer Republik, die Paulskirchenversammlung etc. im Zentrum, sondern die Bundesrepublik Deutschland wird als eine Reaktion auf den Nationalsozialismus dargestellt, was anlässlich des Datums der Rede verständlich ist, aber vielleicht auch ihrer persönlichen, biografisch geprägten Geschichtsdeutung entspricht.

6   Aspekte und Schwerpunkte des Unterrichtsprozesses: Wie würden wir entscheiden? Flüchtlingspolitik im Rahmen von Geschichtspolitik und Krisenbewältigung

A) Einstieg

Die Schüler(innen) überlegen in einer Stillarbeitsphase erstens, an welchen Werten sie sich orientieren würden, müssten sie als Bundeskanzler(in) politische Entscheidungen über den Zuzug von Flüchtlingen nach Deutschland treffen. Zweitens versuchen sie, biografische Gründe dafür zu identifizieren, warum sie sich gerade an diesen Werten orientieren. Sie machen sich Notizen zu ihren Überlegungen Anschließend findet eine Diskussion/Hypothesenbildung zu den Fragen statt:

1. An welchen Werten hat sich Angela Merkel bei ihrer Flüchtlingspolitik ausgerichtet?
2. Ist diese Wertorientierung biografisch begründbar?
3. Welche Aussagen können allgemein über den Zusammenhang zwischen biografisch/historischen Erfahrungen und der Begründung politischer Entscheidungen gemacht werden (Vergleich mit anderen Politikern)?

---

[11]https://www.welt.de/politik/ausland/article5079678/Angela-Merkels-Rede-im-US-Kongress-im-Wortlaut.html; Zugriff 01.10.2016.

B) Analyse (Gruppenarbeit)
Gruppe 1: Biografie im historischen Kontext

Materialien
- Vgl. Materialhinweise in 4.2; bes. Rede Angela Merkels vor dem amerikanischen Kongress am 04.11.2009

M
„Dann ist das nicht mein Land"
Die Kanzlerin fährt aus der Haut
Doch der Kanzlerin ist es ein Bedürfnis, ihren Kritikern deutlicher die Grenzen aufzuzeigen: „Ich muss ganz ehrlich sagen, wenn wir jetzt anfangen, uns noch entschuldigen zu müssen dafür, dass wir in Notsituationen ein freundliches Gesicht zeigen, dann ist das nicht mein Land." Das sitzt.

Aber reicht das, um einen Horst Seehofer zu beeindrucken? Der CSU-Chef lässt sich dafür feiern, die vorübergehende Schließung der Grenzen nach Merkels Schleusenöffnung sei letztlich sein Werk gewesen.[12]

Gruppe 2: Politischer Prozess der Flüchtlingskrise 2015

Materialien
- Vgl. Materialhinweise in 4.2

Gruppe 3: Kriterien der Beurteilung des politischen Prozesses

Materialien
- Artikel 16a GG;
- **Gesinnungsethik und Verantwortungsethik**
  „Da liegt der entscheidende Punkt. Wir müssen uns klarmachen, dass alles ethisch orientierte Handeln unter *zwei* voneinander grundverschiedenen, unaustragbar gegensätzlichen Maximen stehen kann: es kann »gesinnungsethisch« oder »verantwortungsethisch« orientiert sein. Nicht dass Gesinnungsethik mit Verantwortungslosigkeit und Verantwortungsethik mit Gesinnungslosigkeit identisch wäre. Davon ist natürlich keine Rede. Aber es

---

[12]vgl.http://www.rp-online.de/politik/deutschland/angela-merkel-richtig-sauer-dann-ist-das-nicht-mein-land-aid-1.5396080; Zugriff 10.10.2016.

ist ein Gegensatz, ob man unter der gesinnungsethischen Maxime handelt – religiös geredet: »Der Christ tut recht und stellt den Erfolg Gott anheim« –, *oder* unter der verantwortungsethischen: dass man für die (voraussehbaren) *Folgen* seines Handelns aufzukommen hat." (Weber 1919/1999, S. 70 f.)

C) Diskussion/Beurteilung/Transfer
Materialien
- Grafik: Abb. 1 „Struktur personenbezogener Geschichtspolitik"
- Rede von Heinrich August Winkler im Deutschen Bundestag am 8. Mai 2015
- Rede Richard von Weizsäcker im deutschen Bundestag am 8. Mai 1985

Impulse
- Zusammenhang zwischen der Biografie, dem historischen Kontext, den Werten und der konkreten politischen Entscheidung von Politikern;
- Beurteilung der Flüchtlingspolitik im Jahre 2015 unter den Perspektiven der Gesinnungs- und Verantwortungsethik;
- Grundsätzliche Erkenntnisse zwischen der politischen Kultur, die in einem historischen Kontext steht, der Interpretation der Geschichte und der Beurteilung der politischen Realität.

7   Fazit

Die politische Bildung kann dazu beitragen, einen Erfahrungsraum für politisch Lernende mit unterschiedlicher kultureller Prägung zu schaffen, wenn sie die sich zum Teil widersprechenden und sich unter Umständen gegenseitig ausschließenden Narrationen, die zu Konflikten führen, untersuchen können und dadurch ihre biografische Prägung zum Gegenstand der Diskussion machen. Dabei sollen sie besonders die Struktur der personenbezogenen Geschichtspolitik, die ihr eigenes Weltbild ebenfalls prägt (Abschn. 2 und 3), analysieren und beurteilen. Deshalb untersuchen sie am Beispiel der Reden zum 8. Mai die erste Funktion der Geschichtspolitik, die Schaffung politisch-historischen Bewusstseins. Sie erkennen dabei die Abhängigkeit der Geschichtsinterpretationen im politischen Diskurs von der jeweiligen politisch-kulturellen Entwicklung. An der Flüchtlingspolitik von Angela Merkel analysieren und beurteilen sie die zweite Funktion der Geschichtspolitik, die Bildung des Legitimationsrahmens für politisches Handeln. In Abschn. 5 werden diese politikdidaktischen Überlegungen – in Ergänzung zu Abschn. 4 – in eine Unterrichtsskizze eingebunden, in der die Schüler(innen) ihre Analyse- und Beurteilungskompetenz weiter entwickeln (Abschn. 6).

Literatur

Barricelli, Michele. 2013. Geschichte als Element der politischen Kultur. In: *Handbuch Dimensionen und Ansätze in der politischen Bildung*, hrsg. C. Deichmann und C. K. Tischner, 203–217. Schwalbach/Ts.: Wochenschau.

Blome, Nikolaus. 2013. *Angela Merkel – Die Zauberkünstlerin*. München: Pantheon Verlag.

Deichmann, Carl. 2013. Der personenbezogene Ansatz. In: *Handbuch Dimensionen und Ansätze in der politischen Bildung*, hrsg. C. Deichmann und C. K. Tischner, 287–300. Schwalbach/Ts.: Wochenschau.

Deichmann, Carl. 2015. *Der neue Bürger. Politische Ethik, politische Bildung und politische Kultur*. Wiesbaden: Springer VS.

Deichmann, Carl und Ingo Juchler. 2010. *Politik verstehen lernen. Zugänge im Politikunterricht*. Schwalbach/Ts.: Wochenschau.

Deichmann, Carl und Christian K. Tischner. 2014. *Handbuch Fächerübergreifender Unterricht in der politischen Bildung*. Schwalbach/Ts.: Wochenschau.

Grosser, Alfred. 2002. *Wie anders sind die Deutschen?* München: C. H. Beck Verlag.

Höhler, Gertrud. 2012. *Die Patin. Wie Angela Merkel Deutschland umbaut*. Zürich: Orell Füssli Verlag.

Hitzler, Ronald und Anne Honer. 1997. Einleitung: Hermeneutik in der deutschsprachigen Soziologie heute. In: *Sozialwissenschaftliche Hermeneutik*, hrsg. R. Hitzler und A. Honer, 7–27. Opladen: Leske + Budrich.

Knoblauch, Hubert. 2010. *Wissenssoziologie*. 2. Aufl. Konstanz: UTB.

Langguth, Gerd. 2009. *Kohl, Schröder, Merkel: Machtmenschen*. München: Deutscher Taschenbuch Verlag.

Mansour, Ahmad. 2016. *Generation Allah. Warum wir im Kampf gegen religiösen Extremismus umdenken müssen*. Bonn: BpB.

Münkler, Herfried und Marina Münkler. 2016. *Die Neuen Deutschen. Ein Land vor seiner Zukunft*. Berlin: Rowohlt.

Partetzke, Marc. 2016. *Von realen Leben und politischer Wirklichkeit. Grundlegung einer biographiebasierten Politschen Bildung am Beispiel der DDR*. Wiesbaden: Springer VS.

Rohe, Karl. 1994. *Politik. Begriffe und Wirklichkeiten. Eine Einführung in das politische Denken*. 2., völlig überarb. u. erw. Aufl. Stuttgart u.a.: Kohlhammer.

Weber, Max. 1919/1999. *Politik als Beruf*. Stuttgart: Reclam.

Wehling, Elisabeth. 2016. *Politisches Framing. Wie eine Nation sich ihr Denken einredet – und daraus Politik macht*. Köln: Herbert von Halem Verlag.

Winkler, Heinrich August. 2015. *Der lange Weg nach Westen. Deutsche Geschichte vom „Dritten Reich" bis zur Wiedervereinigung*. Bd. 2. München: C. H. Beck Verlag.

Winkler, Heinrich August. 2005. *Zerreisproben. Deutschland, Europa und der Westen. Interventionen 1990-2015*. München: C. H. Beck Verlag.

Wolfrum, Edgar. 2007. *Die geglückte Demokratie. Geschichte der Bundesrepublik Deutschland von ihren Anfängen bis zur Gegenwart*. München: Pantheon Verlag.

Wolfrum, Edgar. 2010. Erinnerungskultur und Geschichtspolitik als Forschungsfelder. In: *Reformation und Bauernkrieg. Erinnerungskultur und Geschichtspolitik im geteilten Deutschland*, hrsg. J. Scheunemann, 13–47. Leipzig: Evangelische Verlagsanstalt.

Zeitschriftenartikel

Altenbockum, Jasper von. Welches Deutschland? FAZ, 4.Oktober 2016, Nr. 231/40D1.
Berliner Zeitung vom 10.09.2015.
Die ZEIT, Nr. 35 vom 18.08.2016.

Internetadressen

http://www.sueddeutsche.de/politik/kundgebungen-tausende-demonstrieren-in-koeln-fu-er-erdoan-polizei-loest-gegendemo-auf-1.3102089. Zugriff am 10. November 2016.
http://www.salzburg.com/nachrichten/welt/politik/sn/artikel/25000-bei-anti-erdogan-de-mo-in-koeln-221876/. Zugriff am 21. November 2016.
http://www.bundespraesident.de/SharedDocs/Reden/DE/Richard-von-Weizsaecker/Reden/1985/05/19850508_Rede.html. Zugriff am 05. Oktober 2016.
https://www.bundestag.de/dokumente/textarchiv/2015/kw19_gedenkstunde_wkii_rede_winkler/373858. Zugriff am 10. Oktober 2016.
http://www.sueddeutsche.de/politik/fluechtlingsmaedchen-reem-und-die-kanzlerin-was-merkel-statt-streicheln-tun-sollte-1.2569936. Zugriff am 10. Oktober 2016.
http://www.spiegel.de/politik/deutschland/fluechtlingsmaedchen-merkel-verteidigt-strei-chel-auftritt-a-1044394.html. Zugriff am 10. Oktober 2016.
https://www.welt.de/politik/deutschland/article157810760/Merkel-sieht-in-Fluechtlingskri-se-drei-Grossbaustellen.html. Zugriff am 10. Oktober 2016.
http://www.zeit.de/2016/35/grenzoeffnung-fluechtlinge-september-2015-wochenende-an-gela-merkel-ungarn-oesterreich#!top-of-overscroll. Zugriff am 09. Oktober 2016.
http://dokustreams.de/anne-will-interview-mit-angela-merkel-vom-07-10-2015/. Zugriff am 10. Oktober 2016.
https://www.bmi.bund.de/SharedDocs/Kurzmeldungen/DE/2015/09/kabinett-be-schliesst-asylverfahrensbeschleunigungsgesetz.html. Zugriff am 10. Oktober 2016.
https://www.tagesschau.de/inland/integrationsgesetz-meseberg-101.html. Zugriff am 10. Oktober 2016.
http://www.spiegel.de/politik/deutschland/fluechtlinge-und-einwanderer-die-wichtigs-ten-fakten-a-1030320.html. Zugriff am 05. Oktober 2016.
https://www.welt.de/politik/ausland/article5079678/Angela-Merkels-Rede-im-US-Kon-gress-im-Wortlaut.html. Zugriff am 01. Oktober 2016.

„Denkhüte" im Politikunterricht – Ergebnisse einer Fallstudie über das politikdidaktische Potenzial der Methode unter besonderem Fokus politischer Urteilsbildung

Dennis Hauk

1 Einleitung: Theoretische Vorannahmen über den Einsatz der Methode „Denkhüte" im Politikunterricht

Die Methode „Denkhüte" ist eine Kreativtechnik, die auf das „Sechs-Farben-Denken" von Edward de Bono zurückgeht und seit mehr als 30 Jahren in der Konfliktpädagogik sowie in der Team- und Gruppenmediation zum Einsatz kommt (Zec 2011). Sie zielt darauf ab, möglichst viele Handlungsoptionen zur Lösung von Streit- oder Problemfragen innerhalb einer Gruppe zu entwickeln. Hierzu werden spezifische und voneinander getrennte Denkrichtungen als analytische Kategorien vorgegeben, aus denen dann die Bewertung des Problems (Konfliktes etc.) erfolgt. Diese Denkrichtungen sind durch verschiedenfarbige Hüte gekennzeichnet, die als sogenannte „Denkhüte" namensgebend für die Methode sind. Mit ihrer Hilfe werden im Gespräch Emotionen von Fakten, negative Prognosen von positiven Einschätzungen sowie realistisches von utopischem Denken getrennt. Diese Aufteilung soll dabei helfen, voreilige, eigensinnige und/oder beliebige

D. Hauk (✉)
Jena, Deutschland
E-Mail: dennis.hauk@uni-jena.de

© Springer Fachmedien Wiesbaden GmbH, ein Teil von Springer Nature 2018
C. Deichmann und M. Partetzke (Hrsg.), *Schulische und außerschulische politische Bildung*, Politische Bildung,
https://doi.org/10.1007/978-3-658-20618-5_6

Deutungen zu vermeiden, indem das individuelle und subjektive Vorverständnis der Gesprächsteilnehmer zunächst ausgeschaltet und auf eine spezifische Denkrichtung hin ausgerichtet wird. Erst im Anschluss daran erfolgt ein Wechsel bzw. Austausch zwischen den verschiedenen Denkhüten, um zu einer ganzheitlichen Betrachtung der jeweiligen Situation zu gelangen.

Innerhalb der Literatur finden sich unterschiedliche Angaben über die Ausgestaltung und die Aufteilung der spezifischen Denkhüte. Die nachfolgende Darstellung ist angelehnt an den Entwurf von Hornbruch und Schieren (2013, S. 24), die insgesamt sechs verschiedene Denkrichtungen vorgeben (Tab. 1).

Mit dem Einsatz im Politikunterricht verbinden sich unterschiedliche Annahmen über das politikdidaktische Potenzial dieser Methode. Unter planungsdidaktischer Perspektive wird vor allem die Möglichkeit hervorgehoben, mithilfe der Denkhüte komplexe soziale, ökonomische und/oder politische Problemlagen im Unterricht bearbeiten zu können (Hornbruch und Schieren 2013, S. 23). Insbesondere im Rahmen einer Problemstudie könnten hierdurch zahlreiche Lösungsmöglichkeiten entwickelt und diskutiert werden (vgl. Abschn. 2.2). Demgegenüber wird aufseiten der Lernenden eine Förderung der politischen Urteilskompetenz antizipiert. Durch die Multiperspektivität und -kausalität der Problembetrachtung seien die Schülerinnen und Schüler gezwungen, sich auf einen Perspektivwechsel und auf eine ihnen fremd erscheinende Argumentationsführung einzulassen (Hornbruch und Schieren 2013, S. 23).

Bislang existieren für diese theoretischen Vorannahmen jedoch kaum empirische Belege aus der Unterrichtspraxis, sondern allenfalls Vermutungen, die sich auf den – oftmals nicht explizierten – individuellen Erfahrungshintergrund der jeweiligen Autorinnen und Autoren stützen. Das Ziel der nachfolgenden Ausführungen ist es deshalb, die unterrichtspraktische Wirksamkeit der Methode „Denkhüte" im Rahmen einer qualitativen Forschungsstudie zu überprüfen. Zu diesem Zweck wird im Folgenden die Planung und Durchführung der Methode

Tab. 1 Die sechs Denkhüte

Hutfarbe	Denkrichtung
Weiß	Sachlich und faktenbasiert
Schwarz	Kritisch und problembewusst
Grün	Kreativ und unkonventionell
Gelb	Optimistisch und chancenorientiert
Rot	Emotional und mitfühlend
Blau	Moderierend und konsensorientiert

skizziert (Abschn. 2 und 3) und anschließend mithilfe interpretativer Verfahren aus der qualitativen Unterrichtsforschung (Zurstrassen 2010) überprüft (Abschn. 4). Im Zentrum der Untersuchung steht 1) die Frage danach, inwieweit die methodischen Planungsentscheidungen des Lehrenden von den Schülerinnen und Schülern mitgetragen werden, das heißt: mit ihrer Richtung des Denkens und Handelns übereinstimmen. Diese Kongruenz gilt dabei als Beleg und Voraussetzung für ein sinnhaftes und verständnisintensives Unterrichten, das an die innere Lernlogik und die alltägliche Vorstellungswelt der Bildungsadressaten anschlussfähig ist (May 2015, S. 169 f.). Damit verbunden steht 2) die Frage nach dem zielfördernden Einfluss der Methode: offenbaren sich bei den Lernenden generelle Aspekte einer urteilsbezogenen Kompetenzentwicklung? Und, wenn ja: durch welche Maßnahmen und Veränderungen innerhalb der Methode können diese (noch besser) gefördert werden?

2 Fallgruppenauswahl, Bedingungsanalyse und didaktische Einordnung

2.1 Methodenorientierte Bedingungsanalyse der Lerngruppe

Für die Datenerhebung wurde ein Kurs 11 in der gymnasialen Oberstufe an einem staatlichen Thüringer Gymnasium als Fallgruppe ausgewählt. Dieser Kurs setzt sich aus 13 Schülerinnen und 5 Schülern zusammen und wird seit neun Monaten vom Autor dieser Studie unterrichtet. Der Kurs ist insgesamt als leistungsstark einzuschätzen. Die Lernenden besitzen einen bemerkenswert hohen Reflexionsgrad und sind dazu in der Lage, selbstständig heuristische Problemlösestrategien (i. e. politikdidaktische Makromethoden) auf die Bearbeitung fachspezifischer Anforderungssituationen (May 2011, S. 123–134) anzuwenden. Darüber hinaus bestehen zahlreiche methodische Vorkenntnisse im Umgang mit politikdidaktischen Kontroversverfahren. Hierzu gehören mehrere Pro-kontra Debatten (u. a. zum Betreuungsgeld und zum bedingungslosen Grundeinkommen), eine Talkshow zum Thema *Schulsozialisation* sowie eine Debatte im Rahmen einer Dorfgründungssimulation. Das alles könnte auf die Durchführung der Methode Einfluss nehmen, da die Schülerinnen und Schüler daran gewöhnt sind, Kontroversverfahren zum Zweck der Bewertung von Lösungsvorschlägen einzusetzen, jedoch nicht, um gemeinsame Lösungsstrategien und Handlungsoptionen zu entwickeln.

2.2   Didaktische Einordnung und Verlaufsplan

Der Einsatz der Methode erfolgte innerhalb einer Unterrichtsreihe zum Thema *Generationenvertrage* und dem dahinter stehenden Schlüsselproblem der steigenden Finanzierungslücke in der staatlichen Altersvorsorge. Als Makromethode dieser Unterrichtsreihe diente eine Problemstudie (Reinhardt 2009, S. 99), die sich in ihrer Struktur an den dafür typischen Leitfragen (Kategorien) orientiert: 1) Definition (Worin besteht das Problem?), 2) Ursachen (Wie ist das Problem entstanden?), 3) Interessen (Wessen Interessen werden durch das Problem berührt?), 4) Lösungen (Welche Lösungen des Problems sind denkbar?), 5) Konsequenzen (Welche Bedeutung haben die Lösungen für ...?) und 6) Entscheidung (Wo stehe ich/wo stehen wir?). Vor dem Hintergrund der oben skizzierten Forschungsannahmen (vgl. Abschn. 1) eignet sich die Methode insbesondere zur Umsetzung der Schritte 4 und 5, in denen die Schülerinnen und Schüler eigenständig Vorschläge zur Lösung des Problems entwickeln und mögliche Konsequenzen überdenken sollen. Nach der Überführung dieser Schrittfolge in ein allgemeindidaktisches Artikulationsschema lässt sich der konkrete Unterrichtsablauf in der Tab. 2 zusammenfassen.

3   Beschreibung der Methodendurchführung vor dem Hintergrund didaktisch-methodischer Planungsentscheidungen

Entsprechend des oben skizzierten Verlaufsplans wurde innerhalb der Einstiegs- und Problematisierungsphase die Problemfrage (als Stundenthema) definiert und die damit verbundenen Problemursachen besprochen. Der Ablauf der Methode wurde anschließend durch eine kurze Lehrerinformation den Schülerinnen und Schülern präsentiert. Daraufhin teilte sich der Kurs selbstständig auf sechs verschiedene Gruppen zu je 3 Personen auf. Jede Gruppe stand stellvertretend für je eine Denkrichtung. Durch die freie Wahl der Hutfarben wurde eine höhere Identifikation der Lernenden mit der jeweiligen Denkrichtung antizipiert. Dies sollte ihnen das Anknüpfen an die eigenen heuristischen Problemlösestrategien und damit das Entwickeln eigener Lösungen in der Gruppe erleichtern. Die Aufgabe der Gruppen bestand darin, eben jene Lösungsvorschläge zu formulieren und auf einem Lernplakat festzuhalten. Im Gegensatz zur methodischen Handlungsempfehlung bei Hornbruch und Schieren traten die jeweiligen Rollenträger somit nicht unvorbereitet in die Diskussion mit den anderen Hüten ein (Hornbruch und

Tab. 2 Verlaufsplan

Termin und Klasse: 5. und 6. h im Kurs 11
Unterrichtsreihe: Sozialer Wandel und Sozialstrukturanalyse
Thema: Wie kann das deutsche Rentensystem reformiert werden?
Sachorientierter Untertitel: Die Krise des deutschen Rentenversicherung
Ziele: Die Schüler können Vorschläge zur Reform der deutschen Rentenversicherung entwickeln und beurteilen.

Phase	Lehrerhandeln	Schülerhandeln	Methode & Medien/Prinzipien
Einstieg/Problemorientierung (10 min)	Lehrer präsentiert Impulsmaterial und stellt Impulsfragen	Schüler formulieren Stundenthema und entwickeln erste Thesen	L-S-G/PPP 1 – 3
Zielformulierung	Thema: Wie kann das deutsche Rentensystem reformiert werden? Warum?: Die Krise der deutschen Rentenversicherung steht exemplarisch für die Krise des deutschen Sozialstaats in Zeiten des demografischen Wandels und der wachsenden Globalisierung. Methodisch: Problemstudie (Makromethode), Denkhüte (Mesomethode) und Textarbeit (Mikromethode)		Problemorientierung Exemplarität Kontroversität Zukunftsorientierung
Heuristik (10 min)	Lehrer stellt Methode „Denkhüte" vor.	Schüler folgen Lehrerinformation	LI/PPP 4 – 9
Erarbeitung (20 min)	Lehrer lässt Gruppen einteilen und gibt Materialien aus	Schüler erarbeiten in Kleingruppen Positionen und formulieren erste Lösungsvorschläge	Textarbeit mit AB und Rollenkarten/Plakat
Sicherung (25 min)	Lehrer fordert Präsentation der Gruppenergebnisse ein	Schüler präsentieren und diskutieren Ergebnisse im Plenum	Denkhüte
Vertiefung (10 min)	Lehrer präsentiert parteipolitische Positionen und fordert Positionierung der Schüler ein	Schüler beurteilen Lösungsvorschläge und positionieren sich	LI (PPP 10)/UG
Metakognition (10 min)	Lehrer fordert Reflexion der Methode ein	Schüler reflektieren Methode	L-S-G

Quelle: Eigene Darstellung
Abkürzungen: L-S-G = Lehrer-Schüler-Gespräch/PPP # = Foliennummer in der Powerpoint-Präsentation/A = Arbeitsblatt/LI = Lehrerinformation/UG = Unterrichtsgespräche

Schieren 2013, S. 23). Dies ermöglichte einerseits ein strafferes Zeitmanagement, da der zeitliche Ablauf der offenen Diskussionsphase zwischen den Gruppen besser kalkuliert werden konnte. Andererseits ist diese Vorbereitungsphase auch als didaktische Hilfestellung für lernschwächere Gruppen geeignet, da diese ihre Vorschläge nicht ad hoc in der offenen Diskussionsrunde entwickeln und verteidigen müssen. Hierbei muss jedoch beachtet werden, dass an dieser Stelle nur dem blauen „Moderatoren-Hut" und dem weißen „Fakten-Hut" ergänzende Materialien zur Vorbereitung zur Verfügung standen, da im Gegensatz zu den anderen Hüten deren Lösungsvorschläge nicht (nur) auf intuitiven, emotionalen oder alltäglichen Wissensbeständen basieren konnten.

Die Präsentation und Diskussion der Ergebnisse erfolgte anschließend im Plenum entsprechend der in Abb. 1 dargestellten Sitzordnung.

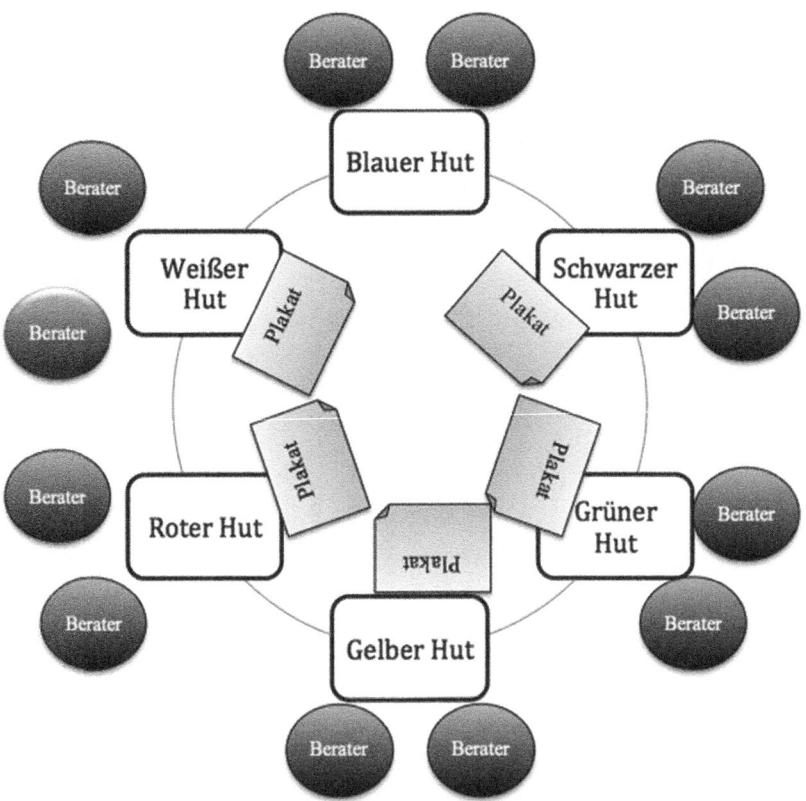

Abb. 1 Sitzordnung. (Quelle: Eigene Darstellung)

Auf Anweisung des blauen Hutes und ohne eine Bewertung der anderen Diskussionsteilnehmer stellte nacheinander je ein Vertreter aus jeder Gruppe die dort entwickelten Lösungsvorschläge vor. Hieran schloss sich die freie Aussprache der Gruppensprecherinnen und -sprecher an, die in ihren Rollen verblieben und gemäß ihrer Denkrichtung die Ergebnisse der anderen Gruppen diskutierten. Die anderen Gruppenmitglieder dienten in dieser Phase als Unterstützer ihrer Gruppensprecherin bzw. ihres Gruppensprechers, indem sie diese/n mit weiteren Argumenten und/oder Daten und Statistiken versorgten. Die Unterstützer des blauen „Moderations-Hutes" waren für die schriftliche Fixierung der Präsentations- und Diskussionsergebnisse verantwortlich. Der Träger des blauen Hutes selbst moderierte die Diskussion und gab an mehreren Stellen einen didaktischen Impuls vor, indem er die real existierenden Lösungsvorschläge aus der Politik in das Gespräch mit einband und zur Diskussion stellte.

Die Diskussionsphase endete ohne eine Einigung auf einen spezifischen Reformvorschlag und nach dem Ablauf der vorgeschriebenen Zeit. Der Transfer und Vergleich der gesammelten Lösungsvorschläge mit den realen Parteiprogrammen konnte aus Zeitgründen nicht mehr realisiert werden und wurde auf die nächste Stunde verlagert. Die Stunde schloss mit der schriftlichen und mündlichen Metareflexion über die Effektivität und den Lernerfolg der Methode.

4   „Denkhüte" in der Unterrichtspraxis: Ergebnisse der empirischen Unterrichtsforschung

4.1   Lehrperspektive: Ergebnisse der teilnehmenden Beobachtung

Nachfolgend werden die Forschungsergebnisse aus der teilnehmenden Beobachtung (Otten 2010, S. 9–21) präsentiert, die einen ethnografischen Blick auf die Anwendung und Umsetzung der Methode ermöglichen. Hierbei werden die unmittelbar im Unterricht gewonnen und protokollierten Eindrücke reflektiert und hinsichtlich der für das Forschungsinteresse (vgl. Abschn. 1) relevanten Aspekte diskutiert.

Innerhalb der Erarbeitungsphase, in der sich die Gruppen auf die Diskussionsrunde vorbereiteten, hatten vor allem die Vertreter des roten Hutes Schwierigkeiten damit, eigene Lösungsvorschläge zu entwickeln. Eine mögliche Erklärung hierfür liefert das ungewohnte Rollenprofil, da der traditionelle Unterrichtsalltag selten emotions- und intuitionsbasierte Problemlösestrategien verlangt. Die fehlende Materialgrundlage dürfte hingegen keinen Einfluss gehabt haben, da auch die Vertreterinnen und Vertreter des gelben, grünen und schwarzen Hutes ihre Lösungsvorschläge „frei" entwickeln mussten und damit keine Probleme hatten. Dies galt innerhalb der Versuchsreihe überraschenderweise auch für die Vertreterinnen und Vertreter des grünen Hutes, deren Kreativleistung nach Ansicht der Literatur eine besondere Anstrengung verlangt, da nicht nur die standardisierten Reformvorschläge der anderen Gruppen antizipiert, sondern auch darüber hinaus gehende Alternativlösungen entwickelt werden müssen (Hornbruch und Schieren 2013, S. 24). Dass dies der Grünen-Hut-Gruppe besonders gut gelungen ist, ist vor allem auf die kreativen Fähigkeiten der Gruppenmitglieder zurückzuführen, da diese schon in der Vergangenheit häufig mit Kreativleistungen überzeugten.

Nach der Präsentationsphase entwickelte sich unter Leitung des blauen Moderations-Hutes eine Diskussion über die in Tab. 3 abgebildeten Schwerpunkthemen:

Die Eigendynamik der Methode zeigt sich innerhalb dieser Phase vor allem in dem beständigen Wechsel der Diskutanten und der damit verbundenen Betrachtungsweisen auf den Gegenstand. Die Methode entwickelte somit aus sich selbst heraus eine eigene Kontroversität. Selbst bei Vorschlägen, die auf den ersten Blick von einer Mehrheit der Diskussionsteilnehmer abgelehnt oder befürwortet worden waren, existierte immer eine entsprechende Gegenposition, wie der nachfolgende Gesprächsauszug (vgl. Transkript 1) belegt:

Tab. 3 Diskussionsthemen

Thema (Lösungsvorschlag)	Ideengeber	Diskussionszeit (min)
Ausweisung von Rentnern aus dem Inland	Grüner Hut	1.20
Längere Lebensarbeitszeit	Roter und Weißer Hut	3.50
Höhere Steuerfinanzierung der Renten	Schwarzer Hut	1.20
Verkürzung der Ausbildungszeiten	Blauer Hut	3.00
Einwanderung ausländischer Arbeitskräfte	Blauer Hut	2.15
Bessere Unterstützung kinderreicher Familien	Grüner Hut	3.45

Quelle: Eigene Darstellung

Transkript 1: „Also ich muss sagen, ich finde das sehr positiv..."

#00:13:00-2#

Blauer Hut: Was halten Sie von dem Vorschlag, die Schul- beziehungsweise Studienzeit zu verkürzen, um dann eher in Rentenkassen einzahlen zu können

Weißer Hut: *(zum grünen Hut gewandt:)* Wie stellt ihr euch das vor, dass man die Studienzeit verkürzt?

Roter Hut: Ich find das auch sehr unfair, weil jeder muss ja das Recht haben, seinen Bildungsweg frei auszuleben, um -

Weißer Hut: Willst du jetzt einen Arzt haben, der nur zwei Jahre studiert hat?

Roter Hut: Richtig. Das ist extremst unfair, auch den Patienten gegenüber

Schwarzer Hut: Außerdem fällt dann ein freiwilliges soziales Jahr oder ein Auslandsjahr auch komplett weg

Roter Hut: Richtig. Auch das ist extremst unfair. (…)

Gelber Hut: Also ich muss sagen, ich finde das sehr positiv *(Lachen in der Klasse)*, weil dadurch auch die Menschen früher anfangen zu arbeiten und dann auch durch ihre Steuereinnahmen den Staat besser unterstützen können, weil, wenn sie dann studieren oder in der Schule sind, dann können sie dem Staat ja keine Unterstützung leisten und wenn sie dann halt früher anfangen zu arbeiten, dann ist das auch besser für den Staat an sich

#00:14:29-9#

Der positive Einfluss des weißen und des roten Hutes ist besonders hervorzuheben, da diese innerhalb der Testgruppe die stärkste Korrektivfunktion besaßen. Während der weiße Hut unter rationalen Gesichtspunkten diskutierte und Fakten einforderte, berücksichtigte der rote Hut immer wieder die Konsequenzen der jeweiligen Handlungsoption, wie Transkript 2 belegt:

Transkript 2: „...es wird sich letztendlich nicht um die Kinder gekümmert"

#00:19:22-1#

Blauer Hut: Haben Sie als gelber Hut noch Ideen, wie man das attraktiver machen könnte?

Gelber Hut: Naja, eigentlich nur die Erhöhung des Kindergeldes

Roter Hut: Dann ist es auch, wenn ich jetzt sagen würde, hier man muss erst einmal drei Kinder kriegen, bevor man die Rente kriegt, dann denken sich vielleicht welche, ach hier, dann mache ich halt drei Kinder und es wird sich letztendlich nicht um die Kinder gekümmert

Schwarzer Hut: Dann versaufen sie es in der Spielhalle

Roter Hut: Richtig. Aber dann, wenn auch genug Geld da ist, kann ja sein, und macht schnell drei bis vier Kinder, damit man auch seine Rente irgendwann kriegt, aber wenn dann das Kindergeld auch noch erhöht wird, ich sag jetzt mal, da fehlt jetzt ja auch wieder Geld irgendwo

Blauer Hut: *(in die Runde:)* Aus was nehmen wir dann die Erhöhung?

Roter Hut: Das war ja gerade meine Frage. Weil, dann fehlt ja wieder woanders Geld. Das ist schlecht für die Menschen. Dann fehlt es wieder an Krankenkassengeldern oder anderswo

#00:20:15-0#

Die Beiträge des weißen und roten Hutes wurden innerhalb der Diskussion jedoch unterschiedlich aufgenommen. Während der rote Hut immer wieder Gesprächsimpulse setzen konnte, reagierten die anderen Diskutanten auf die zum Teil sehr ausführlichen Darstellungen des weißen Hutes oft überhaupt nicht. Dessen nüchterne und faktenbasierte Argumentation könnte an dieser Stelle abschreckend auf die anderen Gruppen gewirkt haben, womöglich auch aus dem Fehlverständnis heraus, den weißen Hut in seiner Position grundsätzlich widerlegen oder überzeugen zu müssen.

Insgesamt betrachtet, konnte innerhalb der Diskussionsrunde eine große Ungleichverteilung der Redeanteile beobachtet werden. Während der weiße, der rote und der schwarze Hut sich vielfach einbringen konnten, setzte der grüne Hut lediglich Impulse, während sich der gelbe Hut bis auf wenige Ausnahmen überhaupt nicht äußerte. Vor diesem Hintergrund ist es deshalb ratsam, die Gruppensprecherinnen und -sprecher sowie die Moderationsrolle sorgfältig auszuwählen und die Kriterien einer guten Argumentationsführung (Petrik 2010, S. 113 ff.) im Vorfeld transparent zu machen, damit bestimmte Blickwinkel in der Diskussion nicht überproportional repräsentiert werden. Dies gilt insbesondere für die Sichtweise des grünen Hutes. Dieser sorgte innerhalb der Versuchsreihe mit seinen unrealistischen und zum Teil absurd anmutenden Lösungsvorschlägen (vgl. Lernplakat im Anhang) für ein Abgleiten der Diskussion. Auch in der Literatur werden diesbezüglich Erfahrungen geschildert, dass der grüne Hut bei einer entsprechenden Besetzung durch einen leistungsstarken und kreativen Schüler einen großen Einfluss auf die Diskussion gewinnen könne (Hornbruch und Schieren 2013, S. 24). Innerhalb der Testgruppe konnten jedoch die zum Teil übertriebenen Vorschläge durch die anderen Denkhüte abgefangen werden, wie das nachfolgende Beispiel im Transkript 3 belegt:

Transkript 3: „Ne, wir schicken die weg"

#00:06:30-1#

Blauer Hut: *(Zum gelben Hut gewandt:)* Wir haben ja bereits kreative Vorschläge von Ihnen er-, gehört: Export von Rentnern. Ich meine, die anderen Hüte, ihr lieben anderen Hüte, sehen Sie das als Lösung? Vielleicht möchte sich da jemand zu äußern? (...)

Weißer Hut: Ja, also auf den ersten Augenblick klingt das vielleicht gut, die Frage ist ja, welche Staaten wollen denn vielleicht Rentner aufnehmen?

Grüner Hut: *(unterdrücktes Lachen)*

Weißer Hut: Das wäre ja, daran scheitert es ja schon mal. Ich möchte – alles andere jetzt außer Sichtweite, aber ich glaube nicht, dass irgendein Staat Rentner aufnehmen möchte

Roter Hut: Außerdem würde ich dazu sagen, dass ich als sehr unfair empfinde, wenn man Menschen, die jahrelang in Deutschland gelebt haben, die in Deutschland geboren sind, dann wegschickt und wir ja trotzdem andere Leute aufnehmen und dann unsere Alten wegschicken, die es eigentlich verdient haben

Weißer Hut: Richtig!

Schwarzer Hut: Außerdem gab es noch nie in der Weltgeschichte ein Land, dass seine Staatsbürger weggeschickt hat

Grüner Hut: Ja, aber die Rentner hätten dann einmal Auszeit und könnten sich erholen auf Mallorca.

Weißer Hut: Nenene, also ihr meint, ihr schickt die auf Urlaub

Grüner Hut: Nee, wir schicken die weg. *(Lachen in ihrer Gruppe)*

Weißer Hut: Und in welches Land?

Grüner Hut: Mallorca.

Weißer Hut: Das ist ein Land? Mallorca ist jetzt ein Land? *(Lachen in der Klasse)* Achso. Gut. Schön

#00:07:47-8#

Das gegenseitige Korrektiv zwischen den einzelnen Denkhüten erweist sich an
dieser Stelle erneut als diskussions- und urteilsfördernd, weil hierdurch die Grenzen des politisch Machbaren vor dem Hintergrund einer Wert- sowie Sachebene
diskutiert werden. Ein Problem stellte dieser beständige Wechsel der verschiedenen Blickrichtungen allerdings am Ende der Diskussion dar, weil hierdurch
keine gemeinsame Position zur Lösung des Problems gefunden werden konnte.
Einerseits hatten die Schülerinnen und Schüler im Verlauf des Plenumsgesprächs
Schwierigkeiten damit, den Überblick über die große Anzahl der diskutierten
Lösungsvorschläge zu behalten. Andererseits fiel es ihnen besonders an diesem
Punkt schwer, eine Positionierung innerhalb der kontrovers angelegten Rollenver-
teilung innerhalb der Gruppe einzunehmen. Zu stark war vor diesem Hintergrund
die Identifikation mit den eigenen Lösungswegen, sodass kaum die Bereitschaft
dazu bestanden hat, sich auf die andere Denkrichtungen einzulassen und einen
Konsens herbeizuführen.

4.2 Lernperspektive: Die Ergebnisse der lernerbasierten Metakognition

An dieser Stelle wird die praktische Wirksamkeit der „Denkhüte" aus Schülerperspektive reflektiert. Als Material für diese Reflexion dienen die transkribierten
Aufzeichnungen des metakognitiven Unterrichtsgesprächs am Stundenende sowie
leitfragengestützte Fragebögen. Letztere arbeiten mit einer offenen Fragestellung,
um eine vorschnelle Lenkung und Einengung der befragten Schülerinnen und
Schüler zu verhindern (Zurstrassen und Häußler 2010, S. 56). Die Ergebnisse der
Umfrage werden in der nachfolgenden Übersicht zusammengefasst und entsprechend ihrer Häufung systematisiert:

Die in Tab. 4 dargestellten positiven Einschätzungen der Lernenden bestätigen
in mehrfacher Hinsicht die Forschungsannahmen der Literatur (vgl. Abschn. 1).
Die zentrale Prämisse, mithilfe der Methode zu einer multiperspektivisch angelegten Urteilsbegründung zu gelangen, wird auch von einer Mehrheit (n = 15)
der Schülerinnen und Schülern mitgetragen. Auf diesen Vorteil verweist auch
ein Schüler im abschließenden Unterrichtsgespräch explizit, dessen Meinung im
Transkript 4 dargestellt wird:

Tab. 4 Ergebnisse der Schülerbefragung

Vorteil der Methode (n = Anzahl der Nennungen)	Nachteil der Methode (n = Anzahl der Nennungen)
– Multiperspektivität/selbstständige Entwicklung vieler Handlungsoptionen zur Lösung des Problems (15) – Hoher Motivationsgrad (7) – Aktiver Einbezug aller Lernenden in die Methode durch Kleingruppenarbeit und Beraterfunktion (5) – Unterstützung durch Berater im Hintergrund (5) – Ausleben von Kreativität (2)	– „störende" Rolle des grünen Hutes, dessen kreative Vorschläge als unrealistisch eingeschätzt werden (7) – Fehlende Einigung auf konkrete Vorschläge zur Problemlösung (5) – Unübersichtlichkeit durch die Vielzahl der besprochenen Themen (5) – Ungleichverteilung der Gesprächsanteile (2) – Fehlende Materialunterstützung in der Vorbereitungsphase (1) – Gruppensprecher fallen aus der Rolle (1) – Fehlende Vorbereitungszeit für Moderator, um Fazit zu ziehen (1) – Methode ist nur für den Unterricht geeignet und funktioniert im „wahren Leben" nicht (1) – Fehlende Gesprächsregeln (1)

Statistischer Hinweis: Kursgröße (m) = 18 Personen, davon 5 männlich und 13 weiblich
Quelle: Eigene Darstellung

Transkript 4: „...um vielleicht auch andere Perspektiven zu verstehen..."

#00:32:43-2#

Schüler: Man muss sich halt in eine Rolle eindenken, das ist ja nicht immer so leicht, und das lernt man dadurch, um vielleicht auch andere Perspektiven zu verstehen und man kriegt halt die Argumente aus verschiedeneren Sichtweisen als bei einer normalen Pro-Contra-Debatte, zum Beispiel so kreative Argumente, wo man wahrscheinlich nie drauf gekommen wäre, wobei man jetzt sagen muss, allzu sinnvoll waren die zwar nicht, aber trotzdem

#00:33:09-4#

Darüber hinaus wird der Methode im Gegensatz zu den sonst üblichen Unterrichtsgesprächen und Debattenformaten ein hoher Grad an Schüleraktivität attestiert, da alle Kursteilnehmerinnen und -teilnehmer als Berater oder als Gruppensprecher in die Methode mit einbezogen werden. Auf diesem Weg wird die sonst übliche Zweiteilung des Kurses/der Klasse in eine aktive Diskussions- und eine passive Beobachtergruppe vermieden. Aus der Perspektive der Lernenden schlägt sich dies insgesamt auch in einer erhöhten Lernbereitschaft nieder.

Demgegenüber weisen die von den Schülerinnen und Schülern beschriebenen Probleme und Schwierigkeiten auch auf Erfahrungen hin, die bereits im Rahmen der teilnehmenden Beobachtung (vgl. Abschn. 4.1) aus der Lehrperspektive gewonnen werden konnten. Hierzu gehören die als störend empfundene Rolle des grünen Hutes, die Offenheit des Diskussionsergebnisses und der unübersichtliche Gesprächsverlauf. Der von den Lernenden geäußerte Wunsch, zu einem einheitlichen Diskussionsergebnis zu gelangen, ist meiner Ansicht nach vor allem als Beleg dafür zu werten, dass das übergeordnete Methodenziel (Lösungsentwicklung vor Lösungsbewertung) nicht von allen Schülerinnen und Schüler mitgetragen wurde. Die Lernenden führen dieses „Scheitern" vor allem auf die unsachlichen Vorschläge des grünen „Kreativ-Hutes" zurück (vgl. Transkript 5):

Transkript 5: „…ein produktives Endprodukt…"

#00:33:23-9#

Schüler1: Rentner ins Ausland schicken, ist ja nun nicht wirklich produktiv

Schüler2: Ja aber, es ist ein kreativer Vorschlag, der denkt außerhalb der bekannten Bahnen

Schüler1: Aber nicht wirklich produktiv. So eine Diskussion zielt doch darauf ab, ein produktives Endprodukt herzustellen. In dem Sinne eine Endlösung. Das zielt da ja in keinster Weise hin

#00:33:43-4#

Als weiterer Grund wird die große Anzahl der Denkhüte angeführt, wie Transkript 6 belegt:

Transkript 6: „Wir sind zu keinem konkreten Vorschlag gekommen."

#00:35:30-5#

Schüler: Wir sind zu keinem konkreten Vorschlag gekommen. Da find ich das Spektrum viel zu groß, also entweder ich unterhalte mich mit jemanden entweder wirklich über Fakten, was jetzt auch nur dem Staat hilft, oder ich unterhalte mich über emotionale Sachen beispielsweise, oder ich mach ganz verrückte Vorschläge, die gar keinem weiterhelfen. Und demnach kann ich das, wenn man auf ein Ziel kommen möchte, das ist kein gutes Vorgehen

#00:35:53-7#

Von großer Bedeutung erscheint es entsprechend, den Schülerinnen und Schüler (noch) stärker das didaktische Ziel und die heuristische Einbettung der Methode in den Unterricht verständlich zu machen. Insbesondere in Kontrast zu den im Vorfeld genutzten Kontroversverfahren (z. B. Talkshow, Pro-Contra-Debatte, Podiumsdiskussion – vgl. die methodische Bedingungsanalyse in Abschn. 2.1) ist es wichtig, die Methode als Instrument *auf dem Weg* zur „besten" Problemlösung zu verstehen, bei der das Ergebnis der Diskussion immer ein vorläufiges und weiterhin diskussionswürdiges bzw. -bedürftiges ist. In Abkehr vom ursprünglichen Arbeitsauftrag sollte die Anzahl der Lösungsvorschläge deshalb im Vorfeld auch nicht zu stark reduziert werden, um den Lernenden eine anschließende Positionierung zu ermöglichen. Auf dieser Folie könnten dann auch die ideengebende Rolle des grünen Hutes sowie die Vielzahl der diskutierten Handlungsoptionen als immanenter Bestandteil der Methode besser nachvollzogen werden. Diesen Aspekt betont auch ein Schüler in seiner Einschätzung der Methode im Transkript 7:

Transkript 7: „...man hat erst mal ein gewisses Maß an Lösungsvorschlägen."

#00:31:49-5#

Schüler: Also, weil man mit den Hüten natürlich sehr viele Ansätze dadurch gewinnt, wie es verbessert werden könnte. Das heißt ja nicht, dass man unbedingt zu einem großen Ergebnis kommen muss, wo sich nun alle sechs verschiedenen Hutfarben einigen, aber man hat erst mal ein gewisses Maß an Lösungsvorschlägen

#00:32:09-7#

Dieses „Maß an Lösungsvorschlägen" gilt es in jedem Fall im Anschluss durch die individuelle und rollenunabhängige Positionierung zu ergänzen. Nur auf diesem Weg erhält das Diskussionsergebnis seinen eigentlichen didaktischen Wert und führt zu einer erweiterten und differenzierten Urteilsperspektive der Lernenden.

5   Politikdidaktische Konsequenzen und methodische Handlungsempfehlungen

Die zentralen Evaluationsergebnisse werden an dieser Stelle zunächst thesenförmig zusammengefasst und anschließend zur Weiterentwicklung der Methode genutzt:

1. Die Berücksichtigung der Lernvoraussetzungen der Schülerinnen und Schüler durch die *freie Auswahl der Hutfarben* erleichterte das Entwickeln von Lösungsvorschlägen in der Vorbereitungsphase.
2. Die Entwicklung *gemeinsamer* Handlungsoptionen wurde nicht von allen Lernenden als *übergeordnetes Methodenziel* erkannt. In diesem Fall beschränkte sich die Argumentation während der Diskussion meist auf die Verteidigung der eigenen Position.
3. Aus Schülerperspektive wurde vor allem die *Rolle des grünen Hutes* kritisch bewertet. Dessen Beiträge seien unrealistisch und damit unproduktiv für den weiteren Fortgang der Diskussion.
4. Die in der Literatur beschriebene Annahme, die Methode würde das für eine Debatte typische Gegeneinander aufheben (Hornbruch und Schieren 2013, S. 23), konnte nicht belegt werden. Stattdessen dominierte über den gesamten Diskussionsteil hinweg eine *kontroverse Gesprächshaltung* zwischen den Diskutanten.
5. Das Diskussionsergebnis wurde von einigen Teilnehmenden als unzureichend empfunden, weil sich die Gruppe nicht auf eine *gemeinsame Position* hat einigen können. Innerhalb der Methode sollten deshalb die Lösungsentwicklung und die dazu gehörende Positionierung strikt voneinander getrennt sein.

Aus diesen Ergebnissen ergibt sich ein erweitertes Planungsmodell mit ergänzenden didaktischen Hinweisen zur Umsetzung der Methode, die in der Tabelle zusammengefasst werden (Tab. 5).

6   Fazit und Ausblick

In der hier präsentierten empirischen Studie wurde die unterrichtspraktische Wirkung der Methode „Denkhüte" für die politische Bildung untersucht. Zu diesem Zweck wurde in einer Testgruppe, bestehend aus 13 Schülerinnen und 5 Schülern in der gymnasialen Oberstufe an einem staatlichen Gymnasium in Thüringen, die Methode durchgeführt und im Rahmen einer qualitativen Forschungsstudie ausgewertet. Die Analyse offenbarte zahlreiche Diskrepanzen zwischen der

Tab. 5 Schrittfolge und Handlungsempfehlungen

„Denkhüte" – Schrittfolge und didaktisch-methodische Handlungsempfehlungen
1. Heuristik Der Klasse/dem Kurs werden der Ablauf und die Funktion der Methode erklärt. Der zunächst existierende Widerspruch, mithilfe einer diskursiven und kontroversen Gesprächsform zu einer gemeinsamen Problemlösung zu gelangen, muss durch den Lehrer erklärt und aufgelöst werden. Anschließend werden die verschiedenen Hutfarben vorgestellt. Vor dem Hintergrund des besprochenen Methodenziels sollte die produktive Funktion aller Hutfarben hervorgehoben werden. Ggf. ist mit der Klasse/dem Kurs zu diskutieren, wo die Grenzen der Ideen liegen (z. B. Vereinbarkeit der Lösungsvorschläge mit dem Grundgesetz der Bundesrepublik Deutschland u. ä.)
2. Vorbereitung in der Gruppe Die Klasse/der Kurs wird auf die sechs verschiedenen Hutfarben aufgeteilt. Die freie Auswahl der Hüte ist zu bevorzugen, da in dieser Anfangsphase die Anschlussfähigkeit der Denkrichtungen an die jeweiligen Lernvoraussetzungen eine didaktische Hilfestellung bietet. Die Schülerinnen und Schüler erarbeiten anschließend in den Gruppen verschiedene Vorschläge zur Lösung des Problems. Für den weißen und den blauen Hut ist eine entsprechende Materialgrundlage zu erstellen. Abschließend werden die Gruppensprecherinnen und -sprecher sowie die Beraterinnen und Berater benannt
3. Diskussion der Lösungsvorschläge Die Gruppen platzieren sich gemäß der Sitzordnung (vgl. Abb. 1) und die Sprecherinnen und Sprecher präsentieren nacheinander und ohne Unterbrechung ihre Lösungsvorschläge. Anschließend beginnt der freie Austausch mit dem Ziel, die Vor- und Nachteile der jeweiligen Lösungsvorschläge zu diskutieren und diese auf eine sinnvolle Anzahl (mindestens 3) zu reduzieren. Die Beraterinnen bzw. Berater des blauen Moderations-Hutes protokollieren die Diskussion und halten die Zwischenergebnisse schriftlich fest
4. Positionierung Die Schülerinnen und Schüler positionieren sich (z. B. entlang einer Streitlinie, mithilfe eines Vier-Ecken-Spiels oder durch eine einfache Abstimmung) zu den gesammelten Lösungsvorschlägen und begründen ihre Positionierungen
5. Transfer Die Schülerinnen und Schüler überprüfen mithilfe der Lehrperson die Repräsentation der entwickelten Handlungsoption(en) und reflektieren entsprechende Übereinstimmungen oder Leerstellen in der politischen Realität. Eventuell ergeben sich hieraus neue Handlungsmotive, die weitergeführt und ergänzt werden können

methodischen Planungslogik des Lehrenden und der praktischen Vorgehensweise der Lernenden. Die daraus resultierenden Evaluationsergebnisse wurden anschließend in ein erweitertes Planungsmodell überführt, das im Sinne des verständnisintensiven Lernens an die heuristischen Problemlösemechanismen der Bildungsadressatinnen und -adressaten anschlussfähig(er) ist.

Darüber hinaus offenbarte die Untersuchung Aspekte einer urteilsbezogenen Kompetenzförderung der Lernenden. Durch die kontroverse Anlage der

Diskussion entwickelte sich eine methodenspezifische Eigendynamik, in der die verschiedenen Gesprächsperspektiven fortlaufend wechselten. Bestehende Argumentationsmuster wurden auf diese Weise hinterfragt und hinsichtlich ihres lösungsorientierten Einflusses untersucht. Durch den Einbezug der erweiterten Urteilskategorien in die Beantwortung des Stundenthemas und der Möglichkeit des Transfers selbiger kann in dieser Hinsicht auch von einer Förderung der politischen Urteilskompetenz der Lernenden ausgegangen werden. Weitere empirische Untersuchungen in diesem Bereich sind jedoch notwendig, um eine übergreifende Evidenz der in dieser Fallstudie diagnostizierten Evaluationsergebnisse nachzuweisen.

Literatur

Hornbruch, Heike und Stephan Schieren. 2013. Urteilskompetenz diagnostizieren und weiterentwickeln. Sechs Beispiele für die produktive und analytische Erschließung sozialpolitischer Inhalte. In: *Der Sozialstaat auf dem Prüfstand. Zehn Unterrichtsvorschläge für den Politik- und Ökonomieunterricht*, hrsg. H. Jacobs, 25–26. Schwalbach/Ts.: Wochenschau.

May, Michael. 2011. Kompetenzorientiert unterrichten. Anforderungssituationen als didaktisches Zentrum politisch-sozialwissenschaftlichen Unterrichts. *Gesellschaft Wirtschaft Politik* (1): 123–134.

May, Michael. 2015. Fachliche Anforderungssituationen aus Schüler(innen)-Sicht. Von den Schülerkonzepten zur wissenssoziologischen Analyse von Alltagswissen. In: *Formate fachdidaktischer Forschung in der politischen Bildung*, hrsg. A. Petrik, 167–175. Schwalbach/Ts.: Wochenschau.

Otten, Tina. 2010. Teilnehmende Beobachtung. Der "ethnologische Blick" auf den Unterricht. In: *Was passiert im Klassenzimmer? Methoden zur Evaluation, Diagnostik und Erforschung des sozialwissenschaftlichen Unterrichts*, hrsg. B. Zurstrassen, 9–21. Schwalbach/Ts.: Wochenschau.

Petrik, Andreas. 2010. Argumentationsanalyse. Methode zur politikdidaktischen Rekonstruktion der Konfliktlösungs- und Urteilskompetenz. In: *Was passiert im Klassenzimmer? Methoden zur Evaluation, Diagnostik und Erforschung des sozialwissenschaftlichen Unterrichts*, hrsg. B. Zurstrassen, 108–128. Schwalbach/Ts.: Wochenschau.

Reinhardt, Sibylle. 2009. *Politik-Didaktik. Praxishandbuch für die Sekundarstufe I und II*. Berlin: Cornelsen.

Zec, Marin. 2011. Die 6 Denkhüte von De Bono, 2011. https://kreativitätstechniken.info/die-6-denkhute-von-de-bono/. Zugriff am 08. Juli 2016.

Zurstrassen, Bettina und Malte Häußler. 2010. Fragebogengestützte Unterrichtsevaluation im sozialwissenschaftlichen Unterricht. In: *Was passiert im Klassenzimmer? Methoden zur Evaluation, Diagnostik und Erforschung des sozialwissenschaftlichen Unterrichts*, hrsg. B. Zurstrassen, 52–71. Schwalbach/Ts.: Wochenschau.

Die Diagnose von Präkonzepten der Demokratie

Reflexionen aus Sicht der unterrichtlichen Aktionsforschung

Florian Weber-Stein

1 Einleitung: „Präkonzepte" in der (fach-) didaktischen Forschung

Schülerinnen und Schüler kommen nicht als unbeschriebene Blätter in den Unterricht. Sie bringen Erfahrungen und aus diesen abgeleitete „subjektive Theorien" mit, die das Unterrichtsgeschehen vorstrukturieren und aus diesem Grund mit in die didaktische Planung einbezogen werden sollten. Die Fähigkeit, erfolgreich Lernprozesse zu initiieren, hängt zentral davon ab, dass diese vorwissenschaftlichen Konzepte erkannt und im Unterricht bearbeitet werden. Eindrucksvoll wird die Wirksamkeit von Präkonzepten in dem folgenden Erfahrungsbericht aus dem Naturwissenschaftsunterricht in der Grundschule veranschaulicht:

> Neun Winter lang war die Erfahrung nun schon Lehrmeisterin der Kinder. Jede Mütze, die sie getragen, jeder Pullover, den sie angezogen hatten, ‚enthielt' Wärme: ‚Zieh Deine warmen Sachen an', hatten Lehrer und Eltern ihnen immer wieder gesagt. Wer will ihnen also verübeln, was sie dachten, als sie eines schönen Frühlingstages begannen, das Thema ‚Wärme' in der Schule zu bearbeiten? ‚Pullover sind warm', sagte Katie. ‚Wenn du ein Thermometer in eine Mütze stecken würdest, würde es auf jeden Fall heiß werden! 90 Grad vielleicht', sagte Neil (Watson und Kopnicek 1998, S. 150).

F. Weber-Stein (✉)
Potsdam, Deutschland
E-Mail: mail@florian-weber.info

© Springer Fachmedien Wiesbaden GmbH, ein Teil von Springer Nature 2018
C. Deichmann und M. Partetzke (Hrsg.), *Schulische und außerschulische politische Bildung*, Politische Bildung,
https://doi.org/10.1007/978-3-658-20618-5_7

Im Kontext der bildungstheoretischen Diskussion nach PISA haben Präkonzepte einige Aufmerksamkeit erlangt. Die mangelnde Diagnosekompetenz der Lehrer hinsichtlich der Lernvoraussetzungen ihrer Schülerinnen und Schüler ist als eine Hauptursache für das schlechte deutsche Abschneiden im internationalen Vergleich genannt worden (Mosch 2013, S. 70 mit weiteren Nachweisen). Die Schulung von Diagnosekompetenz sei zu einem Kerninhalt der Lehrerausbildung zu erheben, weil empirische Studien gezeigt hätten, dass kein automatischer Zusammenhang zwischen Diagnosekompetenz und langjähriger Berufserfahrung bestehe (Weinert und Schrader 1986). Mit Blick auf die Politikdidaktik resümieren Harmann und Lange (2013, S. 27): „Die empirische Erhebung von Lernerkonzepten muss folglich als wichtige Forschungsaufgabe der Politikdidaktik angesehen werden."

Die Erforschung von Präkonzepten ist durch zwei Tendenzen in der Didaktik beflügelt worden. In der allgemeinen Didaktik haben *konstruktivistische Lerntheorien* (z. B. Reich 2004) die wissenschaftstheoretische Grundlage gelegt, um die Bedeutung von Präkonzepten für Lernprozesse zu erfassen. Der Konstruktivismus versteht Wissen als Konstruktion von Netzwerken, wobei Vorverständnisse als Ausgangsbasis für die Veränderung, Erweiterung und Überschreibung von Netzwerkstrukturen dienen *(Scaffolding)*. Wissen befindet sich in einem permanenten Transformationsprozess, bei dem bestehende Strukturen als wichtige Weichenstellungen für künftige Entwicklungen zu begreifen sind.[1]

In der fachdidaktischen Forschung haben v. a. die *Didaktiken der Naturwissenschaften,* zunächst insbesondere im Bereich des Sachunterrichts in der Grundschule (Kaiser 1997), dann aber auch in Biologie (Kattmann 2015), Chemie (Barke 2006) und Physik (Wiesner 1994) die Diagnose und Erhebung von Vorverständnissen der Schülerinnen und Schüler zum Thema gemacht. Ziel der unterrichtspraktischen Forschungen ist es, Schülerkonzepte zu erheben, die individuell, aber nicht beliebig sind, sich typisieren und somit für die Unterrichtsplanung nutzbar machen lassen. Zu diesem Zweck sind eine Reihe von kreativen Diagnosemethoden entwickelt worden, die sich im Rahmen der Aktionsforschung in den Schulunterricht einfügen lassen, z. B. die Arbeit mit Concept Cartoons (vgl. Abb. 1).

Vor diesem Hintergrund sind Präkonzepte in der jüngeren Zeit auch in der Politikdidaktik in den Fokus des Interesses gerückt. Einerseits wurden auf der Folie eines konstruktivistischen Forschungsparadigmas erste Studien zur Erhebung von Präkonzepten in den Bereichen Bürgerbewusstsein (Lange 2005), Migration

---

[1]Für eine Anwendung des Konstruktivismus auf die Bedürfnisse der Politikdidaktik siehe Sander (2005, 2014).

1.1 Verdampfen von Wasser

Stelle dir vor, wenig reines Wasser wird in einem geschlossenen Glasgefäß durch Erhitzen völlig verdampft. Was enthält das Glasgefäß dann ?

Abb. 1 Concept-Cartoons in der Chemiedidaktik nach Barke. (Quelle: https://www. uni-muenster.de/imperia/md/)

(Lutter 2005) und Demokratie- sowie Europavorstellungen (Mosch 2013) durchgeführt. Dabei wurden die im Rahmen der naturwissenschaftlichen Didaktiken
entwickelten Diagnoseverfahren in politikdidaktischer Perspektive angepasst und
weiterentwickelt.[2] Insbesondere Mosch (2013) wertet in ihrer Dissertation eine
Reihe von im Unterricht geläufigen Methoden (Vor- und Einstiegsdiskussionen,
„Vier-Ecken-Spiel", freie (Bild-)Assoziationen, Rollenspiele) hinsichtlich ihrer
Eignung für die Diagnose von Präkonzepten aus und gibt dem unterrichtenden
Aktionsforscher somit wertvolle Hinweise, wie eine Präkonzeptanalyse sich in den
„normalen" Unterrichtsablauf einfügen lässt.

Vor diesem Hintergrund wird im Folgenden eine eigene Fallstudie zur Analyse der Präkonzepte von Demokratie vorgestellt, die ich in einem Oberstufenkurs
Politikwissenschaft im Berliner Stadtteil Zehlendorf durchgeführt habe. *Inhaltliches* Ziel der Studie war es, die Demokratieverständnisse von Schülerinnen und
Schülern zu ermitteln, die…

- während ihrer Kindheit und Jugend überwiegend die Erfahrung gemacht
  haben, dass Harmonie und Eintracht – in der Familie – als Ideale des Zusammenlebens gelten;
- größtenteils in einem homogenen bildungsbürgerlichen Milieu aufgewachsen
  sind, in dem in wesentlichen Fragen der Politik Einmütigkeit besteht;
- in ihrem bisherigen Leben die Erfahrung gemacht haben, dass der Rechtsweg erst
  beschritten werden muss, wenn keine vernünftige Einigung mehr möglich scheint.

Methodisch ging es darum, Möglichkeiten zu sondieren, Präkonzepte im Rahmen
der unterrichtlichen Aktionsforschung zu diagnostizieren und daraus begründete
planungsdidaktische Konsequenzen abzuleiten.

2   Subjektive Demokratievorstellungen – empirische Ausgangsbefunde zur Orientierung

Wer sich einen Überblick verschaffen will über die im eigenen Unterricht wirksamen Vorstellungen von Demokratie auf Schülerseite, der tut gut daran, zunächst
einen Erwartungshorizont möglicher Präkonzepte zu entwickeln. Unter den
empirischen Studien zur Erforschung von Präkonzepten der Demokratie sind die

---

[2]Für den Einsatz von *Concept-Cartoons* im sozialwissenschaftlichen Unterricht siehe Fenske
et al. (2011); für die Methoden *Collagenanalyse* und *Concept-Mapping* siehe Mosch (2014).

Studien von Reinhardt zum Demokratieverständnis von Schülerinnen und Schülern in Sachsen-Anhalt (Reinhardt und Tillmann 2001; zum Überblick: Reinhardt 2012, S. 46–51) sowie Petriks Analyse von Politisierungstypen (Petrik 2011, 2013a, S. 489 ff.) von Bedeutung. Reinhardt typisiert acht „Fehlkonzeptionen"[3] von Politik, die bei der Analyse von Vorverständnissen der Demokratie als heuristische Rahmen dienen können (siehe Abb. 2).

Reinhardts Typologie ist v. a. als Heuristik bei der Analyse von Fehlvorstellungen hilfreich, überdies liefert sie erste Hinweise, an welchen Punkten die unterrichtliche Bearbeitung von problematischen Vorverständnissen ansetzen könnte (siehe dritte Spalte). Weitere Schritte in diese Richtung geht Petrik mit seiner Analyse von Politisierungstypen. Petriks Matrix differenziert zwei Dimensionen des Demokratieverständnisses. Zum einen unterscheidet er unter Rückgriff auf sein Modell des politischen Kompasses (Petrik 2013a, S. 187 ff.) zwischen vier mitgebrachten Grundeinstellungen zur Politik (liberal, konservativ, sozialistisch, libertär) und ordnet jeder dieser Grundeinstellungen unterschiedliche Fehlkonzeptionen des Politischen zu. Zum anderen nimmt er Bildungsgänge in diachroner Perspektive in den Blick und zeichnet Reflexions- bzw. Artikulationsstufen der Ausbildung eines politischen Bürgerbewusstseins nach. Werden diese Dimensionen durch Kreuztabellierung ins Verhältnis gesetzt, ergibt sich nach Petriks eigenen unterrichtspraktischen Erhebungen eine Matrix, die in Abb. 3 visualisiert wird.

Dass in der Matrix etliche Felder frei geblieben sind, zeigt lediglich an, dass Petrik empirisch keine Ausprägung dieser Merkmalskombination vorgefunden hat. Prinzipiell, so die Idee seines Ansatzes, müssten – bei einer ausreichend großen Datenmenge – jedoch alle Grundhaltungen auf allen Artikulationsstufen nachzuweisen sein.

Petriks Analyseraster bietet die Möglichkeit, die Ansatzpunkte einer Bearbeitung der je individuellen Lernvoraussetzungen genauer zu diagnostizieren als dies im Rahmen generalisierender Diagnosematrizen möglich ist. Allerdings ist seine Erhebungsmethodik – die qualitative Auswertung videografierten Unterrichtsmaterials sowie von Schülerinterviews – so anspruchsvoll und zeitintensiv, dass sie im Rahmen der unterrichtlichen Aktionsforschung kaum eingesetzt werden kann. Dennoch kann seine fallgestützte exemplarische Rekonstruktion von Bildungsgängen Orientierung für die planungsdidaktische Konzeption von Unterricht bieten, der auf Konzeptwechsel angelegt ist (siehe dazu unter 5.).

---

[3]Reinhardt spricht von „Fehlkonzeptionen", da es sich aus Sicht der Fachwissenschaft um fehlerhafte/unterkomplexe Konzeptionen der Demokratie handelt. Gleichwohl begreift sie diese mitgebrachten Deutungsmuster im Sinne konstruktivistischer Lerntheorien als Ausgangspunkte des Lernens und somit im funktionalen Sinn als „Präkonzepte".

Fehlvorstellung	Beschreibung	Gefahren für den Politikunterricht
Illusion substanzieller Gleichheit	„Unterstellung der Einheit oder Identität oder Homogenität aller in einem Staatswesen" (Reinhardt 2012, S. 47)	Ablehnung pluralistischer Gesellschaftskonzeptionen, Konfliktscheue
Illusion unbegrenzter Autonomie	„Missverständnis, [...] der Einzelne könne eine politische Streitfrage entscheiden" (ebd., S. 48)	Ablehnung von Kompromisslösungen; Resignation hinsichtlich der eigenen Mitwirkungsmöglichkeiten
Normative Auslegung des Mehrheitsprinzips	„Missverständnis, die Mehrheitsregel sei das wichtigste Prinzip der Demokratie" (ebd., S. 48)	Behinderung der Perspektivenübernahme
Illusion der Gewaltlosigkeit von Politik	Nicht-Anerkennung der fundamentalen Bedeutung des Gewaltmonopols für die Friedfertigkeit einer Gesellschaft	Prinzipielle Ablehnung staatlicher Machtstrukturen
Gleichsetzung des Privaten mit dem Politischen	„Assimilation des politischen Systems an Konzepte des Privatlebens" (ebd., S. 49)	Ablehnung kompetitiver Politik/Vorliebe für konsensuale Lösungen; Personalisierung politischer Prozesse
Delegitimierung wirtschaftlichen Handelns	Annahme, dass „das Verfolgen von Eigeninteresse im wirtschaftlichen Handeln [...] als Widerspruch zu prosozialen Werten" aufgefasst wird (ebd., S. 49)	Verkennung marktwirtschaftlicher Logiken; Moralisierung der Politik
Unterordnung der Legalität unter die Legitimität	Annahme, dass die Anwendung gesetzlicher Regelungen unmittelbar zu gerechten Lösungen führen müsse	Moralisierung des Rechts; Verkennung des Eigenwerts von Rechtssicherheit
Identifikation von Theorie und Praxis	Annahme, Theorien „müssten direkt eindeutige Handlungsanweisungen ergeben" (ebd., S. 51)	Technokratisches Verständnis von Politik

Abb. 2 Typische Fehlvorstellungen der Politik nach Reinhardt. (Quelle: Eigene Darstellung nach Reinhardt 2012, S. 46–51)

	private Reflexionsstufe	öffentliche Reflexionsstufe	politische Reflexionsstufe	systemische Reflexionsstufe
liberale Grundhaltung	Initiale systemloyale Politisierung	Pragmatische Systemloyalität	Verfahrensorientierte Ordnungsbildsuche	
konservative Grundhaltung	Autoritätssuchende Systemloyalität Politikskeptische Traditionsloyalität			
sozialistische Grundhaltung	Emotionale linke Opposition			
libertäre Grundhaltung			Koordinierende libertäre Opposition	Selbstdistanziert-intellektuelle Opposition

Abb. 3 Politisierungstypen nach Petrik. (Quelle: Eigene Darstellung nach Petrik 2011, S. 79 ff.)

3 Problembefund und Methodenauswahl

Die Diagnose von Präkonzepten ist zwischen der Lernstands- und Lernprozess-diagnostik anzusiedeln. Es geht um die Erhebung von Voraussetzungen, die den Lernprozess beeinflussen. Zur Erhebung von Präkonzepten sind daher die übli-chen Diagnoseverfahren (Fragebögen, Interviews, Kompetenzraster) nur sehr bedingt geeignet. Der Grund dafür ist, dass es sich bei Präkonzepten nicht um voll bewusstes, deklaratives Wissen handelt, sondern um implizite individuelle Deutungen und Vorstellungen, die teilweise von starken Emotionen begleitet sind. Wichtig ist überdies eine Offenheit des Erhebungsinstruments, da die Konzepte nicht im Erwartungshorizont des Lehrers liegen müssen.

Um Raum für die unverstellte Artikulation von Präkonzepten zu geben, emp-
fiehlt sich zu Beginn der Erhebung daher ein freies Unterrichtsarrangement mit
hoher Schüleraktivität, das dem Lehrer die Möglichkeit zur Beobachtung lässt.
Beim Thema Demokratie(-theorie) bietet sich beispielsweise ein klassisches
Inselszenario an. Für die Studie wurde als Einstieg eine vorstrukturierte Variante des Inselszenarios gewählt: Petriks Simulation einer Dorfgründung (Petrik
2013b), die durch das Setting Verteilungs- und Autoritätsprobleme schnell in den
Fokus rücken lässt. Dementsprechend hoch war die Kontroversität der Schüler-
diskussion, die für 60 min völlig ohne Eingreifen des Lehrers verlief. In einer
anschließenden 30-minütigen Reflexionsphase verbalisierten die Schülerinnen
und Schüler ihre Eindrücke und Erfahrungen. Aus den Protokollen der Schüler-
äußerungen durch zwei hospitierende Lehrer in dieser initialen Phase lassen sich
exemplarisch drei Äußerungen herausgreifen:

1. Die Schülerin *Alina* (alle Namen geändert) fühlte sich sichtlich unwohl bei
   konfrontativen Diskussionen, sie zog sich zunehmend aus den Debatten zurück
   und warf Hilfe suchende Blicke zu den Lehrern, von denen sie offensichtlich
   ein Eingreifen erwartete. In der 30-minütigen Reflexionsphase im Anschluss
   an die erste Simulation der Dorfgründung kritisierte sie die konfrontative Form
   der Diskussion und monierte: „Wir müssen einstimmiger entscheiden."
2. Der Schüler *Bodo* nahm hingegen sehr aktiv an allen Debatten teil und blühte
   in dem freien Unterrichtsarrangement regelrecht auf. Er machte Vorbehalte
   gegen jede Form der Hierarchisierung und Formalisierung geltend und wen-
   dete sich emphatisch sogar gegen den bald aufkommenden Vorschlag, einen
   Diskussionsleiter zu wählen. In der Reflexionsphase betonte er: „Wir brauchen
   keine Regeln. Wir handeln einfach alle nach dem kategorischen Imperativ."
3. Der Schüler *Clemens* war sichtlich genervt von längeren Diskussionsrunden.
   Er brachte hier und da konstruktive Vorschläge zur Problemlösung ein, war
   aber nicht bereit zu inhaltlichen Zugeständnissen an andere Positionen. Seine
   Auffassung formulierte er in der Reflexionsphase wie folgt: „Schluss mit dem
   Gelaber. Machen, nicht reden."

Alinas Verhalten und Äußerung kann unter Rekurs auf Reinhardts Typologie
von Fehlkonzeptionen der Demokratie als Indikator für die „Illusion der Homogenität" gedeutet werden, bei Bodo steht im Hintergrund die Überzeugung vom
Vorrang der Moralität gegenüber dem Recht, Clemens schließlich begreift Politik in expertokratischer Manier als rationale Verwaltung. Die Beobachtung des
Diskussionsverhaltens in der Klasse ließ vermuten, dass diese drei Präkonzepte

exemplarisch für weit verbreitete Vorverständnisse von Demokratie sind. Um diese Hypothese zu prüfen, wurden drei Diagnosemethoden ausgewählt, die sich im Spektrum zwischen informeller und semi-formeller Diagnostik bewegen: Durch *Mind-Mapping* (Mosch 2013, S. 163 ff.) können die durch Präkonzepte vorstrukturierten Assoziationen der Schülerinnen und Schüler erfasst, durch *Concept-Mapping* (Mosch 2013, S. 180 ff., 2014, S. 419 f.) können die das Demokratieverständnis tragenden Konzepte und Schemata erhoben und durch *Concept-Cartooning* (Fenske et al. 2011) schließlich gezielt Fehlvorstellungen abgefragt werden (siehe hierzu Abb. 4).

Es ist wichtig, dass die Erhebung in der genannten Reihenfolge durchgeführt wird und somit vom freien zum zunehmend stärker strukturierten Arrangement fortschreitet, da bei umgekehrter Reihenfolge eine Beeinflussung der Schülerantworten durch die Strukturvorgaben beim Mind- bzw. Concept-Mapping nicht ausgeschlossen werden kann.

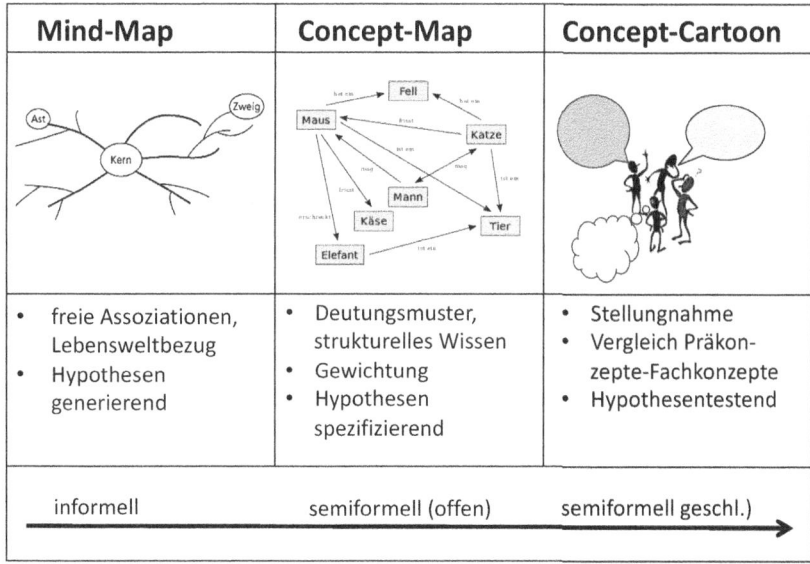

Mind-Map	Concept-Map	Concept-Cartoon
• freie Assoziationen, Lebensweltbezug • Hypothesen generierend	• Deutungsmuster, strukturelles Wissen • Gewichtung • Hypothesen spezifizierend	• Stellungnahme • Vergleich Präkonzepte-Fachkonzepte • Hypothesentestend
informell	semiformell (offen)	semiformell geschl.)

Abb. 4 Sukzession von Erhebungsmethoden in der Präkonzeptdiagnose. (Quelle: eigene Darstellung). Die bildliche Darstellung des Mind-Maps wurde entnommen aus https://www.hueber.de/wiki-99stichwoerter/images/8/8a/Mindmap_bsp1.jpg, die des Concept-Maps aus https://de.wikipedia.org/wiki/Concept-Map#/media/File:Concept-Map_de.svg. Die Darstellung des Concept-Cartoos wurde verändert nach der Vorlage auf https://lehrerfortbildung-bw.de/u_matnatech/bio/gym/bp2004/fb7/1_hetero/3_assessment/0_vor/4_bsp2/

Die drei skizzierten Methoden genügen den Erfordernissen für unterrichtliche Aktionsforschung (Mosch 2013, S. 206 ff., 245 ff.) und stören das Unterrichtsgeschehen nur geringfügig. Allerdings ist zu bedenken, dass die folgenden Voraussetzungen für ihren Einsatz erfüllt sind:

• Es sollte sicher gestellt werden, dass die Schülerinnen und Schüler die Methoden beherrschen (insbesondere das Concept-Mapping ist methodisch anspruchsvoll und muss ggf. vorher geschult werden).
• Es müssen sozial-klimatische Bedingungen für die freiwillige Explikation von Präkonzepten geschaffen werden. Hierzu sollte unbedingt darauf hingewiesen werden, dass die Diagnose mit keinerlei Bewertung verbunden ist. Unter Umständen bietet erst eine Anonymisierung des Diagnoseverfahrens genügend „Schutz" für die unverstellte Artikulation von Präkonzepten, allerdings wird dadurch eine Zuordnung der Ergebnisse zu Schülerinnen und Schülerin verunmöglicht und damit letztlich eine Individualisierung von Interventionsstrategien erschwert.
• Es sollte während der Erhebungsphase kein Zeitdruck bestehen. Daher ist es empfehlenswert, für die Diagnose von vornherein ganze Stunden bzw. Stundenblöcke zu reservieren.

4   Ergebnisse

4.1   Mind-Mapping

Das freie Mind-Mapping zeigte, dass die Schülerinnen und Schüler Demokratie überwiegend mit Grundwerten (z. B. Menschenwürde, Menschenrechte), subjektiven Abwehr- (Selbstbestimmung, Religionsfreiheit) sowie subjektiv-öffentlichen Teilhaberechten (Meinungsfreiheit, Wahlen) assoziieren. Daneben werden professionelle Akteure der Politik genannt (Parteien, Abgeordnete, Parlament, Regierung). Auffällig war, dass relativ wenig Assoziationen sich auf den kompetitiven Charakter demokratischer Politik bezogen. Meinungsstreit und Diskussion wurden von den 23 Schülerinnen und Schülern insgesamt nur fünf Mal genannt (siehe Abb. 5, die die Häufigkeit der Nennungen mittels einer WordCloud veranschaulicht. Die Schriftgröße variiert mit der Häufigkeit der Nennung eines Begriffs, Begriffe wurden ab fünf Nennungen in die Grafik aufgenommen).

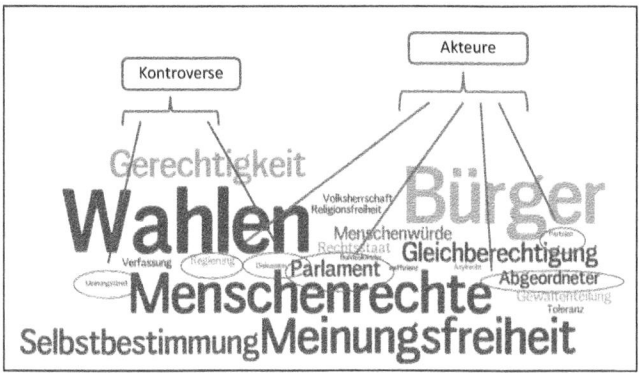

Abb. 5 Häufigkeit begrifflicher Assoziationen zur Demokratie im Mind-Mapping. (Quelle: eigene Darstellung [die WordCloud wurde mittels http://www.wordle.net/erstellt])

4.2 Concept-Mapping

Die aufgrund der Ergebnisse des Mind-Mappings bekräftigte Ausgangshypothese, dass eine Mehrzahl der Schülerinnen und Schüler konfliktaverse Vorverständnisse von Demokratie mitbringt, wurde im Concept-Mapping spezifisch getestet.[4] Dazu wurden den Schülerinnen und Schülern 18 Begriffe vorgegeben (Bürger/-innen – Freiheit – Gesetze – Gleichheit – Grundrechte – Herrschaft – Konflikt – Kritik – Macht – Mehrheit – Opposition – Parlament – Parteien – Regierung – Staat – Volk – Verfassung – Wahlen), aus denen sie mittels der Beschriftung von Beziehungspfeilen (besteht/bestehen aus – bestimmt/bestimmen – braucht/brauchen – ermöglicht/ermöglichen – gewährleistet/gewährleisten – hat/haben – macht/machen – ist/sind – sichert/sichern – übt/üben aus – vertritt/vertreten – wählt/wählen …) ein Beziehungsgeflecht herstellen sollten. Sowohl die Liste der Begriffe als auch die der Verbindungsmodi konnte durch eigene Nennungen ergänzt werden.

---

[4]Die Auswahl der Begriffe sowie der Beziehungsoperatoren lehnt sich eng an die Skizze des Concept-Mapping bei Mosch (2013, Anhang 4) an. Allerdings wurde die Begriffsliste so modifiziert, dass eine Testung der Hypothese der Konfliktaversion möglich war.

Entfernte Begriffe	Fehlkonzepte
Opposition **Konflikt** Kritik Volk **Herrschaft** Macht	Unklarheiten über das Verhältnis von Parlament, Regierung, Opposition

Abb. 6 Indikatoren für Konfliktaversion im Concept-Mapping. (Quelle: eigen Darstellung [Wordcloud in der linken Spalte erstellt mit http://www.wordle.net/])

Bei der Auswertung der Concept-Maps konnte die Hypothese der Konfliktaversion durch zwei Befunde weiter bestätigt werden (siehe zur Veranschaulichung Abb. 6):

- Einerseits wurden Begriffe, die die konfliktive Dimension der Demokratie berühren, von vielen Schülerinnen und Schülern aussortiert (der Begriff „Herrschaft" 12 Mal, „Konflikt" 10 Mal, „Macht" und „Opposition" je 8 Mal sowie „Kritik" und „Volk" je 5 Mal).
- Andererseits war auffällig, dass Fehlvorstellungen des demokratischen Politikprozesses insbesondere bezüglich des Verhältnisses von Regierung und Opposition auftraten, also im Bereich des institutionalisierten demokratischen Konflikts.

4.3   Concept-Cartooning

Mit den Concept-Cartoons wurden schließlich die exemplarisch am Verhalten von Alina, Bodo und Clemens abgeleitete Ausgangshypothese auf ihre Repräsentativität für den Klassenverband hin getestet. Die Schülerinnen und Schüler wurden dazu aufgefordert, sich einer von mehreren möglichen Positionen zu einer kontroversen Fragestellung begründet anzuschließen bzw. eine eigene Position darzulegen. Die Fragestellungen bezogen sich auf die Rolle von Konflikten in der Demokratie (F1), die Rolle der Opposition im demokratischen Prozess (F2), die Bedeutung von Eliten für demokratische Führung (F3) sowie die Bedeutung von Gesetzen für das Zusammenleben in einer Demokratie (F4). F1 und F2 zielen auf die Testung der Verbreitung der „Illusion der Homogenität", F3 auf die Verbreitung expertokratischer Ansichten und F4 auf die Konzeptionalisierung des Verhältnisses von Recht und Moral. Im Ergebnis können folgende Befunde festgehalten werden (siehe zur Veranschaulichung der Zahlenverhältnisse in Tortendiagrammen, Abb. 7):

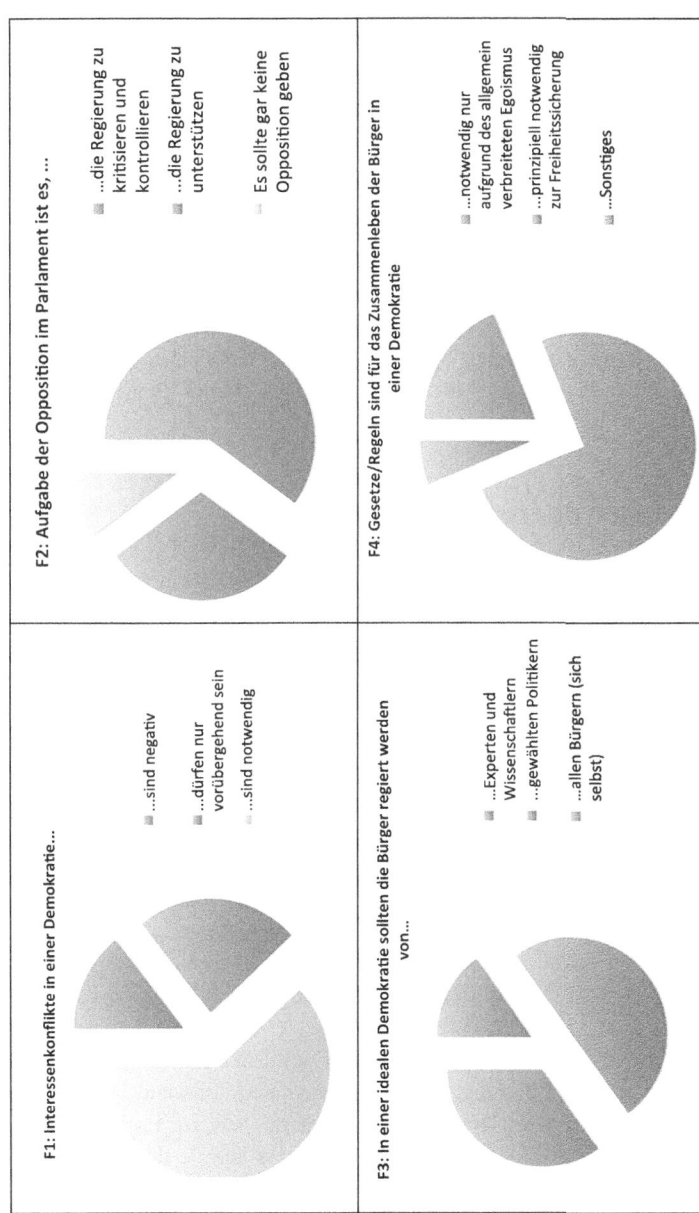

F1: Interessenkonflikte in einer Demokratie...

- ...sind negativ
- ...dürfen nur vorübergehend sein
- ...sind notwendig

F2: Aufgabe der Opposition im Parlament ist es, ...

- ...die Regierung zu kritisieren und kontrollieren
- ...die Regierung zu unterstützen
- Es sollte gar keine Opposition geben

F3: In einer idealen Demokratie sollten die Bürger regiert werden von....

- ...Experten und Wissenschaftlern
- ...gewählten Politikern
- ...allen Bürgern (sich selbst)

F4: Gesetze/Regeln sind für das Zusammenleben der Bürger in einer Demokratie

- ...notwendig nur aufgrund des allgemein verbreiteten Egoismus
- ...prinzipiell notwendig zur Freiheitssicherung
- ...Sonstiges

Abb. 7 Ergebnisse des Concept-Cartoonings. (Quelle: eigene Darstellung)

- Hinweise auf die Ablehnung von Interessenkonflikten (F1) und ein Fehlverständnis der Aufgabe der Opposition (F2) finden sich bei etwa einem Drittel der befragten Schülerinnen und Schüler. Einige Schülerinnen und Schüler, die die Begriffe „Herrschaft" und „Macht" im Concept-Mapping aussortiert hatten, halten Interessenkonflikte dennoch für notwendig und schätzen die Aufgabe der Opposition richtig ein.
- Das expertokratische Fehlverständnis der Demokratie (F3) ist offensichtlich nur schwach verbreitet. Ein interessanter Nebenbefund ist allerdings, dass fast ein Drittel aller Befragten angibt, in einer idealen Demokratie regierten sich die Bürger selbst, ein Indikator für die „Illusion unbegrenzter Autonomie".
- Auch die Überzeugung vom „Vorrang der Moralität gegenüber dem Recht" (F4) ist weniger stark verbreitet als vermutet. Drei Viertel der Schülerinnen und Schüler sehen Gesetze als prinzipiell notwendiges Mittel für die Freiheitssicherung an.

5   Evaluation der Diagnosemethoden

Mosch (2013, S. 219 f.) hat fünf Gütekriterien zur Evaluation von Methoden zur Präkonzept-Diagnose entwickelt: 1) mehrperspektivische Objektivität, 2) kommunikative Validierung, 3) Transparenz und Beteiligung, 4) pädagogische Nützlichkeit sowie 5) Ökonomie. Aus Sicht des unterrichten Aktionsforschers sind v. a. die Punkte 4) und 5) maßgeblich, da es sich um Kriterien handelt, die erfüllt sein müssen, um den Einsatz der Diagnosemethoden im Unterricht überhaupt zu erwägen. Die ersten drei, stärker an wissenschaftlichen Gütekriterien orientierten Punkte können zur Vereinfachung im Kriterium der diagnostischen Eignung zusammengefasst werden. Komprimiert man Moschs Kriterienkatalog dergestalt auf die drei Kriterien der Praktikabilität (Ökonomie aufgeschlüsselt nach Aufwand in Vorbereitung, Durchführung und Auswertung), der diagnostischen Eignung (aufgeschlüsselt nach der Erhebung des Schülerinteresses, des fachlichen Vorwissens und der Präkonzepte) sowie der didaktischen Anschlussfähigkeit, so ergibt sich folgendes Fazit (vgl. die Zusammenstellung der Ergebnisse in Abb. 8):

- *Mind-Mapping* ist aufgrund des sehr geringen zeitlichen Aufwands (+++) in Vorbereitung und Durchführung und des vertretbaren Aufwands (+) in der Auswertung ein praktikables Diagnoseinstrument, das v. a. zur Ermittlung von Schülerinteressen dient. Hinsichtlich des Vorwissens lieferte das Mind-Mapping immerhin noch einige (−), hinsichtlich der mitgebrachten Präkonzepte allerdings kaum Aufschlüsse (− −). Die Einbindung ins Unterrichtsgeschehen

Kriterium / Instrument	Praktikabilität	Diagnostische Eignung	Didaktische Nutzbarkeit
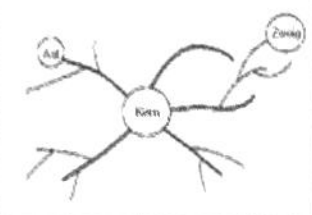	+++ +++ +	++ − − −	Reiheneinstieg (Aktivierung, Strukturierung von Vorwissen)
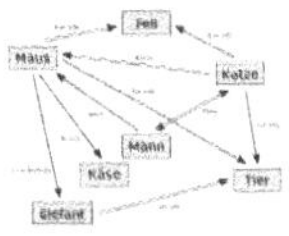	− − − − −	+ +++ ++	Reiheneinstieg/ Reihenende (Vorher-/Nach- her-Vergleich; Metakognition)
	− ++ +	− − +++	Stundeneinstieg (Provokation von Kontroversi- tät; Motivation)

Abb. 8 Evaluation der Diagnoseinstrumente für die Aktionsforschung. (Quelle: eigene Darstellung)

ist unproblematisch und in der schulischen Praxis, etwa bei Reiheneinstiegen, bereits weit verbreitet (wenn auch in der Regel ohne systematische Auswertung der Produkte).

- *Concept-Mapping* ist vorbereitungsintensiv (−), v. a. aber kostet die Durchführung und Auswertung der Produkte ein erhebliches Maß an Zeit (− −). Allerdings lohnt sich der Aufwand, denn der diagnostische Ertrag hinsichtlich der Erfassung des Vorwissens (+++) und der Präkonzepte (++) ist gut. Eine Einbindung in den Unterricht wäre zum Reiheneinstieg und/oder zum Reihenabschluss möglich.
- *Concept-Cartooning* ist trotz eines nicht unerheblichen Vorbereitungsaufwandes (−) in der Durchführung (++) und Auswertung (+) deutlich weniger aufwendig als Concept-Mapping und liefert hinsichtlich der Diagnose von Präkonzepten sehr gute Ergebnisse (+++). Ein Einsatz im Unterricht ist im Stundeneinstieg bei der Problemeröffnung sowie bei der Einleitung von Urteilsphasen möglich.

6 Planungsdidaktische Konsequenzen

Auf der Folie eines konstruktivistischen Lernverständnisses ist politisches Lernen als die Modifikation und Erweiterung der netzwerkartigen Wissensstrukturen bestimmt (Reich 2004; Sander 2005). Präkonzepte bilden somit die Ausgangsbasis und Ansatzpunkte für politisches Lernen. Lernen als *conceptual change* findet jedoch nur unter vier Bedingungen statt (Dole und Sinatra 1998; Möller 2010, S. 261):

1. Es muss eine Unzufriedenheit mit dem aktuellen Niveau des Deutungswissens vorliegen. Die vorhandenen Konzepte reichen nicht aus, um Probleme oder Aufgaben zu lösen.
2. Das Erklärungsdefizit muss eine persönliche Relevanz besitzen und darf nicht lediglich rein theoretischen Status haben. Die Schülerinnen und Schüler müssen von dem Problem „betroffen" sein.
3. Der soziale Kontext bzw. das Klassenklima muss offen für Veränderungen und kreative Neubeschreibungen sein.
4. Es müssen alternative Konzepte verfügbar sein, die besser zur „Lösung" der Probleme geeignet sind als die alten infrage gestellten Konzepte.

Der erste Punkt bezeichnet die schwierigste und zugleich wichtigste Herausforderung des Politikunterrichts. Denn im Unterschied zum naturwissenschaftlichen Unterricht, in dem die begrenzte Deutungskapazität der vorwissenschaftlichen Präkonzepte relativ leicht erwiesen werden kann (Versuche, Messreihen usw.), haben politische Präkonzepte die Eigenschaft, in Alltagskontexten zunächst einmal recht gut zu „funktionieren", insbesondere wenn das soziale Umfeld die Deutung stützt. Der Unterschied zwischen vorwissenschaftlichen und wissenschaftlichen Deutungsmustern ist im Zusammenhang hermeneutischer Disziplinen weniger trennscharf als bei den analytisch-erklärenden Naturwissenschaften. Ziel eines auf Konzeptwandel angelegten Politikunterrichts muss es also sein, die Schülerinnen und Schüler mit Situationen bzw. Problemen zu konfrontieren, bei deren Erklärung/Lösung die mitgebrachten Konzepte scheitern. May bezeichnet solche Unterrichtsszenarien treffend als „Anforderungssituationen":

> Die [kompetenzorientierte] Politikdidaktik steht somit vor der Aufgabe, typische Anforderungssituationen auszuweisen, die eine Aktivierung und Ausbildung der spezifischen, […] Kompetenzen des Faches (der Domäne) ermöglichen. Im Unterricht muss eine Begegnung mit solchen typischen Anforderungssituationen inszeniert werden (May 2011, S. 127).

Welcher Typ von Anforderungssituation zur Anbahnung von Konzeptwandel geeignet ist, hängt entscheidend von den mitgebrachten Deutungsmustern der Schülerinnen und Schüler ab. Die Auswertung der Concept-Cartoons im Falle des hier untersuchten Politikkurses ergab eine relative Prävalenz (die je von etwa einem Drittel der Schülerinnen und Schüler geteilt wurde) von zwei Fehlkonzepten: einerseits der „Illusion der Homogenität" (Reinhardt) gepaart mit einer Aversion gegenüber Konflikten, andererseits der „Illusion unbegrenzter Autonomie" (Reinhardt) gepaart mit einer Ablehnung repräsentativ-demokratischer Elemente. Welche planungsdidaktischen Konsequenzen aus diesem diagnostischen Befund gezogen werden können, soll abschließend exemplarisch am Beispiel der ersten der beiden genannten Fehlkonzeptionen veranschaulicht werden.

Die „Illusion der Homogenität" wird angesichts von Szenarien problematisch, die eine Erweiterung der Perspektiven über die eigene Bezugsgruppe hinaus erfordert. Als didaktisches Prinzip eignet sich die „Konfliktorientierung" (Reinhardt 2012, S. 76 ff.), die über eine Analyse der betroffenen Interessen Multiperspektivität herstellt. Ein Vorteil der Konfrontation mit gegenwärtigen gesellschaftlichen Konflikten ist die Tagesaktualität der Themen, wodurch die Chance erhöht wird, dass die Schülerinnen und Schüler dem Konflikt eine persönliche Relevanz zusprechen (was eine zweite Bedingung für die Anbahnung von Konzeptwandel ist, s. o.). Ein Nachteil besteht jedoch darin, dass die Schülerinnen und Schüler in der Regel mit einem makropolitischen Phänomen konfrontiert werden, dessen mikropolitische Bedeutung sie erst erschließen müssen.

Dieses Brückenproblem entschärft bzw. löst der „genetische Ansatz" (Petrik 2013b), indem er die Schülerinnen und Schüler ausgehend vom Szenario einer Dorfgründung die zentralen Konfliktlinien einer Gesellschaft selbst entdecken lässt. Insbesondere in der abgekürzten Variante „Dorf-o-Mat" (Petrik 2013b, S. 47 ff.) ermöglicht dieser Ansatz eine – auch im engen Zeitrahmen schulischen Unterrichts realisierbare – schülerorientierte Schulung von „Konfliktkompetenz".[5]

Über diese Globalplanung des Unterrichts hinaus – die Entscheidung also, welches politikdidaktische Prinzip das Unterrichtsarrangement strukturieren soll – ermöglichen die eingangs geschilderten schülerbezogenen Einzelfallbeobachtungen, ggf. ergänzt durch weitere Gespräche, eine Differenzierung bzw. Individualisierung des Unterrichts:

- Das *traditionalistische Harmoniestreben,* das am Verhalten der Schülerin *Alina* abgelesen werden konnte, stützt sich auf eine familienorientierte Gemeinschaftsvorstellung. Diese Hypothese konnte nach einem Gespräch mit der Schülerin aufgestellt werden, in dem sie mit Nachdruck betonte, dass eine bestehende Ordnung wie die familiäre „von Natur aus gut" sei und nicht

---

[5]„Konfliktkompetenz beschreibt die Fähigkeit zur argumentativen Auseinandersetzung, denn für gesellschaftliche als auch politische Interaktionsprozesse im Unterricht ist die Koordination unterschiedlicher Sichtweisen, also die Fähigkeit zur Perspektiven und Rollenübernahme, unerlässlich" (Thormann 2012, S. 7).

„zerredet" werden dürfe. – Der hohe Grad der Identifikation mit dieser Position legt es nahe, die Schülerin nicht direkt zu konfrontieren, sondern ihr im Rahmen von spielerischen Rollenübernahmen (Rollenspiele usw.) die Möglichkeit zur Erprobung anderer Positionen zu geben.

- Die Ablehnung von Formalisierung und Hierarchisierung bei *Bodo* stützt sich auf die Wertannahme, alle Menschen seien unbedingt gleich und jede Form der Herrschaftsbeziehung eine Einschränkung der Autonomie vernünftiger Wesen. Diese Wertposition ist gepaart mit der kritischen Zeitdiagnose, es herrsche in unserer Gesellschaft Egoismus vor und bestehende Institutionen wie das Recht seien Instrumente in den Händen der Herrschenden. Aus diesem „privilegierten Wissen" heraus rechtfertigt sich Bodos teilweise autoritäres Diskussionsverhalten, dem die Anerkennung anderer Standpunkte schwerfällt. – Anders als im Fall Alina liegt hier die Provokation einer argumentativen Konfrontation nahe. Ziel ist es, *Bodo* auf den performativen Widerspruch zwischen seinen egalitären Grundannahmen und seinem autoritären Verhalten aufmerksam machen.

- Der *effizienzorientierte Elitismus* von Clemens beruht auf der Erfahrung, dass Funktionsdifferenzierungen und klare Entscheidungshierarchien Problemlösungen vereinfachen. Demokratische Verfahren behinderten ein effizientes „Durchregieren". – Ziel hier muss es sein, Bewusstheit für den Unterschied von Sach- und Werturteil zu schaffen und die Komplexität politischer Probleme zu veranschaulichen.

Literatur

Barke, Hans-Dieter. 2006. *Chemiedidaktik. Diagnose und Korrektur von Schülervorstellungen.* Berlin/Heidelberg: Springer.

Dole, Janice A. und Gale M. Sinatra. 1998. Reconceptalizing Change in the Cognitive Construction of Knowledge. *Educational Psychologist* 33 (2): 109–128.

Fenske, Felix, Andreas Klee und Andreas Lutter. 2011. Concept-Cartoons as a Tool to Evoke and Analyze Pupils Judgments in Social Science Education. *Journal of Social Science Education* 10 (3): 46–52.

Harmann, Moritz-Peter und Dirk Lange. 2013. Der subjekt-/schülerorientierte Ansatz. In: *Handbuch Dimensionen und Ansätze der politischen Bildung*, hrsg. C. Deichmann und C. K Tischner, 19–36. Schwalbach/Ts.: Wochenschau.

Kaiser, Astrid. 1997. Forschung über Lernvoraussetzungen zu didaktischen Schlüsselproblemen im Sachunterricht. In: *Forschung zum Sachunterricht* (Probleme und Perspektiven des Sachunterrichts, Bd. 7), hrsg. B. Marquard-Mau, W. Köhnlein und R. Lauterbach, 190–207. Bad Heilbrunn: Klinkhardt.

Kattmann, Ulrich. 2015. *Schüler besser verstehen. Alltagsvorstellungen im Biologieunterricht.* Hallbergmoos: Aulis.

Lange, Dirk. 2005. Was ist und wie entsteht Demokratiebewusstsein? In: *Demokratiekompetenz. Beiträge aus Politikwissenschaft, Pädagogik und politischer Bildung*, hrsg. G. Himmelmann und D. Lange, 258–269. Wiesbaden: VS Verlag für Sozialwissenschaften.

Lutter, Andreas. 2005. *Schülervorstellungen und sozialwissenschaftliche Vorstellungen über Migration. Ein Beitrag zur Politikdidaktischen Rekonstruktion.* Oldenburg: Carl von Ossietzky.

May, Michael. 2011. Kompetenzorientiert unterrichten – Anforderungssituationen als didaktisches Zentrum politisch-sozialwissenschaftlichen Unterrichts. *Gesellschaft – Wirtschaft – Politik* 1/2011: 123–134.

Möller, Kornelia. 2010. Lernen von Naturwissenschaft heißt: Konzepte verändern. In: *Fachdidaktik Naturwissenschaft. 1.–9. Schuljahr*, hrsg. P. Labudde, 57–72. Stuttgart: UTB.

Mosch, Mirka. 2013. *Diagnostikmethoden in der politischen Bildung. Vorstellungen von Schüler/-innen im Unterricht erheben und verstehen.* Dissertation Gießen. http://geb.uni-giessen.de/geb/volltexte/2013/9404/pdf/MoschMirka_2013_02_21.pdf. Zugriff am 17. Oktober 2016.

Mosch, Mirka. 2014. Methoden der Diagnostik: Vorstellungen und Vorwissen erfassen. In: *Handbuch Politische Bildung.* 4., überarb. Auflage, hrsg. W. Sander, 415–423. Schwalbach/Ts.: Wochenschau.

Petrik, Andreas. 2011. Welche Demokratie hättest Du denn gern? Zur bildungsdidaktischen Rekonstruktion von Politisierungstypen als individuelle Entwicklungswege der Urteils- und Konfliktlösungskompetenz. In: *Politik und Wirtschaft im Bürgerbewusstsein. Untersuchungen zu den fachlichen Konzepten von Schülerinnen und Schülern in der politischen Bildung*, hrsg. D. Lange und S. Fischer, 65–85. Schwalbach/Ts.: Wochenschau.

Petrik, Andreas. 2013a. *Von den Schwierigkeiten, ein politischer Mensch zu werden. Konzept und Praxis einer genetischen Politikdidaktik. Studien zur Bildungsgangforschung.* 2. Aufl. Opladen u. a.: Budrich.

Petrik, Andreas. 2013b. Der genetische Ansatz. In: *Handbuch Dimensionen und Ansätze der politischen Bildung*, hrsg. C. Deichmann und C. K. Tischner, 37–56. Schwalbach/Ts.: Wochenschau.

Reich, Kersten. 2004. *Konstruktivistische Didaktik. Lehren und Lernen aus interaktionistischer Sicht.* 2. überarb. Aufl. Neuwied: Luchterhand.

Reinhardt, Sibylle. 2012. *Politikdidaktik. Praxishandbuch für die Sekundarstufe I und II.* 4. Aufl. Berlin: Cornelsen Scriptor.

Reinhardt, Sibylle und Frank Tillmann. 2001. Politische Orientierungen Jugendlicher. Ergebnisse und Interpretationen der Sachsen-Anhalt-Studie „Jugend und Demokratie". *Aus Politik und Zeitgeschichte* B 45: 3–13.

Sander, Wolfgang. 2005. Die Welt im Kopf. *Kursiv. Journal für politische Bildung*, 1/2005: 44–59.

Sander, Wolfgang. 2014. Wissenschaftstheoretische Grundlagen politischer Bildung: Konstruktivismus. In: *Handbuch Politische Bildung.* 4., überarb. Auflage, hrsg. W. Sander, 77–89. Schwalbach/Ts.: Wochenschau.

Thormann, Sabine. 2012. *Politische Konflikte im Unterricht. Empirische Rekonstruktionen zu Unterrichtsarrangements am Gymnasium.* Wiesbaden: Springer.

Watson, Bruce und Richard Kopnicek. 1998. Unterrichten für und durch conceptual change. In: *Lernwege zum Thema Balance. Dokumentation der 10. bundesweiten Fachtagung der Lernwerkstätten 1997*, hrsg. A. Bolland u.a., 150–157. Bremen: Universität Bremen und Pädagogik-Kooperative.

Weinert, Franz und Schrader Friedrich. 1986. Diagnose des Lehrers als Diagnostiker. In: *Schülergerechte Diagnose. Theoretische und empirische Beiträge zur Pädagogischen Diagnostik*, hrsg. H. Petillon, J. Wagner und B. Wolf, 11–29. Weinheim: Beltz.

Wiesner, Hartmut 1994. Verbesserungen des Lernerfolgs im Unterricht über Mechanik. Schülervorstellungen, Lernschwierigkeiten und fachdidaktische Folgerungen. *Physik in der Schule* 32: 122–127.

Historische (Lern-)Orte politisch verstehen

Ein politikdidaktischer Blick auf historisch-politische Bildung an NS-Gedenkstätten

Benjamin Moritz

1 NS-Gedenkstätten als historische und politische Orte

„Der reale Prozess des historischen Lernens hat immer eine politische Dimension und politisches Lernen ohne historische Bezugnahme ist schier unmöglich." (Lange 2014, S. 321). Dass eine enge Verbindung zwischen historischem und politischem Lernen besteht, so wie sie Dirk Lange konstatiert, ist in beiden Fachdidaktiken nicht umstritten. Wie genau sich das Verhältnis zwischen beiden Disziplinen aber bestimmt, hat zu einem über Jahrzehnte andauernden Diskurs zwischen Vertretern beider Disziplinen geführt. Dieser erlangte in Bezug auf die Bedeutung und Ausgestaltung der beiden Unterrichtsfächer beispielsweise in der Frage, ob sie separat unterrichtet oder in einem gemeinsamen Fach zusammengeführt werden sollen, auch in der Praxis politische Relevanz (Schörken 1999; Körber 2004).

Obwohl ihr Verhältnis zueinander auf der theoretischen Ebene nicht abschließend bestimmt ist, dokumentiert sich in pädagogischen Programmen historisch-politischer Bildung ein Umgang mit dem Verhältnis beider Disziplinen, das in besonderer Form am Lernort NS-Gedenkstätte hervortritt. Schließlich handelt

B. Moritz (✉)
Jena, Deutschland
E-Mail: benjamin.moritz@uni-jena.de

© Springer Fachmedien Wiesbaden GmbH, ein Teil von Springer Nature 2018   121
C. Deichmann und M. Partetzke (Hrsg.), *Schulische und
außerschulische politische Bildung,* Politische Bildung,
https://doi.org/10.1007/978-3-658-20618-5_8

es sich bei Orten wie Bergen-Belsen, Buchenwald, Sachsenhausen, Flossenbürg, Dachau oder Ravensbrück um ehemalige Tatorte der NS-Verbrechen, die sich in Überresten wie Gebäuden, Gleisen, Lagerzäunen etc. dokumentieren bzw. daraus rekonstruierbar sind. Folglich stehen diese Orte in unmittelbarem räumlichen Bezug zu Ereignissen der Vergangenheit, wenngleich sie diese nicht in authentischer oder originaler Form abbilden. Neben diesem Bezug verbindet solche Orte auch die Intention, das kollektive, öffentliche Zurückdenken an ein bestimmtes, vergangenes Ereignis zu ermöglichen, um einerseits dem Vergessen entgegenzuwirken und andererseits Konsequenzen für Gegenwart und Zukunft aus der Vergangenheit zu ziehen (Pampel 2007, S. 25–28).

Diese knappe Konturierung des Gedenkstättenbegriffs, die sich mit Aufgaben und Funktionen des Ortes fortsetzen ließe (z. B. Knigge 1999), verweist bereits darauf, dass es sich bei NS-Gedenkstätten um historische Orte handelt, da sie in unmittelbarem Bezug zu einem vergangenen Ereignis stehen und die Funktion erfüllen, daran zu erinnern und für Konsequenzen in Gegenwart und Zukunft zu sensibilisieren, mithin also die für historisches Denken relevanten Zeitebenen verbinden und dadurch auf individuelle historische Vorstellungen wirken. Gleichzeitig weisen diese Orte auch eine politische Dimension auf. Schließlich erinnern Gedenkstätten öffentlich an vergangene Ereignisse. Letztlich wird hier geregelt, was gesellschaftlich als erinnerungswürdig gilt. Solche Festlegungen manifestieren sich u. a. in Objekten und Ritualen. Da dadurch allgemein verbindliche Entscheidungen getroffen werden, handelt es sich auch um politische Orte (Scheurich 1998, S. 24 f.; Zumpe 2012, S. 17). Diese Tatsache verdeutlicht bereits die Entwicklung der Gedenkstätten in Deutschland. Während die Orte in der Bundesrepublik bis in die 1990er Jahre eher Marginalisierung und vergleichsweise wenig gesellschaftliche und politische Unterstützung erfuhren, integrierte sie die DDR gezielt in ihren Gründungsmythos, indem der kommunistische Widerstand in den Lagern zum Ausgangspunkt des so genannten neuen und besseren deutschen Staates erhoben wurde (Jelitzki und Wetzel 2010, S. 92 f., 97–109). Da sich also sowohl eine historische als auch eine politische Dimension am Ort zeigen, liegt der Schluss nah, dass NS-Gedenkstätten sowohl Potenziale für historische als auch für politische Bildung bereithalten. In diesem Zusammenhang stellen sich allerdings die Fragen, wie historisches und politisches Lernen am Ort in der Praxis ermöglicht werden sollen und wie diese Verknüpfung politikdidaktisch zu bewerten ist.

Um diese Fragen zu beantworten, bedarf es zunächst einer Analyse der konzeptionellen Gestaltung und Praxis historisch-politischer Bildung an NS-Gedenkstätten.

Beides lässt sich mithilfe verschiedener empirischer Studien zu gedenkstättenpädagogischen[1] Angeboten rekonstruieren, die neben weiteren Aspekten auch die
pädagogischen Programme der Lernorte untersuchen. Der darauf folgende Schritt
dient dazu, die zusammengefassten Forschungsergebnisse mit Zielvorstellungen
historisch-politischer Bildung an Gedenkstätten aus dem gedenkstättenpädagogischen Fachdiskurs zu vergleichen. Dadurch lassen sich grundlegende Zielvorstellungen und Prinzipien historisch-politischer Bildung an NS-Gedenkstätten verdichtet
herausarbeiten, die es abschließend politikdidaktisch zu reflektieren gilt. Damit
versucht der Aufsatz auch, einen Beitrag zu der von Wolf Kaiser und Kuno Rinke
(2015, S. 165) angestoßenen Initiative zum verstärkten Austausch zwischen Politikdidaktik und Gedenkstättenpädagogik zu den spezifischen Potenzialen politischen
Lernens an Gedenkstätten zu leisten.

2 Historisch-politische Bildung an NS-Gedenkstätten

2.1 Ein empirischer Blick auf die Praxis historisch-politischer Bildung an NS-Gedenkstätten

Um den Zusammenhang von historischem und politischem Lernen an NS-Gedenkstätten zu erschließen, ist zunächst die Analyse der Praxis entsprechender
Bildungsangebote notwendig. Hierüber geben verschiedene empirische Studien,
die mehr oder minder explizit die Konzeptionen gedenkstättenpädagogischer
Arbeit fokussieren, Auskunft. Im Folgenden stehen sowohl eine Arbeit aus den
1980er Jahren als auch drei Untersuchungen aus den vergangenen zehn Jahren im
Fokus. Diese Auswahl ermöglicht einen Blick auf langfristige Entwicklungen und
die aktuelle Situation.

Die wohl älteste empirische Arbeit zur Gedenkstättenpädagogik stammt von
Gisela Lehrke (1988). Ausgehend von der Frage, inwiefern sich Gedenkstätten
als Lernorte für historisch-politische Bildung eignen, untersucht sie verschiedene größere, bis 1984 entstandene bundesdeutsche Gedenkstätten (z. B. Bergen-
Belsen, Dachau, Flossenbürg, Neuengamme, Wewelsburg). Dafür erhebt sie sehr
unterschiedliche Materialien (Dokumente zu Bildungsangeboten, Interviews mit

---

[1]Die Begriffe *Gedenkstättenpädagogik* und *historisch-politische Bildung an Gedenkstätten*
werden im vorliegenden Beitrag weitgehend synonym verwendet.

Mitarbeitern, Beobachtungen von Veranstaltungen) und wertet diese Daten nach einer nicht weiter benannten Methode aus (Lehrke 1988, S. 22, 29, 30, 36). Die Analyse erfolgt dann unter Zuhilfenahme von Gütekriterien bzw. Zielen historisch-politischer Bildung. Dazu zählen nach Lehrke: „Betroffenheit hervorrufen […], sachliche Aufklärung leisten, Gegenwarts- und Zukunftsbezüge herstellen […], positive Identifikationen bieten […], Anschaulichkeit liefern und entdeckendes Lernen ermöglichen." (ebd., S. 31). Unter „Betroffenheit erzeugen" fasst die Autorin einen emotionalen, aber keinesfalls schockierenden Zugang zum Ort, der über Opferbiografien oder Zeitzeugengespräche erreicht werden kann. Das Hineinversetzen in die Opfer soll ebenfalls „positive Identifikation" ermöglichen. Identifikation meint hier das Herstellen positiver Bezüge der Besucher zu Personen oder Gruppen zur Entfaltung emanzipatorischen Potenzials. Beispielsweise könne die Auseinandersetzung mit Mitgliedern des Widerstands eine Alternative zur Anpassung an das NS-System zeigen und gleichzeitig für das eigene gegenwärtige Handeln sensibilisieren. „Sachliche Aufklärung" bezieht sich vor allem auf das Vermitteln von Informationen zur spezifischen Ortsgeschichte und des historischen Kontextes. „Gegenwarts- und Zukunftsbezüge herstellen" umfasst das Ziehen von Konsequenzen aus der NS Vergangenheit für Gegenwart und Zukunft. Die Auseinandersetzung mit Geschichte soll zur Sensibilisierung für gegenwärtige Gefährdungen der Demokratie beitragen. „Anschaulichkeit" beinhaltet den möglichst vielfältigen Einsatz von Quellen, Überresten und Darstellungen in Bildungsangeboten. Unter „entdeckendem Lernen" versteht die Autorin die Initiierung offener und selbstgesteuerter Lernprozesse (ebd., S. 66–77). Insgesamt arbeitet Lehrke heraus, dass die Kriterien historisch-politischer Bildung an den Orten nur im Ansatz verwirklicht werden und deswegen viel Optimierungspotenzial besteht (ebd., S. 212–214). Auch wenn die Studie bereits über 20 Jahre alt ist und damit kaum Auskunft über die aktuelle Bildungsarbeit an Gedenkstätten gibt, liefern die herangezogenen Gütekriterien wichtige Erkenntnisse über die Zielvorstellungen historisch-politischer Bildung an Gedenkstätten in den 1980er Jahren.

Annette Eberle (2008) versucht, die Spezifik von Bildungsangeboten an NS-Gedenkstätten herauszuarbeiten und stellt in diesem Zusammenhang auch die pädagogischen Konzepte der Gedenkstätten Dachau und Flossenbürg dar. Für die Analyse zieht sie veröffentlichte und unveröffentlichte Dokumente der Gedenkstätten heran, die über die Konzeption der Bildungsprogramme informieren. Die Ergebnisse beziehen sich folglich auf die offizielle Darstellung der Gedenkstätten (Eberle 2008, S. 15 f.). Der Konzeption des Lernorts Dachau liegen mit der Auseinandersetzung mit dem historischen Ort, Rekonstruktion und Dekonstruktion des authentischen Ortes sowie Besucherorientierung drei Schwerpunkte zugrunde. Der erste umfasst die Vermittlung der Ortsgeschichte im historischen

Kontext des NS-Terrors. Dieser Schwerpunkt schließt auch das Herstellen von Bezügen zu aktuellen Fällen von Menschenrechtsverletzungen ein. Der zweite Schwerpunkt zielt einerseits auf die Fähigkeit, das gegenwärtige Erscheinungsbild zu dekonstruieren, um die Entwicklung bzw. Überformung des Ortes zu einer Gedenkstätte für Opfer der NS-Verbrechen zu verstehen. Andererseits sollen die verschiedenen Quellen und Überreste auch dazu dienen, die Vergangenheit des Ortes zu rekonstruieren, um dadurch den Wert authentischer Quellen und Überreste zu erkennen. Besucherorientierung zielt darauf, die Programme an der Heterogenität (z. B. Bildungskontexte, Vorstellungen etc.) der Besuchergruppen zu orientieren und ihnen gleichzeitig die Beurteilung der Vergangenheit des Ortes und des NS-Terrors vor dem Hintergrund demokratischer Werte zu ermöglichen (ebd., S. 120–123; Eberle o. J.). In der Gedenkstätte Flossenbürg steht die Vermittlung bzw. multiperspektivische Aneignung der spezifischen Ortsgeschichte im Kontext des NS-Terrors durch Rekonstruktion mithilfe der vorhandenen Quellen und Überreste im Zentrum (Eberle 2008, S. 132–134).

Die Studie von Helen Esther Zumpe (2012) erforscht sowohl aus theoretischer wie auch aus empirischer Perspektive die Verbindungen zwischen Gedenkstättenpädagogik und Menschenrechtsbildung. In diesem Zusammenhang analysiert die Autorin auch die konzeptionelle Gestaltung von Tagesveranstaltungen an den Gedenkstätten Osthofen und Sachsenhausen, erhebt diese aber im Gegensatz zu Anette Eberle sowohl mithilfe offizieller Dokumente der Gedenkstätten als auch durch Experteninterviews mit Pädagogen der Lernorte. Die erhobenen Daten werden mit einem codierenden Verfahren ausgewertet (ebd., S. 10, 240–243). Damit gelingt es Zumpe nicht nur, die offiziellen Konzeptionen zu erfassen, sondern auch die Vorstellungen der Pädagogen zu Zielen, Inhalten und Methoden der Bildungsveranstaltungen zu berücksichtigen. Das pädagogische Konzept der Tagesveranstaltungen der Gedenkstätte Osthofen zielt auf einen empathischen Zugang zu den Opfern, aber auch auf die Auseinandersetzung mit Tätern, was besonders die Arbeit mit Biografien ermöglicht. Dieses Ziel erweitern die Pädagogen teils individuell, indem sie auch die Biografien von nicht direkt tatbeteiligten Zuschauern hinzuziehen, um dem Mythos von unwissenden Bürgern entgegenzuwirken. Hier zeigt sich auch die individuelle Auslegung bzw. Korrektur von Zielvorgaben durch Pädagogen. Weitere Ziele bestehen darin, das Verstehen der Strukturen und Ursachen des Nationalsozialismus zu ermöglichen und einen Transfer zwischen der Vergangenheit und aktuellen moralischen oder politischen Fragen der Gegenwart zu ermöglichen, wobei die Pädagogen letzteres in ihrer Arbeit nur bedingt umgesetzt sehen. Ziele, die nur die befragten Pädagogen nennen, beziehen sich auf das Verdeutlichen von Ausgrenzungsmechanismen, die positive Wahrnehmung und Bewältigung von Konflikten oder das Erfahren von Selbstwirksamkeit. In methodischer und medialer Hinsicht beginnen die Tagesveranstaltungen mit einer Einführung, die Präkonzepte der Teilnehmer zu Konzentrationslagern erfasst, woran der Einsatz weiterer Methoden und Medien wie bspw. Vortrag oder Film zur Gedenkstätte anschließen kann. Zu den weiteren Phasen zählen Geländerundgang, Erschließen der Ausstellung und Arbeit in Kleingruppen an verschiedenen Themen. Letztere verbinden verschiedene Methoden (z. B. Quellenarbeit, Rollenspiel, Recherche, kreatives Schreiben) mit unterschiedlichen Inhalten (z. B. Opfer- und Täterbiografien, literarische Verarbeitung der NS-Verbrechen, Entstehung und Entwicklung der Gedenkstätte oder Widerstand gegen das NS-System) (ebd., S. 248–258). Die Tagesveranstaltungen der Gedenkstätte Sachsenhausen folgen der Autorin nach keinem klar konturierten pädagogischen Konzept. Dennoch zeigen sich Prinzipien wie Teilnehmerorientierung oder offenes und entdeckendes Lernen, ein allgemeiner Ablauf für Tagesveranstaltungen (Einstieg, Vertiefung, Auswertung), verschiedene thematische Schwerpunkte (z. B. jüdische Häftlinge, Lageralltag, Medizin, Kinder- und Jugendliche etc.) sowie Methoden und Medien (z. B. Quellenarbeit, Geländegang, Film, Zeitzeugengespräch, kreative Methoden) in Veröffentlichungen der Gedenkstätte. Die Pädagogen stellen in den Interviews ihre eigenen Bildungsziele heraus und verweisen dabei darauf, dass die Vermittlung der Ortsgeschichte und deren Kontext besondere Bedeutung einnehme (z. B. Ursachen der Entstehung des NS-Systems und der Lager). Nachrangig seien auch die Auseinandersetzung mit Motiven der Täter und die Entwicklung eines empathischen Zugangs zu Opfern relevant. Das Herstellen von Bezügen zu aktuellen gesellschaftlichen Problemen wird für möglich gehalten, wenngleich die Pädagogen dies selten explizit versuchen und es eher der Verantwortung der Besucher überlassen (ebd., S. 300–309).

Ähnlich arbeiten Jana Jelitzki und Mirko Wetzel (2010), die in ihrer Studie den Umgang der Gedenkstätten Ravensbrück und Neuengamme mit Täterinnen und Tätern untersuchen. Sie führen ebenfalls offene, leitfadengestützte Experteninterviews mit an der Konzeption der Bildungsangebote beteiligten Pädagogen der beiden Gedenkstätten durch, die nach einem codierenden Verfahren ausgewertet werden (ebd., S. 15, 137–139). Dadurch können mithilfe der Studie auch Aussagen zu den Vorstellungen der befragten Pädagogen zur Konzeption der Bildungsangebote getroffen werden, die sich aber kaum von den Ergebnissen Zumpes unterscheiden. Auch hier steht jeweils die Auseinandersetzung mit der spezifischen Ortsgeschichte anhand von Quellen und Überresten im Kontext des NS-Systems im Mittelpunkt. Bezüge zwischen der Vergangenheit des Ortes und aktuellen gesellschaftlichen Problemen, z. B. in Form von Ausgrenzung und Diskriminierung, werden auch hier für möglich gehalten. Während der Pädagoge in

Ravensbrück dies jedoch der Verantwortung der Besucher überlässt, tendiert der Mitarbeiter der Gedenkstätte Neuengamme dazu, entsprechende Bezüge direkt anzusprechen (ebd., S. 176–198).

Die bisher betrachteten Studien analysieren vor allem offizielle Dokumente und Vorstellungen der Pädagogen. Eigene Forschungsergebnisse (Moritz 2013) im Rahmen einer Untersuchung zur politischen Bildung an einer Thüringer Gedenkstätte ergänzen diese Datenlage hinsichtlich der Praxis von Bildungsangeboten. In dieser Studie wurden verschiedene, mehrtägige Besucherprogramme an der Gedenkstätte Buchenwald beobachtet und die dabei entstandenen Beobachtungsprotokolle anschließend in Anlehnung an die Qualitative Inhaltsanalyse nach Mayring (2010) ausgewertet, um wesentliche Merkmale der beobachteten Programme in Form von Kategorien herauszuarbeiten (ebd., S. 22–31). Allerdings unterscheiden sich die Ergebnisse, unabhängig von dem Fokus auf Praxis, kaum von den bisherigen. Ein deutlicher Schwerpunkt liegt auch hier in der Auseinandersetzung mit der Ortsgeschichte in Form der Rekonstruktion der Vergangenheit durch die Analyse von Quellen und Überresten. Dies trägt in methodischer Hinsicht auch dazu bei, individuelle historische Sinnbildungen der Teilnehmer über den Ort anzustoßen. Gleichfalls zeigt die Praxis der Programme auch Situationen, die das Überdenken bestehender und mitunter wenig differenzierter Vorstellungen zu Konzentrationslagern initiieren sollen. Dazu zählen etwa die Beschreibung der Veränderung des Ortes von einem Waldstück zu einem der größten Konzentrationslager im nationalsozialistischen Deutschland oder die Darstellung der Mehrdimensionalität des Ortes – etwa in Form der Vielfalt von Lebensbedingungen der Häftlinge in unterschiedlichen Lagerabschnitten oder Arbeitskommandos. Die Praxis lässt auch Situationen erkennen, in denen ein Bezug des Ortes zur Gegenwart hergestellt wird. Diese gehen von der Auseinandersetzung mit der rassistischen NS-Ideologie, welche die Ungleichwertigkeit von Menschen propagiert, und deren Folgen in Form von Ausgrenzung und Vernichtung so genannter minderwertiger Geschöpfe aus. Dadurch erfolgt zunächst die Sinnbildung über das Handeln der Täter, das aus der Gegenwart heraus nur schwer nachvollziehbar ist. Gleichzeitig baut darauf das Ziel der Pädagogen auf, dafür zu sensibilisieren, dass Versatzstücke dieser Ideologie beispielsweise in Form von Ausgrenzung und Diskriminierung bis in die Gegenwart existieren und Demokratie und Menschenrechte als Gegenentwürfe gefährden. An diesem Punkt versuchen die Programme, den Teilnehmern Orientierung für gegenwärtiges und zukünftiges Handeln zu vermitteln, überlassen die Internalisierung dieses Anliegens aber den Teilnehmern selbst. Neben den genannten Aspekten sprachen die Pädagogen in den Programmen mehrfach, im Vergleich zu anderen Themen aber eher selten, gedenkstätteninterne Entscheidungen zur Errichtung neuer Erinnerungsstätten an. Dabei handelt es sich um Situationen, in denen verbindliche Regelungen innerhalb der Institution getroffen werden. Diese Regelungen resultieren mitunter aus geschichtspolitischen Diskursen zur Erinnerungswürdigkeit bestimmter Personen oder Ereignisse, in welche die Gedenkstätte damit eingebettet wird (ebd., S. 52–64). Diese Kategorien verweisen auf Inhalte mit höherer politischer Bedeutung, da die verbindliche Regelung von geschichtspolitischen Auseinandersetzungen im Fokus steht.

Im Vergleich der betrachteten Studien treten einige Gemeinsamkeiten auf unterschiedlichen Ebenen hervor. In offiziellen Leitlinien und Veröffentlichungen der Orte, in den Vorstellungen der Pädagogen sowie in der Praxis der Gedenkstättenpädagogik zeigen sich an unterschiedlichen Gedenkstätten und über einen Zeitraum von etwa 25 Jahren ähnliche Konzepte hinsichtlich zentraler Ziele und Prinzipien gedenkstättenpädagogischer Bildungsprogramme. Dazu zählen besonders die Auseinandersetzung mit der spezifischen Ortsgeschichte im historischen Kontext, das Herstellen aktualisierender Bezüge hinsichtlich der Gefährdung von Demokratie und Menschenrechten, das empathische Hineinversetzen in die Opfer und die Auseinandersetzung mit der Täterposition, das Einwirken auf historische Sinnbildungen über den Ort sowie Prinzipien wie Teilnehmerorientierung, entdeckendes Lernen und Medienvielfalt. Auch wenn mithilfe der oben betrachteten Studien keine repräsentativen Aussagen über Bildungsangebote an NS-Gedenkstätten getroffen werden können, so liefern sie doch wichtige Anhaltspunkte, die auf ein gemeinsam geteiltes Verständnis gedenkstättenpädagogischer Arbeit hinsichtlich zentraler Ziele und Prinzipien historisch-politischer Bildung an den Lernorten hinweisen. Ein Blick auf die in der gedenkstättenpädagogischen Forschungsliteratur diskutierten Zielvorstellungen im folgenden Kapitel bestätigt die festgestellten Anzeichen.

2.2   Die Ziele historisch-politischer Bildung im gedenkstättenpädagogischen Diskurs

Obwohl eine Vielzahl von Einflüssen auf die pädagogische Arbeit an NS-Gedenkstätten existiert, besteht innerhalb der gedenkstättenpädagogischen Literatur der Konsens, die Bildungsarbeit am Ort in das Feld historisch-politischer Bildung einzuordnen (z. B. Rathenow und Weber 1995, S. 13 f.; Scheurich 2010, S. 433; Kaiser und Rinke 2015, S. 146 f.). Die weitere Konkretisierung der Bildungsarbeit an den Gedenkstätten ergibt sich dann aus den Zielen, die in der Forschungsliteratur diskutiert werden. Auch wenn die Bezeichnungen und Differenzierungen der Ziele bei den einzelnen Autoren mitunter leicht variieren, so lassen sich doch die folgenden Intentionen als Konsens herausstellen:

- *Wissen und Vorstellungen über den Ort im historischen Kontext vermitteln und bearbeiten*
  Dieses Ziel beinhaltet die Vermittlung von bzw. die Beschäftigung mit der ortsspezifischen Vergangenheit und dem zugehörigen historischen Kontext. Dabei knüpft Gedenkstättenpädagogik an das Wissen und die Vorstellungen der Besucher an. (Scheurich 2010, S. 435; Pampel 2007, S. 54 f.; Zumpe 2012, S. 69 f.)

- *Förderung des Geschichtsbewusstseins*
  Geschichtsbewusstsein bezeichnet eine geistige Struktur, die der Entwicklung sinnhafter Beziehungen zwischen den Zeitebenen Vergangenheit, Gegenwart und Zukunft dient. Ausgehend von gegenwärtigen Orientierungsproblemen wird Vergangenheit gedeutet und mit künftigen Erwartungen in Beziehung gesetzt. Dadurch entstehen gegenwarts- und zukunftsbezogene Vergangenheitsvorstellungen, die im Geschichtsbewusstsein aufgehoben sind und den Konstruktionscharakter von Geschichte unterstreichen (Pandel 2013, S. 135; Schönemann 2009, S. 12 f.; Lange 2004, S. 21). Die Entwicklung entsprechender Vorstellungen fällt auch in den Zielbereich der Gedenkstättenpädagogik. Schließlich sollen die Besucher einerseits dazu ermuntert werden, den Ort vor dem Hintergrund von Gegenwartsproblemen selbst zu deuten. Andererseits schließt das Ziel auch ein, eigene und fremde Vergangenheitsvorstellungen über den Ort zu erkennen und zu hinterfragen. (Scheurich 2010, S. 435; Pampel 2007, S. 55, 57 f.; Zumpe 2012, S. 70)

- *Empathischer Zugang zu den Opfern*
  Hier steht das zeitlich begrenzte Hineinversetzen in die Lage der Opfer und mitunter auch in die Lebenswelt der Täter, bei gleichzeitigem Bewusstsein für den Unterschied zur eigenen, gegenwärtigen Lebenssituation, im Fokus. (Scheurich 2010, S. 435; Pampel 2007, S. 55–57; Zumpe 2012, S. 71).

- *politische Bildung (aktualisierende Auseinandersetzung, Stärkung demokratischer Orientierungen, Handeln)*
  Aus Sicht der Gedenkstättenpädagogik bezieht sich die politische Dimension historisch-politischer Bildung auf die Förderung der normativen Orientierung der Besucher an Demokratie und Menschenrechten. Der Ort dient hierbei nicht zum direkten Einüben von Einstellungen und Verhaltensweisen. Vielmehr besteht das Ziel darin, durch die Auseinandersetzung mit Diskriminierungs- und Ausgrenzungsprozessen der Vergangenheit sowie deren Folgen am historischen Ort das Bewusstsein für gegenwärtige Gefährdungen von Demokratie und Menschenrechten zu schärfen. Letzteres soll orientierend auf die Handlungsfähigkeit der Besucher wirken und ggf. auch politisches Handeln begünstigen. (Scheurich 2010, S. 435; Pampel 2007, S. 59 f.; Zumpe 2012, S. 70).

Der Forschungsdiskurs bestätigt die aus den o. g. Studien rekonstruierten Ziele Auseinandersetzung mit der Ortgeschichte, Empathie für Opfer entwickeln und Auseinandersetzung mit der Täterposition sowie das Herstellen aktualisierender Bezüge hinsichtlich der Gefährdung von Demokratie und Menschenrechten. Auch die Förderung und Entwicklung von Geschichtsbewusstsein deuten die Studien mit Situationen, die das Überdenken bestehender und wenig differenzierter Vorstellungen zu Konzentrationslagern initiieren sollen, als Intention an. Da die Ergebnisse der Studien zur Praxis historisch-politischer Bildung und die in der Forschungsliteratur diskutierten Zielvorstellungen weitgehend übereinstimmen, können sie mithin als Kern historisch-politischer Bildung an Gedenkstätten angenommen werden. Dieser Kern wird im folgenden Kapitel aus politikdidaktischer Perspektive reflektiert.

3   Politikdidaktische Reflexion

Die politikdidaktische Reflexion zentraler Ziele und Prinzipien gedenkstättenpädagogischer Arbeit bedarf einer Theorie über das Verhältnis historischer und politischer Bildung, die es ermöglicht, den Kern beider Fächer zu unterscheiden. Einen Entwurf, der dies leistet, hat Dirk Lange (2004) vorgelegt. Um das Politische näher zu bestimmen, definiert Lange zunächst Politik als: „dasjenige soziale Handeln [...], welches an der Hervorbringung allgemein bindende [sic] Regelungen beteiligt ist. Politik transformiert Interessendiversität in allgemeine Verbindlichkeit." (ebd. 2004, S. 40). Damit greift Lange einen Politikbegriff auf, der innerhalb der Politikdidaktik – unabhängig von verschiedenen Politikvorstellungen – als Konsens gilt, um das Spezifische der Domäne zu beschreiben. Das beweist allein schon die Tatsache, dass weitere Politikdidaktiker die verbindliche Regelung des menschlichen Zusammenlebens als Politikbegriff teilen (so etwa Sutor 1984, S. 62 f.; Sander 2008, S. 66; Detjen 2007, S. 26; GPJE 2004, S. 10). Zur Bestimmung des Verhältnisses von historischem und politischem Lernen zieht Lange darüber hinaus die Kategorie *Bewusstsein* heran und fokussiert damit auf jene kognitiven Strukturen, in denen solche komplexen individuellen Vorstellungen von Wirklichkeit entwickelt und gespeichert werden, die alltägliches Handeln orientieren (Lange 2004, S. 11 f.). Ausgehend von einer analytischen Betrachtung von Geschichts- und Politikbewusstsein entwickelt der Autor dann die Kategorie historisch-politisches Bewusstsein, in der beide Disziplinen unmittelbar aufeinander verwiesen sind, nicht aber ineinander aufgehen.

Unter Geschichtsbewusstsein versteht Lange (ebd., S. 21) „eine mentale Struktur, durch die Vergangenheitserinnerung mit Sinnbezügen zur gegenwärtigen

Problembewältigung aufgeladen werden." Aus dieser Definition ergibt sich die zentrale Funktion des Geschichtsbewusstseins, die darin besteht, den Zusammenhang zwischen unterschiedlichen Zeitebenen in einen sinnhaften Zusammenhang zu stellen. Es dient der Verarbeitung zeitlicher Kontingenz und basiert deswegen auf einem gegenwärtigen Orientierungsproblem, das es zu bearbeiten gilt, um momentanes und zukünftiges Handeln zu ermöglichen. Weiterhin entwickelt sich historisches Bewusstsein durch Erzählen. Als Ergebnis entsteht eine Narration. Darin bildet sich ein sinnvoller Zusammenhang zwischen differenten und kontingenten Erinnerungen an Vergangenheit ab, der orientierend für Gegenwart und Zukunft wirkt. Deswegen versucht Geschichte, aus der Perspektive der Gegenwart durch Narrationen zeitliche Sinnzusammenhänge deutend herzustellen, woraus schlussendlich Vorstellungen über Vergangenheit als individuelle Konstruktionen resultieren (ebd., S. 20–24). Folglich müssen historische Lernprozesse darauf zielen, in Form von Narrationen Sinnbildungen über die Zeitebenen Vergangenheit, Gegenwart und Zukunft zu generieren, um gegenwärtiges und zukünftiges Handeln zu orientieren.

Demgegenüber steht das politische Bewusstsein. Lange leitet es vom oben geschilderten Politikbegriff – Herstellung allgemeiner, verbindlicher Regeln in sozialen Gruppen – ab. Politisches Bewusstsein bezeichnet deswegen die subjektiven Vorstellungen von Menschen über den durch Interessengegensätze gekennzeichneten Prozess der Herstellung kollektiv verbindlicher Regelungen. Folglich entwickelt und beinhaltet es politische Herrschaftsvorstellungen, die darauf fokussieren, wie die Herstellung allgemein verbindlicher Regeln ablaufen soll (z. B. demokratisch, autoritär etc.). Die Herausbildung des Politikbewusstseins erscheint deshalb notwendig, weil sich Menschen permanent im Konflikt zwischen Selbstverwirklichung einerseits und der Einbindung in bestehende Herrschaftsstrukturen in Form von Regeln und Institutionen sozialer Gruppen andererseits befinden. Das Bedürfnis nach Durchsetzung eigener Interessen stößt hier durch Konfrontation mit den Interessen anderer Gruppenmitglieder und bestehenden Herrschaftsstrukturen an Grenzen. Das Politikbewusstsein wirkt in dieser Situation orientierend und bearbeitet damit den Konflikt, weil es Vorstellungen legitimer und – damit verbunden – illegitimer Regelungsprozesse (bzw. Herrschaftsstrukturen) aufbaut. Folglich hilft es dem Einzelnen dabei, den Prozess der Herstellung verbindlicher Regelungen in einer Gruppe anzuerkennen oder abzulehnen und sich dementsprechend in den Herrschaftsmodus der Gruppe einzubinden oder eben nicht. Allerdings muss das Politikbewusstsein als individuelle mentale Struktur nicht mit tatsächlich gegebenen politischen Verhältnissen übereinstimmen (ebd., S. 42–44). Für politische Lernprozesse resultiert daraus, die Auseinandersetzung mit Situationen anzubieten, in denen allgemein verbindliche Entscheidungen hergestellt werden.

Kritische Analyse und Beurteilung ermöglicht den Lernenden dann Anerkennung
oder Ablehnung der jeweils getroffenen Entscheidung und des Entscheidungspro-
zesses und damit die Entwicklung von Politikvorstellungen (ebd., S. 324, 326 f.).
Beide Bewusstseinsarten korrelieren in Form von politikgeschichtlichem und
geschichtspolitischem Bewusstsein im historisch-politischen Bewusstsein. Das
politikgeschichtliche Bewusstsein dient dazu, gegenwärtige und zukünftige Herr-
schafts- und Machtverhältnisse durch Einbettung in eine Narration zu legitimieren. Dafür kann die Deutung des Grundgesetzes als Lehre aus dem Scheitern der
Weimarer Republik als Beispiel gelten. Dabei steht die Verzeitlichung aktueller
politischer Verhältnisse im Mittelpunkt, weshalb die Perspektive historisch orientiert ist. Im Gegensatz dazu steht das geschichtspolitische Bewusstsein. Es entwickelt Vorstellungen darüber, wie eine Narration zu einer allgemein verbindlichen
Vergangenheitsdeutung durchgesetzt wird. Im Fokus steht dabei die Legitimation
eines politischen Prozesses. Politik und Geschichte hängen letztlich zusammen,
weil historische Bezüge aktuelle politische Verhältnisse legitimieren und Narrationen als verbindliche Deutungen von Vergangenheit in einer Gruppe durchgesetzt werden (ebd., S. 54–56). Dennoch bleiben beide Bewusstseinsarten im Kern
eigenständig, da entweder das Entwickeln einer Narration oder die Anerkennung
eines Regelungsprozesses im Fokus steht.

Für die Reflexion der zentralen Prinzipien und Ziele historisch-politischer Bildung am Lernort NS-Gedenkstätte ergibt sich deshalb die Frage, inwiefern sie
eher die Ausprägung des historischen oder die des politischen Bewusstseins als
Zielhorizont fokussieren und damit geeignete Situationen für historisches oder
aber politisches Lernen anvisieren. Betrachtet man die oben herausgearbeiteten
Ziele und Prinzipien gedenkstättenpädagogischer Konzeptionen unter dieser Fragestellung, ergibt sich folgendes Bild.

Einen besonders hohen Stellenwert nehmen Vermittlung und Aneignung der
spezifischen Ortsgeschichte im historischen Kontext des NS-Systems ein. Aus
den einzelnen Studien geht hervor, dass dafür auch die Analyse von Quellen und
Überresten herangezogen wird. Deswegen fokussiert dieses Ziel auf historisches
Lernen. Im Mittelpunkt steht schließlich die Rekonstruktion des historischen
Ortes und der dort stattgefundenen Ereignisse. Folglich sollen Besucher aus
der Gegenwartsperspektive heraus eine Vorstellung von der Vergangenheit des
Ortes entwickeln. Eine enge Verbindung zur Vermittlung und Aneignung der
Ortgeschichte weist die Förderung von Geschichtsbewusstsein auf, da Prozesse
der Rekonstruktion von Vergangenheit als relevant für die Herausbildung von
Geschichtsbewusstsein gelten (Schreiber 2006, S. 13–16). Dieses Ziel zeigt sich
besonders in der Studie des Autors zur Praxis der Gedenkstättenpädagogik in

Situationen, die dazu dienen, historische Sinnbildungen über den Ort zu irritieren. Nicht nur der Bezeichnung nach steht hier historisches Lernen im Fokus, schließlich sollen ausgehend von einem Orientierungsproblem die unterschiedlichen Zeitebenen Vergangenheit, Gegenwart und Zukunft in Form einer Narration zu einer sinnvollen Deutung verbunden werden. Neben der Entwicklung und Reflexion eigener Vergangenheitsdeutungen erlangt hier auch die kritische Analyse fremder Deutungen Relevanz. Ebenso lassen sich das Entwickeln von Empathie für die Opfer sowie die Auseinandersetzung mit der Lebenswelt der Täter eher dem historischen als dem politischen Lernen zuordnen. Vor allem diejenigen Studien, die auch über Zielvorstellungen der Pädagogen Auskunft geben, verweisen auf diese Intention. Dieses Ziel betont die Differenz zwischen der gegenwärtigen Lebenswelt der Besucher und den Lebensumständen von Opfern und Tätern in der Vergangenheit. Dabei erfolgt auf der kognitiven Ebene aus der Gegenwartsperspektive heraus die Rekonstruktion von Vergangenheit. Daraus resultiert schließlich die Entwicklung individueller Konstruktionen über die Lebensumstände der Opfer und das Handeln der Täter.

Die aktualisierende Auseinandersetzung mit Vergangenheit zur Stärkung der normativen Orientierung an Demokratie und Menschenrechten weist einen klaren Bezug zur Förderung politikgeschichtlichen Bewusstseins auf. Hier handelt es sich aus Sicht der Gedenkstättenpädagogik um den Kern politischer Bildung am Ort. Alle oben betrachteten Studien unterstreichen die Relevanz dieser Intention. Durch den Fokus auf politikgeschichtliches Lernen stehen historische Lernprozesse im Mittelpunkt. Die Auseinandersetzung mit Diskriminierungs- und Ausgrenzungsprozessen der Vergangenheit soll das Bewusstsein für gegenwärtige Gefährdungen von Demokratie und Menschenrechten schärfen und damit auch Handeln orientieren. Dahinter verbirgt sich zunächst die Entwicklung einer Narration der Kontinuität von Diskriminierung und Ausgrenzung. Vergangenheit wird hier genutzt, um aktuelle gesellschaftliche Zustände kritisch zu reflektieren und dadurch Demokratie und Menschenrechte als leitende Prinzipien bzw. Orientierung gegenwärtigen und zukünftigen Handelns zu legitimieren. Wenngleich die Entwicklung einer Narration dabei im Zentrum steht, verweist die legitimierende Funktion der Geschichte auf die politische Bedeutung dieses Ziels, weshalb hier auch politische Sinnbildungsprozesse angestoßen werden.

Prinzipien wie Teilnehmerorientierung, entdeckendes Lernen oder Methoden- und Medienvielfalt, die sich in den Studien zeigen, stehen in keinem unmittelbaren Zusammenhang zur Initiierung historischer oder politischer Lernprozesse. Sie lassen sich als allgemeindidaktische Prinzipien einordnen, die in jeder Domäne angewendet werden können.

4 Konsequenzen und Anregungen für politische Bildung an NS-Gedenkstätten

Die Ziele und Prinzipien, die sich in Kap. 2 als besonders relevant für historisch-politische Bildung am Lernort NS-Gedenkstätte herausgestellt haben, fokussieren vor allem auf die Initiierung historischer Lernprozesse und die Förderung eines entsprechenden Bewusstseins. Gleichwohl visieren die Bildungsangebote mit politikgeschichtlichem Lernen, das einen hohen Stellenwert einnimmt, auch politische Lernprozesse an. Da dabei auch gerade die normative Orientierung an Demokratie und Menschenrechten gefördert werden soll, was ebenso in den Zielhorizont politischer Bildung fällt (z. B. Reinhardt 2009, S. 17 f.), können die Programme nicht als unpolitisch bezeichnet werden. Gleichwohl erfassen die Ziele und Prinzipien die Förderung politischer Lernprozesse nicht im vollen Umfang. Schließlich spielt die Auseinandersetzung mit Situationen, in denen allgemein verbindliche Entscheidungen hergestellt werden, sowie deren kritische Analyse und Beurteilung eine untergeordnete Rolle. Hinweise darauf ließen sich nur in der Studie des Autors zur Praxis von Bildungsangeboten finden. Es handelt sich dabei um Situationen, in denen gedenkstätteninterne Entscheidungen zur Errichtung neuer Erinnerungsorte angesprochen werden, die in geschichtspolitische Diskurse zur Erinnerungswürdigkeit bestimmter Personen oder Gruppen eingebettet sind. Hier steht die verbindliche Regelung von Vergangenheitsdeutung im Fokus. Daraus folgt für den Lernort NS-Gedenkstätte, geschichtspolitische Kontroversen und Probleme, die vor Ort Relevanz erlangen, stärker in den Fokus zu rücken. Durch die Auseinandersetzung mit entsprechenden Gegenständen kann der Umgang mit Vergangenheitsdeutungen als interessengeleiteter politischer Prozess erkannt werden. Da sich auch Lernende für eine mündige Teilhabe an Geschichtspolitik in solchen Situationen begründet positionieren müssen, tragen eine kritische Analyse und Beurteilung auch dazu bei, die Prozesse und durchgesetzten Deutungen anzuerkennen oder ihnen die Legitimität ggf. zu entziehen (Lange 2006, S. 15 f.).

Abschließend stellt sich noch die Frage, wie geschichtspolitische Kontroversen und Probleme stärker in die Praxis gedenkstättenpädagogischer Arbeit integriert werden können. Mögliche Antworten können hier nur angedeutet werden. Als Gegenstand eignet sich die Diskussion um die Errichtung neuer oder die Erhaltung bereits bestehender Gedenksteine, Denk- und Mahnmale oder Erinnerungsstätten. Schließlich handelt es sich dabei um reale Entscheidungssituationen in der Gedenkstätte, die außerdem auf gesellschaftliche Erinnerungsdiskurse verweisen, in denen die Frage nach der Erinnerungswürdigkeit im größeren Rahmen erörtert und geregelt wird. Mitunter stellen neue Denk- und Mahnmale das

Ergebnis einer solchen Auseinandersetzung dar. Weiterhin bleibt die Gedenkstätte als Lernort relevant, weil die Anschauung neuer Mahnmale, die Betrachtung der Gegebenheiten ihrer Errichtung, die Auseinandersetzung mit Experten und Entscheidungsbedingungen etc. nur vor Ort möglich ist. Thematisch kommt in besonderer Weise die Auseinandersetzung mit Häftlingsgruppen wie zur sexuellen Zwangsarbeit gezwungene Frauen, so genannte „Asoziale" oder „Homosexuelle" infrage. Diese Gruppen eint, dass sie über lange Zeit als Opfer des NS-System marginalisiert wurden und damit nicht als erinnerungswürdig galten (Scheurich 1998, S. 27; Sommer 2009, S. 15–18). Folglich besteht am Ort mitunter noch Regelungsbedarf im Hinblick auf die Errichtung eines gesonderten Erinnerungsortes für diese Gruppen, was als Ausgangspunkt für stärker geschichtspolitische orientierte Bildungsangebote genutzt werden kann. Aber auch andere Themen wie etwa der Umgang mit der doppelten Vergangenheit einiger Orte als Konzentrationslager und sowjetisches Speziallager eignen sich dafür.

Literatur

Detjen, Joachim. 2007. *Politische Bildung. Geschichte und Gegenwart in Deutschland.* München: Oldenbourg.

Eberle, Annette. 2008. *Pädagogik und Gedenkkultur. Bildungsarbeit an NS-Gedenkorten zwischen Wissensvermittlung, Opfergedenken und Menschenrechtserziehung: Praxisfelder, Konzepte und Methoden in Bayern.* Würzburg: Ergon.

Eberle, Annette. o. J. Pädagogik als Projekt. Gedenkstättenrundbrief 122. http://www.gedenkstaettenforum.de/nc/gedenkstaetten-rundbrief/rundbrief/news/paedagogik_als_projekt/. Zugriff am 19. September 2016.

GPJE (Hrsg.). 2004. *Nationale Bildungsstandards für den Fachunterricht in der Politischen Bildung an Schulen. Ein Entwurf.* Schwalbach/ Ts.: Wochenschau.

Jelitzki, Jana und Mirko Wetzel. 2010. *Über Täter und Täterinnen sprechen. Nationalsozialistische Täterschaft in der pädagogischen Arbeit von KZ-Gedenkstätten.* Berlin: Metropol.

Kaiser, Wolf und Kuno Rinke. 2015. Zum Verhältnis von historischer und politischer Bildung in Gedenkstätten für die Opfer des Nationalsozialismus. In *Gedenkstättenpädagogik. Kontext, Theorie und Praxis der Bildungsarbeit zu NS-Verbrechen,* hrsg. E. Grylglewski, V. Haug, G. Kößler, T. Lutz und C. Schikorra, 147–165. Berlin: Metropol.

Knigge, Volkhard. 1999. *Tatort-Leidensort-Friedhof-Gedenkstätte-Museum. Notizen für eine Gedenkstättenarbeit der Zukunft.* Kassel: Kurhessische Gesellschaft für Kunst und Wissenschaft e.V.

Körber, Andreas. 2004. Der Abgrund im Bindestrich? – Überlegungen zum Verhältnis von historischem und politischem Lernen. sowi-online. http://www.sowi-online.de/reader/historische_politische_bildung/koerber_andreas_2004_abgrund_bindestrich_ueberlegungen_zum_verhaeltnis_von_historischem_politischem.html. Zugriff am 19. September 2016.

Lange, Dirk. 2004. *Historisch-politische Didaktik. Zur Begründung historisch-politischen Lernens.* Schwalbach/ Ts.: Wochenschau.

Lange, Dirk. 2006. Politische Bildung an historischen Orten. Vorüberlegungen für eine Didaktik des Erinnerns. In: *Politische Bildung an historischen Orten. Materialien zur Didaktik des Erinnerns*, hrsg. D. Lange, 9–19. Hohengehren: Schneider.

Lange, Dirk. 2014. Historisches Lernen als Dimension politischer Bildung. In: *Handbuch politische Bildung*, hrsg. W. Sander, 321–328. Bonn: BpB.

Lehrke, Gisela. 1988. *Gedenkstätten für Opfer des Nationalsozialismus. Historisch-politische Bildung an Orten des Widerstands und der Verfolgung*. Frankfurt/M. und New York: Campus.

Mayring, Philipp. 2010. *Qualitative Inhaltsanalyse. Grundlagen und Techniken*. 11., akt. u. überarb. Aufl. Weinheim und Basel: Beltz.

Moritz, Benjamin. 2013. *Die NS-Gedenkstätte als außerschulischer Lernort für die politische Bildung*. Jena: unveröffentlichte Examensarbeit.

Pampel, Bert. 2007. *"Mit eigenen Augen sehen, wozu der Mensch fähig ist". Zur Wirkung von Gedenkstätten auf ihre Besucher*. Frankfurt/M. und New York: Campus Verlag.

Pandel, Hans-Jürgen. 2013. *Geschichtsdidaktik. Eine Theorie für die Praxis*. Schwalbach/Ts.: Wochenschau.

Rathenow, Hanns-Fred und Norbert H. Weber. 1995. Gedenkstättenbesuche im historisch-politischen Unterricht. In: *Praxis der Gedenkstättenpädagogik. Erfahrungen und Perspektiven*, hrsg. A. Ehmann, W. Kaiser, T. Lutz, H.-F. Rathenow, C. vom Stein und N. Weber, 12–37. Opladen Leske+Budrich.

Reinhardt, Sibylle. 2009. *Politik-Didaktik. Praxishandbuch für die Sekundarstufe I und II*. 3. Aufl. Berlin: Cornelsen.

Sander, Wolfgang. 2008. *Politik entdecken – Freiheit leben. Didaktische Grundlagen politischer Bildung*. 3., durchges. Aufl. Schwalbach/Ts.: Wochenschau.

Scheurich, Imke. 1998. *Aktuelle Aufgaben, Möglichkeiten und Grenzen historisch-politischer Bildung in KZ-Gedenkstätten*. Berlin: unveröffentlichte Diplomarbeit.

Scheurich, Imke. 2010. Historisch-politische Bildung in NS-Gedenkstätten und Gesellschaftskritik. In: *Kritische politische Bildung. Ein Handbuch*, hrsg. B. Lösch und A. Thimmel, 433–442. Schwalbach/Ts.: Wochenschau.

Schönemann, Bernd. 2009. Geschichtsdidaktik, Geschichtskultur, Geschichtswissenschaft. In: *Geschichts-Didaktik. Praxishandbuch für die Sekundarstufe I und II*. 4. Aufl., hrsg. H. Günther-Arndt, 11–22. Berlin: Cornelsen.

Schörken, Rolf. 1999. Kooperation von Geschichts- und Politikunterricht. In: *Handbuch zur politischen Bildung*, hrsg W. Mickel, 629–634. Bonn: BpB.

Schreiber, Waltraud. 2006. Basisbeitrag: Mit Geschichte umgehen lernen – Historische Kompetenz aufbauen. In: *Durchblicken. Dekonstruktion von Schulbüchern*. 2., überarb. u. akt. Aufl., hrsg. W. Schreiber und S. Mebus, 8–20. Neuried: ars una.

Sommer, Robert. 2009. *Das KZ-Bordell. Sexuelle Zwangsarbeit in nationalsozialistischen Konzentrationslagern*. Paderborn: Schöningh.

Sutor, Bernhard. 1984. *Neue Grundlegung politischer Bildung. Politikbegriff und politische Anthropologie*. Bd. 1. Paderborn: Schöningh.

Zumpe, Helen Esther. 2012. *Menschenrechtsbildung in der Gedenkstätte. Eine empirische Studie zur Bildungsarbeit in NS-Gedenkstätten*. Schwalbach/Ts.: Wochenschau.

Außerschulische politische Lernorte – Amerikaner in Berlin

Ingo Juchler

Der Besuch von außerschulischen Lernorten wird in den Curricula der Bundesländer allenthalben als pädagogisch fruchtbar dargestellt. Entsprechend sind die Lehrkräfte verschiedener Fächer aufgefordert, mit ihren Schülerinnen und Schülern Exkursionen zu außerschulischen Lernorten vorzunehmen. Für die Domäne der politischen Bildung gelten als klassische außerschulische Lernorte etwa Bürgermeisterämter in den Gemeinden, Landtage, der Bundestag und das Europäische Parlament in Brüssel und Straßburg.

Im vorliegenden Beitrag werden nun außerschulische politische Lernorte in Berlin vorgestellt, die mit Handlungen von amerikanischen Persönlichkeiten verbunden sind. Dabei lassen sich jeweils die politische Biografie der Personen sowie der zeithistorische Kontext ihrer Aktivitäten im Zusammenhang mit der Örtlichkeit in Berlin vorstellen. Durch die Verknüpfung von realen, handelnden Personen mit konkreten Örtlichkeiten, die aufgesucht und an denen Aktivitäten entfaltet werden können, vermögen die Schülerinnen und Schüler die zu vermittelnden politischen und zeitgeschichtlichen Inhalte nachhaltiger im Gedächtnis zu verankern als durch die unterrichtliche Rezeption von Sachtexten.

I. Juchler (✉)
Potsdam, Deutschland
E-Mail: juchler@uni-potsdam.de

© Springer Fachmedien Wiesbaden GmbH, ein Teil von Springer Nature 2018   137
C. Deichmann und M. Partetzke (Hrsg.), *Schulische und*
außerschulische politische Bildung, Politische Bildung,
https://doi.org/10.1007/978-3-658-20618-5_9

1   Außerschulische Lernorte

Der Besuch von außerschulischen politischen Lernorten gehört heute zu den unbestrittenen didaktischen Momenten sowohl der schulischen wie der non-formalen politischen Bildung.[1] Außerschulische politische Lernorte weisen eine lange pädagogische Tradition auf. Sie wurzeln in der Theorie und Praxis der Reformpädagogik zu Beginn des 20. Jahrhunderts, für deren Ausprägung mit dezidiert gesellschaftlichem Bezug die Entwicklung der Berliner Schulreform in der Zeit der Weimarer Republik gelten kann. So war etwa das pädagogische Bemühen von Fritz Karsen am Kaiser-Friedrich-Realgymnasium (später Karl-Marx-Schule) in Berlin-Neukölln auf die Ausprägung eines demokratischen Bewusstseins bei den Schülerinnen und Schülern gerichtet, wozu auch Studienfahrten zur Vermittlung gesellschaftlicher Bildung im weitesten Sinne vorgenommen wurden (vgl. Radde 1973, S. 125 ff.). Diese Fahrten beinhalteten insbesondere auch sozialwissenschaftliche und allgemein kulturgeschichtliche Schwerpunktsetzungen.

Heute ist der Besuch außerschulischer historisch-politischer Lernorte in den Lehr- und Bildungsplänen nahezu aller Bundesländer Schulstufen und Schularten übergreifend verankert. Gleichwohl wird deren Besuch in der unterrichtlichen Praxis zugunsten des fachlichen Regelunterrichts im Klassenzimmer oftmals hintangestellt bzw. völlig unterlassen. Um diesem Desiderat nachzukommen, werden im Folgenden zusammenfassend die didaktischen Momente der Fachlichkeit, Interdisziplinarität, Authentizität, Multiperspektivität und Selbsttätigkeit vorgestellt, welche den Besuch außerschulischer Lernorte in besonderer Weise auszeichnen.

1.1   Fachlichkeit und Interdisziplinarität

In außerschulischen historisch-politischen Lernorten können die fachlichen Inhalte des Geschichts- und Politikunterrichts in besonderer Weise veranschaulicht und vertieft werden. Darüber hinaus sind hier auch in besonderer Weise Möglichkeiten zum interdisziplinären Arbeiten in Projekten geboten. Lernen findet heute in der

---

[1]Im Folgenden stütze ich mich insbesondere auf Ingo Juchler: Außerschulische Lernorte in interdisziplinären Projekten am Beispiel des Bundesfinanzministerium. In: Ingo Juchler (Hrsg.): Projekte in der politischen Bildung. Bonn: Bundeszentrale für politische Bildung (2013, S. 217–231).

Schule vornehmlich in einzelnen Fächern statt. Dieser Fächerkanon ist historisch gewachsen und ermöglicht der Institution Schule die Ordnung und Strukturierung von Kenntnissen und Erfahrungen aus domänenspezifischen Wissensbereichen. Zugleich bedingt diese Einteilung aber auch eine arbiträre Trennung von lebensweltlichen Zusammenhängen, die im schulischen Kontext nur sehr selten, etwa bei fächerübergreifenden Projektarbeiten, wieder aufgehoben wird. Die Entwicklung einer pädagogisch wünschenswerten „ganzheitlichen Weltsicht" (Deichmann 2001, S. 8) durch die Schülerinnen und Schüler wird im ausdifferenzierten fachlichen Regelunterricht zumindest erschwert, wenn nicht gänzlich verhindert. Durch den Besuch eines außerschulischen Lernorts im Rahmen eines fächerübergreifenden Projekts können die fachspezifischen Kenntnisse in Verknüpfung mit Gegenständen anderer Domänen vermittelt werden. Diese Verflechtung von politischen, historischen, wirtschaftlichen, rechtlichen, religiösen und anderen Themen bei der Vorbereitung, dem Besuch eines außerschulischen Lernorts und dessen Nachbereitung ermöglicht ein ganzheitliches Lernen und Verstehen der Geschichte und des Politischen.

1.2   Authentizität

Die Durchführung eines fächerübergreifenden Projekts zum Besuch eines außerschulischen Lernortes ermöglicht situiertes Lernen an einer authentischen historischen respektive politischen Stätte, wo realiter ein zeitgeschichtliches und politisches Geschehen stattfand bzw. stattfindet. Diese historisch-politischen Stätten zeichnen sich durch eine ihnen eigne Aura aus, die von den Besucherinnen und Besuchern sinnlich erfahren werden kann. Dadurch kann das Lernen an diesen Orten in besonderer Weise anschaulich erfolgen und zu einer Erfahrung werden, welche mit vielen Sinnen wahrgenommen wird: Die Architektur der Stätte und der mit dieser verbundene Symbolgehalt können visuell erfasst, ertastet und erfühlt werden. Die Besucherinnen und Besucher können dabei einen Eindruck davon erhalten, wie sich der zeithistorische Kontext sowie der spezifische politische Wille in der Materialität der Architektur ausdrücken und eine besondere Ausstrahlung des Ortes bewirken.

Der authentische Lernort vermag über die fachliche und interdisziplinäre Wissensvermittlung hinaus Wahrnehmungen zu vermitteln, welche von den Sinnen erschlossen werden und Emotionen ansprechen. Diese sinnlich affizierten Erfahrungen können zusammen mit dem kognitiv erworbenen Wissen zu einem umfassenderen Erkenntnisprozess der Besucherinnen und Besucher des Lernortes

führen. Aufgrund der sinnlich-emotionalen Erfahrungen, die mit dem Erkenntnisprozess verknüpft sind, kann dieser Erfahrungszuwachs nachhaltiger sein als nur
rezeptiv im schulischen Politikunterricht gewonnene Erkenntnisse.

1.3   Multiperspektivität

Eng verbunden mit dem fächerübergreifenden Zugang bei dem Besuch außerschulischer Lernorte und den spezifischen Möglichkeiten des Erkenntnisgewinns
in Kontexten authentischer politisch-historischer Stätten ist das didaktische
Moment des multiperspektivischen Lernens. Die Besucherinnen und Besucher
politisch-historischer Stätten können die dort zutage tretenden unterschiedlichen Perspektiven der jeweiligen historischen oder heutigen politischen Akteure
erfahren. Außerschulische politische Lernorte können auf diese Weise der Auf-
forderung Walter Benjamins nachkommen, „die Geschichte gegen den Strich zu
bürsten" (Benjamin 1978, S. 83).

Die Erfahrung von und reflexive Auseinandersetzung mit unterschiedlichen
Perspektiven bietet den Besucherinnen und Besuchern außerschulischer Lernorte die Möglichkeit der Bildung eines eigenständigen politischen Urteils über
die jeweils infrage stehenden politischen Gegenstände. Außerschulische politische Lernorte eröffnen im Hinblick auf die Ausbildung politischer Urteilsfähigkeit vielfältige Sichtweisen und Chancen zur Reflexion derselben. Ein politisches
Urteil qualifiziert sich gerade durch die Berücksichtigung von Perspektiven und
Interessen anderer: „Das politische Urteilen eines Individuums behält somit zum
einen den Charakter der Eigenständigkeit, zum anderen ist es durch die Einbeziehung der politischen Perspektiven anderer nicht länger nur subjektiv auf die
eigene Interessenlage bezogen. Darüber hinaus erkennt das Individuum durch die
Einbeziehung der Sichtweise des oder der Anderen die Perspektivität des eigenen
politischen Urteils an." (Juchler 2012, S. 20). Die Ausbildung eines eigenständigen politischen Urteils, das sich durch die Reflexion der Sichtweisen anderer qualifiziert, kann durch die spezifischen Möglichkeiten des selbsttätigen Lernens an
außerschulischen Lernorten in besonderer Weise gefördert werden.

1.4   Selbsttätigkeit

Der Besuch von außerschulischen Lernorten fordert den Besucherinnen und Besuchern eine grundsätzlich neugierige, offene und investigative Haltung ab. Diese
Haltung kann dazu motivieren, die jeweilige Stätte des konkreten politischen

respektive historischen Geschehens eigenständig zu erkunden, zu entdecken und zu untersuchen. Im Unterschied zu dem im schulischen Unterricht oftmals vorherrschenden rezeptiven Lernen können an außerschulischen Lernorten vielfach selbsttätig Erkenntnisse gewonnen und Bildungsprozesse angestoßen werden.

Darüber hinaus bietet der Besuch außerschulischer authentischer Stätten eine besondere Möglichkeit des forschenden Lernens zu selbstständig entwickelten Fragestellungen. Die Besucherinnen und Besucher können durch ihre selbstbestimmte und selbsttätige Vorgehensweise an außerschulischen politischen Lernorten zu einem erfahrungsbasierten Erkenntnisgewinn gelangen, was nicht zuletzt ihr Verständnis von Geschichte und des Politischen vertieft und ihre Fähigkeit zu selbstständigem Denken und Handeln fördert.

2   Der biografische Ansatz

Die Auseinandersetzung mit Biografien ermöglicht in der historisch-politischen Bildung einen individualisierenden Zugang zu geschichtlichen wie politischen Gegenständen. War die Biografik in der Geschichtswissenschaft während der zweiten Hälfte des 19. bis Mitte des 20. Jahrhunderts eine in hohem Maße anerkannte Methode zur Erlangung historischer Erkenntnisse, so geriet diese Form der Geschichtsschreibung im Theoriediskurs der 1960er Jahre zusehends in die Kritik. Gleichwohl ist seit den 1980er Jahren wiederum eine verstärkte Hinwendung zur Biografik zu verzeichnen. Inzwischen gilt der methodische Zugang über Biografien in der Geschichtswissenschaft neben anderen Zugängen wie etwa dem strukturhistorischen als ebenbürtig.

Gleiches ist für die Geschichts- wie für die Politikdidaktik festzustellen: Biografien stellen geschichts- und politikdidaktische Medien dar, die für die Auseinandersetzung mit historisch-politischen Gegenständen methodische Zugänge bieten (vgl. Sauer und Bühl-Gramer 2014; Partetzke 2016). Im Folgenden seien einige didaktische Vorzüge der Arbeit mit und an Biografien kursorisch vorgestellt:

Die Auseinandersetzung mit Biografien in der historisch-politischen Bildung

- ermöglicht die Beschäftigung mit handelnden und fühlenden Subjekten in der jeweiligen politisch-historischen Wirklichkeit,
- ruft Emotionen hervor und erfordert Empathie sowie Perspektivübernahmen,
- erfordert die Reflexion über das Handeln der Subjekte im jeweiligen politisch-historischen Kontext,
- bietet die Möglichkeit der kritischen Urteilsbildung über die infrage stehenden Gegenstände.

Darüber hinaus lädt die Beschäftigung mit Biografien des deutschen Widerstands im Nationalsozialismus – unter Umständen – zur Identifikation mit den
handelnden Subjekten ein. Damit ist auch die Möglichkeit verknüpft, die eigenen Wertmaßstäbe zu überprüfen. Schließlich kann an Biografien des deutschen
Widerstands gelernt werden, dass das Handeln von einzelnen Menschen auch
unter extrem widrigen politischen Umständen durchaus bedeutsam sein und
etwas bewirken kann.

3   Amerikaner in Berlin

Amerikaner und Berlin – das lässt zunächst an die amerikanische Besatzung, an
die Luftbrücke und den Besuch von Präsident John F. Kennedy denken.[2] Aber
auch an die Amerika-Gedenkbibliothek, die Freie Universität und die Studenten-
proteste gegen den Vietnamkrieg. Doch das Verhältnis zwischen Amerikanern und
der deutschen Hauptstadt ist weitaus vielfältiger. Amerikaner in Berlin – das ist
die Geschichte einer fruchtbaren Beziehung, die schon seit mehr als zweihundert
Jahren besteht. Sie begann mit der Geburtsstunde der amerikanischen Demokratie
im Jahre 1776. Kurz nach der Unabhängigkeitserklärung gegenüber der Koloni-
almacht Großbritannien schickten die Aufständischen Gesandte nach Berlin. Sie
sollten sich um Handelsbeziehungen mit Preußen bemühen. Seitdem besuchen
immer neue Generationen von Amerikanern Berlin und prägen das politische,
gesellschaftliche und kulturelle Leben mit. Im Folgenden werden einige amerikanische Persönlichkeiten und ihr Wirken in Berlin exemplarisch vorgestellt.

3.1   Sam Wooding (1895–1985) – Admiralspalast

Friedrichstraße 101–102, 10117 Berlin.
    Nach dem Ende des Ersten Weltkrieges waren die Zeiten in Berlin alles andere
als rosig. Und für einen großen Teil der Berliner Bevölkerung blieben die Lebensumstände auch in den 1920er-Jahren hart. Dennoch wurde diese Zeit als die Gol-
denen Zwanziger bekannt. Gemeint sind vor allem die Jahre des wirtschaftlichen
Aufschwungs von 1924 bis zum Beginn der Weltwirtschaftskrise 1929. Das Berliner Nachtleben war stark von amerikanischer Musik geprägt. Bereits zu Kaisers

---

[2]Im Folgenden stütze ich mich insbesondere auf Ingo Juchler: Amerikaner in Berlin. Der
historische Reiseführer. Berlin: Ch. Links, 2016.

Zeiten waren die ersten Musik- und Tanzgruppen mit amerikanischen Künstlern nach Berlin gelangt. Sie präsentierten Gospelgesänge, Ragtime und den Cakewalk. In den 1920er-Jahren hielt der Jazz Einzug in der Reichshauptstadt. Jazz wurde hier sowohl von afroamerikanischen Bands als auch von weißen Amerikanern aufgeführt.

Mit den Auftritten von Sam Wooding und dem Show- und Tanztheater Chocolate Kiddies erreichte die afroamerikanische Musik- und Tanzkultur in Berlin erstmals ein breites Publikum: Der von Sam Wooding gespielte Jazz und die Aufführungen der Chocolate Kiddies – einer Gruppe von Sängerinnen, Tänzerinnen und Komikern unter der Leitung der ebenso berühmten Mary Wigman – begeisterten die Berliner. Artur Michel schreibt dazu am 23. Juli 1925 in der Vossischen Zeitung:

> Jetzt reisen sie wieder weg von Berlin, die „Chocolate Kiddies". Habt Ihr sie auch alle gesehen? Gewarnt seien nur Ballettaugen und Brahmsohren! [...] Aber was uns schließlich am stärksten überrascht, ist nicht die urwaldhafte Ursprünglichkeit, ist nicht die Unerschöpflichkeit des Könnens, sondern die alles durchdringende und formende, noch im wüstesten Geplärr des Orchesters, im heftigsten Gekreisch der Tänzerinnen, in der bizarrsten Groteskkomik der Akrobaten sich durchsetzende aparte, herbe, spritzige Grazie einer angeblich ‚tieferstehenden‘ Menschenrasse.

Sam Wooding hatte zu Beginn der 1920er-Jahre in einigen Big Bands in den USA gespielt, bevor er 1925 zu einer Europatournee aufbrach. In Berlin trat er mit den Chocolate Kiddies im Admiralspalast auf.

Der Admiralspalast war ursprünglich als Vergnügungsstätte mit Badeanstalt, Eislaufbahn und Gaststätten 1910 unweit des Bahnhofs Friedrichstraße errichtet worden. In den 1920er-Jahren zu einem Revuetheater mit über 1000 Zuschauerplätzen umgebaut, wurde der Admiralspalast zu einer zentralen Spielstätte für Musik-, Tanz- und Varietéaufführungen. Heute sind im Admiralspalast eine große Bühne für Musikveranstaltungen und Shows, ein Studio von radioeins des RBB sowie gastronomische Betriebe zu finden.

Bis zur Machtübernahme der Nationalsozialisten gab Sam Wooding zahlreiche weitere Gastspiele in Berlin und nahm mit seinem Orchester (vgl. Abb. 1) mehrere Stücke auf Schallplatte auf. Doch die Begeisterung für den amerikanischen Jazz war auch in der Reichshauptstadt nicht ungeteilt. So hieß es in einem Lied des Kabarettisten und Sängers Otto Reutter von 1927: „Jazzband-Kapellen gibt's jetzt überall. So'n Brummen Summen ist nicht mein Fall. Die Herrn Neger machen uns was weiß; nach ihrem Radau da dreh'n wir uns im Kreis und das Gejazze ne'n ma dann Musik."

Abb. 1 Sam Wooding (in der Mitte sitzend) und sein Orchester in Berlin, 1925. (Wikimedia Commons/Vox Phonograph Studio, Berlin)

3.2   Josephine Baker (1906–1975) – Nelson Theater/ Modegeschäft

Kurfürstendamm 217, 10719 Berlin.

Josephine Bakers Tanzvorführungen im Berlin der Zwanziger Jahre sind legendär. Harry Graf Kessler beschreibt eine Vorstellung von ihr in der Wohnung Karl Vollmoellers am Pariser Platz in seiner Tagebuchnotiz vom 13. Februar 1926:

> Die Baker tanzte mit äusserster Groteskkunst und Stilreinheit; wie eine ägyptische oder archaische Figur, die Akrobatik triebe, ohne je aus ihrem Stil herauszufallen. So müssen die Tänzerinnen Salomos und Tutankhamons getanzt haben. Sie tut das stundenlang scheinbar ohne Ermüdung, immer neue Figuren erfindend, wie im Spiel, wie ein glückliches Kind. Sie wird dabei nicht einmal warm, sondern behält eine frische, kühle, trockene Haut. Ein bezauberndes Wesen, aber fast ganz unerotisch. Man denkt bei ihr an Erotik ebensowenig wie bei einem schönen Raubtier.

Die in St. Louis geborene Tänzerin, Sängerin und Schauspielerin begann im Alter von 16 Jahren ihre Karriere bei Revueauftritten. Durch Vermittlung des Schriftstellers Karl Vollmoeller trat Josephine Baker 1925 in Paris auf und gastierte am

14. Januar 1926 im Berliner Nelson Theater mit ihrer La Revue Nègre erstmals in Deutschland. Der Pianist und Komponist Rudolf Nelson betrieb seit 1921 das Nelson Theater in einem 1894/1895 nach Plänen von Heinrich Seeling errichteten repräsentativen Mietshaus in Charlottenburg. Das Theater war im Berlin der 1920er Jahre eine Institution.

Die Auftritte der Afroamerikanerin Josephine Baker (vgl. Abb. 2) im Bananenröckchen wurden in Berlin zum Ereignis. Auch löste sie durch ihren Charleston-Tanz, der bis dato in Deutschland nicht bekannt war, ein regelrechtes Tanzfieber aus. Josephine Baker wurde in Berlin als „schwarze Venus" gefeiert – und von Max Reinhardt für einen längeren Aufenthalt an einer der von ihm geleiteten Berliner Bühnen umworben.

Abb. 2 Josephine Baker, 1927. (Wikimedia Commons/French Walery)

Doch Josephine Baker war nicht nur auf der Bühne engagiert: Im Zweiten Weltkrieg beteiligte sie sich in Frankreich in der Résistance und seit den
1950er-Jahren unterstützte sie aktiv die Bürgerrechtsbewegung in den Vereinigten Staaten. Beim March on Washington for Jobs and Freedom 1963, wo Martin
Luther King seine antirassistische Vision *I have a dream* vortrug, hielt Josephine
Baker gleichfalls eine Rede.

3.3   Mildred Harnack (1902–1943) – Gefängnis und Hinrichtungsstätte Plötzensee/Gedenkstätte Plötzensee

Hüttigpfad, 13627 Berlin; www.gedenkstaette-ploetzensee.de.

Mildred Fish wurde am 16. September 1902 in Milwaukee (Wisconsin) geboren. Nach ihrem Highschool-Abschluss in Georgetown (Washington, D.C.) stu-
dierte sie an der University of Wisconsin in Madison Literaturwissenschaften.
Sie wollte nach dem Studium Schriftstellerin und Literaturkritikern werden. Als
junge Literaturdozentin an der Universität in Madison lernte Mildred Fish 1926
Arvid Harnack kennen. Harnack entstammte einer alten deutschen Gelehrtenfa-
milie und war mit einem Rockefeller-Stipendium nach Madison gekommen um
Nationalökonomie zu studieren. Mildred und Arvid heirateten noch im gleichen
Jahr. Sie waren beide in intellektuellen Zirkeln der University of Wisconsin aktiv
und engagierten sich 1927 gegen die Hinrichtung der italienischstämmigen Anar-
chisten Nicola Sacco und Bartolomeo Vanzetti. 1929 zogen Arvid und Mildred
Harnack nach Deutschland, wo sie zunächst in Gießen und Jena und ab 1930 in
Berlin lebten.

Während Arvid im Reichswirtschaftsministerium arbeitete, führte Mildred
Harnack (vgl. Abb. 3) ihre Studien zur amerikanischen Literatur fort, promovierte
in Amerikanistik an der Universität Gießen und publizierte über Nathaniel Haw-
thorne, Thornton Wilder, Thomas Wolfe und William Faulkner. Daneben lehrte
sie an der Friedrich-Wilhelms-Universität amerikanische Literatur und unterrich-
tete seit 1932 am Berliner Abendgymnasium als Englischlehrerin. Schließlich
hielt Mildred Harnack auch zahlreiche Vorträge etwa an den Universitäten Gießen
und Marburg, der Deutschen Hochschule für Politik sowie im American Women's
Club, übersetzte englischsprachige Literatur und war als Verlagslektorin für amerikanische Literatur bei Rütten & Loening tätig. Mildred Harnack war eine engagierte Vermittlerin der amerikanischen Literatur und Kultur in Deutschland.

Die Harnacks pflegten in Berlin gute Kontakte zur amerikanischen Szene:
So nutzte Mildred die Bibliothek des Amerika-Instituts, nahm an Ausflügen der

Abb. 3 Mildred Harnack
um 1930. (© Privatbesitz/
Reproduktion Gedenkstätte
Deutscher Widerstand)

amerikanischen Studentenvereinigung teil und besuchte mit ihrem Mann Veranstaltungen der American Church in der Motzstraße. Der dortige Pfarrer Ewart
Turner führte in der Kirche auch Diskussionsveranstaltungen zu politischen Themen durch, sodass auf diesem Forum vielfach demokratische, monarchistische,
nationalistische und sozialistische Auffassungen aufeinandertrafen. Daneben
waren Arvid und Mildred Harnack mit dem amerikanischen Botschafter William
Dodd und seiner Familie bekannt. Zwischen Mildred und der 24jährigen Tochter
des Botschafters Martha entwickelte sich eine intensive Freundschaft. Als Martha
Dodd den amerikanischen Schriftsteller Thomas Wolfe anlässlich seines Berlin-
besuchs im Mai 1935 zu einer Teegesellschaft in die amerikanische Botschaft
einlud, waren auch Mildred Harnack und John Sieg zugegen. Mildred Harnack
veranlasste den Schriftsteller zu einer kritischen Hinterfragung der Herrschaft der
Nationalsozialisten.

Bereits kurz nach der Machtübernahme von Adolf Hitler am 30. Januar 1933
hatte sich um das Ehepaar Harnack ein Kreis von Freunden gebildet, der gegen
die Nazis opponierte. Dazu zählten der Schriftsteller Adam Kuckhoff und seine
Frau Greta, der frühere preußische Kultusminister Adolf Grimme sowie der

Schlosser Karl Behrens, ein Schüler Mildred Harnacks am Berliner Abendgymnasium. Sie konnte aufgrund ihrer Kontakte zur amerikanischen Botschaft ihren Schülern im nationalsozialistischen Deutschland ansonsten nicht zugängliche Informationen, Reden von Franklin D. Roosevelt und Darstellungen über den Spanischen Bürgerkrieg besorgen.

Im Verlaufe der Zeit erweiterte sich der Kreis oppositionell Gesinnter um Mildred und Arvid Harnack: Sie kamen mit Libertas und Harro Schulze-Boysen und deren Freundeskreis in Kontakt, wozu u. a. Günther Weisenborn, John Graudenz sowie Elisabeth und Kurt Schumacher zählen. Darüber hinaus gehörten dem Netzwerk u. a. Eva und John Rittmeister, Ursula Goetze, Werner Krauss, Hans Coppi und John Sieg an. Der Oppositionszirkel umfasste bis zu seiner Zerschlagung durch die Nationalsozialisten etwa 150 Personen verschiedenster Berufsgruppen, unterschiedlicher parteipolitischer Einstellungen und Konfessionen. Die Gruppe verfertigte oppositionelle Flugblätter und lieferte Informationen an die amerikanische Botschaft sowie an die Sowjetunion. So warnten etwa Harnack und Schulze-Boysen den sowjetischen Botschaftssekretär Alexander Korotkow vor dem bevorstehenden Angriff auf die Sowjetunion („Unternehmen Barbarossa"). Doch Josef Stalins Geheimdienstchef Lawrentij Berija nahm diese Warnung nicht ernst. Aufgrund von Funkkontakten des Netzwerkes zur Sowjetunion wurde die Gruppe von den Nationalsozialisten Rote Kapelle genannt – „rot" bezog sich auf deren linke Haltung und mit „Kapelle" wurden Funker assoziiert, die wie Pianisten in einer Kapelle spielen.

Nachdem es der Geheimen Staatspolizei (Gestapo) im August 1942 gelungen war, einen Funkspruch zu dechiffrieren, wurden zahlreiche Personen des Netzwerkes verhaftet. Darunter waren am 7. September 1942 auch Mildred und Arvid Harnack, die gerade in Ostpreußen Urlaub machten. Im Hausgefängnis der Gestapo-Zentrale (Prinz-Albrecht-Straße 8, heute Topographie des Terrors) wurden sie zum Teil unter Folter verhört. Zusammen mit anderen Mitgliedern der Roten Kapelle wurden Arvid und Mildred Harnack vor dem Reichskriegsgericht (heute ein Wohnhaus, Witzlebenstraße 4–10) der Prozess gemacht: Arvid Harnack, Harro Schulze-Boysen und andere wurden zum Tode verurteilt und am 22. Dezember 1942 im Strafgefängnis Berlin-Plötzensee hingerichtet. Mildred Harnack erhielt eine Zuchthausstraße über 6 Jahre, doch Hitler ließ das Urteil durch eine weitere Verhandlung aufheben, sodass sie schließlich auch zum Tode verurteilt wurde. Im Gefängnis übersetzte Mildred Harnack Gedichte von Johann Wolfgang von Goethe, am Tage ihrer Hinrichtung *Das Vermächtnis*. Am 16. Februar 1943 wurde Mildred Harnack in Plötzensee guillotiniert.

In den 1870er Jahren war nahe des Plötzensees (Wedding) im heutigen Berliner Bezirk Charlottenburg-Wilmersdorf eine Haftanstalt errichtet worden. Während der Herrschaft der Nationalsozialisten wurden hier Tausende Regimegegner ermordet, darunter Angehörige der „Roten Kapelle" und Beteiligte des Umsturzversuches vom 20. Juli 1944. In dem ehemaligen Hinrichtungsschuppen ist heute eine Gedenkstätte eingerichtet.

Mildred Harnack war die einzige amerikanische Zivilistin, die von den Nationalsozialisten hingerichtet wurde. Mildred Harnacks letzte Worte vor der Hinrichtung waren: „…und ich habe Deutschland so geliebt."

3.4 John Sieg (1903–1942) – Reichssicherheitshauptamt/Topographie des Terrors

Niederkirchnerstraße 8, 10963 Berlin; www.topographie.de.

John Sieg (vgl. Abb. 4) wurde als Sohn deutscher Einwanderer 1903 in Detroit geboren. Nach dem Tod seines Vaters kam er im Alter von 9 Jahren nach Deutschland, wo er bei seinem Großvater lebte. 1924 kehrte er auf Wunsch seiner Mutter nach Detroit zurück, wo er seinen Lebensunterhalt in den Autofabriken von Ford und Packard bestritt. Gemeinsam mit seiner späteren Frau Sophie reiste John Sieg schließlich 1928 wieder nach Deutschland und ging dort schriftstellerischen

Abb. 4 John Sieg, Sommer 1939. (© Privatbesitz/ Reproduktion Gedenkstätte Deutscher Widerstand)

Tätigkeiten, u. a. für die kommunistische *Rote Fahne* nach. Nach der Machtübernahme der Nationalsozialisten war Sieg für die illegale KPD in Neukölln aktiv. In
diesem Zusammenhang kam es auch zu einer Zusammenarbeit mit der Gruppe um
Arvid und Mildred Harnack. Sieg wurde am 11. Oktober 1942 bei seiner Arbeit
als Fahrdienstleiter am Bahnhof Tempelhof verhaftet und in die Zentrale der
Gestapo in der Prinz-Albrecht-Straße verbracht.

Die Gestapo war neben dem Sicherheitsdienst des Reichsführers SS ein Teil
des Reichssicherheitshauptamtes (RSHA). Das RSHA war kurz nach Beginn des
Zweiten Weltkrieges vom Reichsführer SS, Heinrich Himmler, gegründet worden. Es stellte die zentrale Behörde staatlicher Unterdrückung in Deutschland
dar. John Sieg wurde nach seiner Verbringung in das RSHA verhört und gefoltert.
Für den Fall seiner Verhaftung hatte er bereits zuvor gegenüber Freunden erklärt,
dass er sich selbst töten würde, um niemanden verraten zu müssen. Am 15. Oktober fand man John Sieg erhängt in seiner Zelle. Heute ist auf dem Gelände des
ehemaligen RSHAs die Dokumentations- und Erinnerungsstätte Topographie des
Terrors untergebracht.

3.5   Francis Gary Powers (1929–1977) – Glienicker Brücke

Es war ein Showdown wie im Film, allerdings ohne Publikum: Der Austausch
von Francis Powers gegen Rudolf Iwanowitsch Abel am 10. Februar 1962 auf der
damals abgeschieden gelegenen Glienicker Brücke im Südwesten Berlins. Zunächst
passierte Powers die auf der Mitte der Glienicker Brücke aufgetragene weiße Mar-
kierungslinie für die Grenze der Machtbereiche von Ost und West. Dann wurde
am Checkpoint Charlie der amerikanische Student Frederic Leroy Pryor von den
Sowjets an die Amerikaner übergeben. Und schließlich durfte auch Abel die weiße
Markierung auf der Glienicker Brücke überqueren. Wie war es zu diesem ersten
spektakulären Agentenaustausch gekommen? Der Pilot Francis Powers arbeitete für
die CIA und führte Aufklärungsflüge in einer U-2 durch. Dieses Flugzeug konnte bis
in 20.000 m Höhe fliegen und war damit für die bodengestützte Luftabwehr und für
Jagdflugzeuge kaum erreichbar. Am 1. Mai führte der 30-jährige US-Pilot von einem
Militärstützpunkt in Peshawar kommend einen Aufklärungsflug über der Sowjetunion durch. Dabei wurde er über dem Ural abgeschossen und gefangen genommen. Der Abschuss der U-2 löste große diplomatische Verwicklungen zwischen
den USA und der Sowjetunion aus. Zunächst erklärten die Vereinigten Staaten, bei
Powers' Einsatz habe es ich um einen Flug zur Wetteraufklärung gehandelt. Nachdem diese Version aufgrund des sowjetischen Beweismaterials nicht mehr zu halten
war, räumte der amerikanische Außenminister Christian Herter die Durchführung

der Spionageflüge ein. Als Reaktion auf den Spionageflug von Francis Powers sagte Nikita Chruschtschow den für Mitte Mai 1960 vorgesehenen Gipfel der Alliierten in Paris zur Klärung der Berlin-Frage ab. Powers wurde in der Sowjetunion der Prozess gemacht und für insgesamt 10 Jahre zu Gefängnis und Arbeitslager verurteilt. Doch lange musste der Pilot nicht „sitzen" – er wurde am 10. Februar 1962 gegen den in den USA inhaftierten Agenten Abel auf der Glienicker Brücke ausgetauscht.

Dieser Ort wurde ausgewählt, weil er relativ abgeschieden an der Südwestgrenze Berlins lag. Benannt nach dem benachbarten ehemaligen Gut Klein-Glienicke war hier in der zweiten Hälfte des 17. Jahrhunderts zur Überquerung der Havel eine Holzbrücke errichtet worden. Sie diente dem Adel als Verbindung zwischen den in Potsdam gelegenen Schlössern und dem Jagdrevier auf der Berlinischen Seite der Havel. Etwa einhundert Jahre später wurde eine neue Holzbrücke für den Verkehr von Postkutschen zwischen Berlin und Potsdam gebaut, die wiederum durch eine vom Architekten Karl Friedrich Schinkel entworfene steinerne Brücke in den 1830er Jahren ersetzt wurde. Schließlich erforderte die Eröffnung des Teltowkanals zwischen Klein Glienicke und Köpenick den Bau einer höheren Brücke für die motorisierte Schifffahrt. Die Brücke in Stahlträgerkonstruktion wurde 1907 fertiggestellt und dient auch heute noch dem Verkehr zwischen Berlin und Potsdam.

Die Begrüßung von Powers in den USA verlief allerdings recht kühl: In den US-Medien waren Vorwürfe laut geworden, Powers habe es versäumt, den Selbstzerstörungsmodus seiner U-2 nach dem Abschuss zu aktivieren, um auf diese Weise das Beweismaterial für die Spionagetätigkeit zu vernichten. Darüber hinaus wurde die Frage aufgeworfen, weshalb er das von der CIA zur optionalen Benutzung zur Verfügung gestellte Gift zum Selbstmord nicht benutzt habe. Powers musste sich in der Folge eine zivile Arbeitsstelle als Pilot suchen. 1977 verunglückte er tödlich bei einem Helikopterflug. Er wurde auf dem Militärfriedhof von Arlington beigesetzt und erhielt postum zahlreiche Ehrungen.

3.6   Frederic L. Pryor (*1933) – Untersuchungshaftanstalt des Ministeriums für Staatssicherheit/Gedenkstätte Hohenschönhausen

Genslerstraße 66, 13055 Berlin; www.stiftung-hsh.de.

Er war Teil des ersten Agentenaustauschs auf der Glienicker Brücke – und doch kein Agent: Frederic L. Pryor arbeitete von 1960–1961 an der FU Berlin für seine Dissertation an der Yale University. Im Sommer 1961 wurde er in Ostberlin von der Staatssicherheit verhaftet. Pryor hatte sich wissenschaftlich mit dem Außenhandelssystem der Ostblockstaaten unter besonderer Berücksichtigung der DDR beschäftigt. Für seine Studien führte er etwa 35 Interviews in Ostberlin durch. Am Abend des 25. August 1961 – knapp zwei Wochen nach dem Mauerbau – fuhr Pryor in seinem Karmann Ghia nach Ostberlin, um sich in der Sporthalle an der Stalinallee eine Rede von Walter Ulbricht zur Rechtfertigung des Mauerbaus anzuhören. Danach wollte er eine Frau aufsuchen, die er bereits für seine Dissertation kontaktiert hatte. Allerdings war sie einige Tage zuvor nach Westberlin geflohen – Pryor wurde von der Stasi wegen des Verdachts verhaftet, ihre Flucht unterstützt zu haben. Der Doktorand wurde in das Stasi-Untersuchungsgefängnis in Hohenschönhausen eingeliefert.

Die Lage dieses Gefängnisses unterlag äußerster Geheimhaltung und war in keinem Stadtplan verzeichnet. Das von der Stasi genutzte Gebäudeareal befindet sich auf einem ehemaligen Industriegelände, wo das sowjetische Volkskommissariat für innere Angelegenheiten (NKWD) von 1945–1951 ein *Speziallager* zur Verfolgung politisch missliebiger Personen errichtet hatte. Von 1951 bis zur Wende diente das Gebäudeensemble dem Unterdrückungsapparat der Stasi als zentrales Untersuchungsgefängnis. Hier waren die DDR-Regimekritiker, Künstler und Bürgerrechtler Rudolf Bahro, Ulrike Poppe, Wolfgang Harich, Jürgen Fuchs, Thomas Brasch, Bärbel Bohley, Vera Lengsfeld, Freya Klier und Stephan Krawzcyk u. v. m. inhaftiert.

Frederic L. Pryor war etwa ein halbes Jahr in Hohenschönhausen gefangen. Über seine dortigen Verhöre schreibt er später: „These where not the interrogation scenes out of Arthur Koestler's Darkness at Noon, where the prisoner and his interrogator spoke of Dostoevski; this was a prison run by bureaucrats, not philosophers." (Pryor 1994/95, S. 76). Am 20. Februar 1962 wurde Pryor am Sektorenübergang Checkpoint Charlie von den DDR-Behörden nach Westberlin abgeschoben: Seine Freilassung erfolgte im Zusammenhang mit dem Austausch des US-Piloten Francis Gary Powers und des sowjetischen Spions Rudolf Iwanowitsch Abel auf der Glienicker Brücke. Frederic L. Pryor schloss später seine Dissertation an der Yale University ab und wurde zu einem renommierten Professor für Wirtschaftswissenschaften.

3.7   John F. Kennedy (1917–1963) – Rathaus Schöneberg

John-F.-Kennedy-Platz, 10825 Berlin.

Der Besuch des amerikanischen Präsidenten John F. Kennedy und seine legendäre Rede am Schöneberger Rathaus gehören zu den herausragenden Ereignissen der Berliner Nachkriegszeit. Am 26. Juni 1963 hielt er vor mehreren hunderttausend

Berlinern eine Ansprache, die ein Bekenntnis zur Sicherung der Freiheit Westberlins durch die Amerikaner darstellte. Kennedy endete mit den Worten: „Alle freien Menschen, wo immer sie leben mögen, sind Bürger Berlins, und deshalb bin ich als freier Mensch stolz darauf, sagen zu können: ‚Ich bin ein Berliner!‘" Kennedy hatte für seinen Besuch in der Frontstadt Westberlin ein symbolträchtiges Datum gewählt – den Jahrestag des Beginns der Berliner Luftbrücke.

Auch der Ort seiner Rede vor der Berliner Bevölkerung war wohl bedacht: Das Rathaus Schöneberg war in Folge der Spaltung der Stadt in Ost und West 1948/1949 zum Sitz von Regierendem Bürgermeister, Senat und Abgeordnetenhaus des Westteils des Landes und der Stadt Berlin geworden. Hier hatte sich bereits am 24. Oktober 1950 ein symbolgeladenes Ereignis für die Beziehungen von Amerikanern und Berlinern abgespielt: Die Freiheitsglocke, eine Nachbildung der Liberty Bell von Philadelphia, läutete damals im Turm des Rathauses im Beisein von etwa 500.000 Menschen zum ersten Mal. Initiiert von Lucius Clay und finanziert durch Spenden von 16 Mio. Amerikanern war die Glocke nach einem *Crusade for Freedom* durch 26 Staaten der USA in die „Frontstadt" Berlin gelangt. Die Symbolik war eindeutig: die Freiheit des Westens gegen den Totalitarismus und Kommunismus im Osten.

Die Verbundenheit vieler Westberliner zu den USA als Schutzmacht für die Freiheit der Stadt und gegenüber John F. Kennedy als Person wurde nach dessen Ermordung am 22. November 1963 deutlich: Auf dem Platz vor dem Rathaus Schöneberg versammelten sich Tausende Berliner zu einer spontanen Trauerkundgebung. Drei Tage später wurde anlässlich der offiziellen Trauerfeier der Rudolph-Wilde-Platz in John-F.-Kennedy-Platz umbenannt.

3.8   Martin Luther King (1929–1968) – St. Marienkirche

Karl-Liebknecht-Straße 8, 10178 Berlin.

Martin Luther King verstand es Schranken zu überwinden und Getrenntes zusammenzuführen – auch in Berlin! Der afroamerikanische Bürgerrechtler besuchte vom 12.–13. September 1964 beide Seiten der geteilten Stadt. Der Regierende Bürgermeister von Berlin, Willy Brandt, hatte ihn 1961 auf einer USA-Reise kennengelernt. Er wurde daraufhin im Rahmen der Berliner Festspiele 1964 nach Berlin eingeladen, um in der Waldbühne zu predigen. King war in den USA national bekannt geworden durch die Organisation des Busboykotts von Montgomery: Im Dezember 1955 hatte sich dort Rosa Parks geweigert, ihren Sitzplatz zu verlassen und einen für Schwarze vorgesehenen Platz einzunehmen. Dieses Ereignis und der sich daran anschließende Busboykott waren der Beginn

einer breiten afroamerikanischen Bürgerrechtsbewegung in den Südstaaten, die
für das Ende der Rassentrennung in den USA eintrat. King wurde zum einflus-
sreichen Vorkämpfer des gewaltfreien Widerstands gegen die Segregation. Beim
March on Washington for Jobs and Freedom am 28. August 1963, an dem sich
etwa 250.000 Menschen beteiligt hatten, hielt King seine inzwischen legendär
gewordene Rede I Have a Dream.

Am 12. September 1964 landete King auf dem Flughafen Tempelhof. Sein
Besuchsprogramm war eng gestrickt: Nach einer Pressekonferenz besuchte er in
der Bernauer Straße die Mauer. Am 13. September ging er vormittags spontan zur
Stallschreiberstraße nach Kreuzberg. Dort hatte auf der anderen Seite der Mauer
der 21-jährige Michael Meyer am frühen Morgen versucht, die DDR-Grenz-
anlagen zu überwinden und nach Westberlin zu fliehen. Dabei wurde er von
DDR-Grenzsoldaten durch Schüsse verletzt, aber von einem amerikanischen
Militärpolizisten gerettet. King machte sich in der Stallschreiberstraße ein Bild
vom DDR-Grenzregime – er konnte in der Hausnummer 42 zahlreiche Einschuss-
löcher durch den Beschuss auf den „Republikflüchtling" sehen. Anschließend
nahm er an der Eröffnung der Berliner Festspiele in der Philharmonie teil, bei der
auch des ermordeten Präsidenten John F. Kennedy gedacht wurde. King bekam
die Ehrendoktorwürde der Kirchlichen Hochschule Berlin verliehen, trug sich im
Schöneberger Rathaus in das Goldene Buch der Stadt ein und hielt eine Predigt in
der Waldbühne.

Gegen Abend fuhr er zum Checkpoint Charlie, um über die Grenze nach Ostberlin zu einer Predigt in die St. Marienkirche zu gelangen. Propst Heinrich Grü-
ber, der während der Herrschaft der Nationalsozialisten erst dem Pfarrernotbund,
später der Bekennenden Kirche angehörte und von 1940–1943 in den KZs Sachsenhausen und Dachau inhaftiert war, hatte King zu einer Predigt eingeladen. Er
sympathisierte mit der afroamerikanischen Bürgerrechtsbewegung und war deshalb mit ihm in Kontakt getreten.

Die St. Marienkirche wurde um 1270 erbaut und war nach der Nikolaikirche
und der Franziskanerkirche die dritte Pfarrkirche der jungen Doppelstadt Berlin
und Cölln. In der Turmhalle der Marienkirche befindet sich ein Totentanzfresko,
das in den 1480er Jahren entstand. Vermutlich war es im Zuge des Bildersturms
der Reformationszeit übertüncht worden. Der Architekt Friedrich August Stüler
hatte das Totentanzfresko 1861 wiederentdeckt. Es zeigt Vertreter weltlicher und
geistlicher Stände im Tanz mit dem personifizierten Tod. In den darunter befind-
lichen Textversen, die die älteste Dichtung Berlins darstellen, bitten die Stände-
vertreter den Tod um Aufschub. Der Berliner Totentanz in der Marienkirche wird
derzeit restauriert.

Die staatlichen Behörden der DDR waren von dem geplanten Besuch Kings in
der Marienkirche offensichtlich nicht in Kenntnis gesetzt worden. Entsprechend

überrascht waren sie, als der afroamerikanische Bürgerrechtler am Abend des 13. September 1964 am Checkpoint Charlie nach Ostberlin einreisen wollte. Und dies auch noch ohne Reisepass: Die US-Behörden hatten seinen Pass einbehalten aus Sorge, der so charismatische wie kritische Prediger könnte in Ostberlin womöglich politisch Ungebührliches von sich geben. Doch die DDR-Grenzer entpuppten sich als Meister der Improvisation: Nachdem sie King erkannt und von höherer Stelle die Genehmigung erhalten hatten, konnte er den Checkpoint Charlie passieren, indem er sich mit seiner American Express-Kreditkarte auswies.

In der St. Marienkirche hielt King fast dieselbe Predigt wie tags zuvor in der Waldbühne (vgl. Abb. 5). Doch bekam sie nun einen anderen Tonfall, etwa wenn

Abb. 5 Martin Luther King, St. Marienkirche, 13. September 1964. (© Landesarchiv Berlin, F Rep. 290 Nr. 0100184/Fotograf: J: Jung)

er von der Befreiung der Unterdrückten sprach. Anschließend predigte King noch in der Sophienkirche. Seine Wirkung auf die Ostberliner Hörerschaft stellte der anwesende Journalist der Frankfurter Allgemeinen Zeitung, Dieter Hildebrandt, eindrücklich dar:

> Es war der Wunsch spürbar (und diese Spürbarkeit ist keine feuilletonistische Erfindung), einem Mann zu begegnen, der Revolution und Menschlichkeit verbindet, einem Führer, der auf Gewalt wie auf Ideologie verzichtet, einem Menschen von legendärem Ruf. Einem Amerikaner, der es sich erlauben kann, seine Predigt mit einem zweifachen Halleluja zu beenden, ohne sich dem Verdacht des Überschwänglichen, gar des Lächerlichen auszusetzen (Hildebrandt 1964).

Martin Luther King wurde im Dezember 1964 in Anerkennung seiner Verdienste um die afroamerikanische Bürgerrechtsbewegung der Friedensnobelpreis verliehen. In der Folgezeit engagierte er sich auch gegen den Krieg der USA in Vietnam. Am 4. April 1968 wurde Martin Luther King in Memphis (Tennessee) unter nie ganz geklärten Umständen erschossen. Am Ort des Attentats, dem Lorraine Motel, befindet sich heute das National Civil Rights Museum der USA.

3.9   Gretchen Dutschke (*1942) – Büro des Sozialistischen Deutschen Studentenbunds (SDS)/ Wohn- und Geschäftshaus

Kurfürstendamm 141, 10719 Berlin.

Sie standen im Zentrum der Studentenbewegung der 1960er-Jahre – Gretchen Dutschke, die Theologiestudentin aus Chicago, und ihr Mann Rudi Dutschke, die Leitfigur der Studentenbewegung aus dem brandenburgischen Luckenwalde. Gretchens Mann Rudi war im Westberliner SDS sehr aktiv und verlieh der außerparlamentarischen Opposition (APO) das Gesicht. Dies wurde ihm am 11. April 1968 zum Verhängnis, als der junge Rechtsradikale Josef Bachmann vor dem SDS-Büro auf dem Kurfürstendamm drei Schüsse auf ihn abfeuerte. Gretchen Klotz hatte ihre Heimat verlassen, um der „einschnürenden Enge von Familienmoral und Religion" zu entfliehen. Im Sommer 1964 gelangte sie nach Westberlin, wo sie in einem Café am Steinplatz Rudi Dutschke kennenlernte. 1966 heiratete das Paar. Gretchen und Rudi Dutschke engagierten sich beide im Sozialistischen Deutschen Studentenbund (SDS). Der SDS führte am 5. Februar 1966 in Westberlin die erste Demonstration gegen den Vietnamkrieg der USA durch. Dabei zeigte sich, wie sehr sich die Einstellung der Studenten seit dem Besuch

Abb. 6   Gretchen Dutschke, Kurfürstendamm 141, 2015. (© Ingo Juchler)

John F. Kennedys gewandelt hatte. War der amerikanische Präsident am 26. Juni 1963 vor dem Henry-Ford-Bau an der FU Berlin von den Studenten noch begeistert empfangen worden, so bewarfen die Studierenden zweieinhalb Jahre später die Fassade des Amerika Hauses mit Eiern und setzten die amerikanische Flagge

auf Halbmast. Die Unterstützung des diktatorischen Regimes in Südvietnam hatte
die Studenten gegen die Schutzmacht Berlins aufgebracht – der Vietnamkrieg
wurde zu einem maßgeblichen Faktor für die Entwicklung einer studentischen
Protestbewegung in Deutschland.

Das SDS-Büro auf dem Kurfürstendamm, wo sich Rudi und Gretchen
Dutschke ständig aufhielten, bildete die Zentrale für die studentischen Aktivitäten. Die Schüsse auf Rudi Dutschke lösten nicht allein in Westberlin und in der
Bundesrepublik Demonstrationen und Straßenschlachten aus. Solidaritätskundge-
bungen fanden auch in Paris, Mailand, London, New York, Toronto, Wien, Prag
und zahlreichen weiteren Städten statt.

1970 zogen Gretchen und Rudi Dutschke mit ihren Kindern Hosea Ché und
Polly Nicole nach Dänemark, wo Rudi Dutschke an der Universität Aarhus eine
Dozentenstelle angenommen hatte. 1979 ertrank Rudi Dutschke aufgrund von
Spätfolgen seiner Schussverletzung. Die Geburt seines Sohnes Marek konnte er
nicht mehr erleben. Gretchen Dutschke blieb noch bis 1985 in Dänemark, kehrte
dann in die USA zurück und lebt seit 2009 wieder in Berlin. Am Kurfürstendamm, wo das Attentat auf Rudi Dutschke durchgeführt wurde, befindet sich seit
1990 eine Gedenkplatte (vgl. Abb. 6).

Literatur

Benjamin, Walter. 1978. Geschichtsphilosophische Thesen. In: *Zur Kritik der Gewalt und
andere Aufsätze,* hrsg. W. Benjamin, 78–94. Frankfurt/M.: Suhrkamp.
Deichmann, Carl. 2001. *Fächerübergreifender Unterricht in der politischen Bildung.*
Schwalbach/Ts.: Wochenschau.
Hildebrandt, Dieter 1964. Auf jeder Seite der Mauer Gottes Kinder. In: *Frankfurter Allge-
meine Zeitung,* 15. September 1964.
Juchler, Ingo. 2012. Politisches Urteilen. *Zeitschrift für Didaktik der Gesellschaftswissen-
schaften* 3 (H. 2): 10–27.
Juchler, Ingo. 2013. Außerschulische Lernorte in interdisziplinären Projekten am Beispiel
des Bundesfinanzministerium. In: *Projekte in der politischen Bildung,* hrsg. I. Juchler,
217–231. Bonn: BpB.
Juchler, Ingo. 2016. *Amerikaner in Berlin. Ein historischer Reiseführer.* Berlin: Ch. Links.
Partetzke, Marc. 2016. *Von realen Leben und politischer Wirklichkeit. Grundlegung einer
biographiebasierten Politischen Bildung am Beispiel der DDR.* Wiesbaden: Springer VS.
Pryor, Frederic L. 1994/95. On Reading My Stasi Files. *National Interest* (H. 38): 74–82.
Radde, Gerd. 1973. *Fritz Karsen. Ein Berliner Schulreformer der Weimarer Zeit.* Berlin:
Colloquium.
Sauer, Michael und Charlotte Bühl-Gramer (Hrsg.). 2014. *Geschichtslernen in biographi-
scher Perspektive: Nachhaltigkeit – Entwicklung – Generationendifferenz.* Göttingen:
V&R unipress.

Politische Bildung in der Offenen Kinder- und Jugendarbeit: Erste Ergebnisse aus einem explorativen Forschungsprojekt

Stefanie Kessler

1 Einleitung

Im Diskurs in der und über die außerschulische(n) politische(n) Bildung hat die Offene Kinder- und Jugendarbeit[1] eine eher marginalisierte Position. Dabei hat sie im Rahmen des Kinder- und Jugendhilfegesetzes im Sozialgesetzbuch VIII einen gesetzlich verankerten Auftrag zur politischen Bildung, wonach

---

[1]Die Offene Kinder- und Jugendarbeit ist historisch nach dem zweiten Weltkrieg als Freizeitangebot für Kinder- und Jugendliche am Nachmittag entstanden (vgl. Deinet 2008, S. 467) und wird auch heute noch oft nur als solche wahrgenommen. Dabei war sie schon damals als Teil der amerikanischen Besatzungspolitik der „„Demokratisierung der Jugend' verpflichtet" (Hafeneger 2013, S. 38) und sollte „den Gefahren politischer Radikalisierung vorbeugen sowie einen Beitrag zur ‚Umerziehung zur Demokratie'" (ebd.) deutscher Kinder und Jugendlicher leisten.

S. Kessler (✉)
Suderburg, Deutschland
E-Mail: st.kessler@ostfalia.de

© Springer Fachmedien Wiesbaden GmbH, ein Teil von Springer Nature 2018   159
C. Deichmann und M. Partetzke (Hrsg.), *Schulische und außerschulische politische Bildung*, Politische Bildung, https://doi.org/10.1007/978-3-658-20618-5_10

jungen Menschen (…) die zur Förderung ihrer Entwicklung erforderlichen Angebote der Jugendarbeit zur Verfügung zu stellen [sind]. Sie sollen an den Interessen junger Menschen anknüpfen und von ihnen mitbestimmt und mitgestaltet werden, sie zur Selbstbestimmung befähigen und zu gesellschaftlicher Mitverantwortung und zu sozialem Engagement anregen und hinführen (§11 Kinder- und Jugendhilfegesetz, SGB VIII).

Auch wenn dieser Auftrag zu politischer Bildung in der Offenen Kinder- und Jugendarbeit, wie Scherr (2008, S. 169) anmerkt, längst nicht mehr „als genuin politische Praxis" verstanden wird[2], sondern eher als ein zusätzliches Angebot neben erzieherischen und sozialarbeiterischen Leistungen[3], so lassen sich doch, wie eine Onlinerecherche im Vorlauf zur Erhebung dieses Forschungsprojektes ergeben hat, durchaus Jugendzentren bzw. -clubs finden, die politische Bildung in ihrem Selbstbild verankert haben.

Ein Einblick in die Praxen politischer Bildung in der Offenen Kinder- und Jugendarbeit bietet die Chance zu lernen, wie hier mit Kindern und Jugendlichen gearbeitet wird, die mit klassischen Angeboten außerschulischer politischer

---

[2]Im Anschluss an die Studentenbewegung wurde Jugendarbeit als politische Praxis verstanden, die „auf eine Unterstützung der gesellschaftskritischen und gesellschaftsverändernden Impulse zielte" (Scherr 2008, S. 169; vgl. Kappeler 2012). Jugendarbeit wurde in diesem Sinne „als emanzipatorische, antikapitalistische und bedürfnisorientierte Jugendarbeit" (Scherr 2008, S. 169) verstanden, die zum Ziel hatte, politisierend auf Jugendliche einzuwirken. Parallel dazu entfaltete sich zu Beginn der 1970er Jahre die Jugendzentrumsbewegung (vgl. Hafeneger 2013, S. 42 f.; Kappeler 2012, S. 284 ff.), in der Jugendliche eigene Räume und Jugendzentren forderten, die sie selbst verwalten wollten. Die Idee war hierbei, selbst über Inhalte, Finanzen und die Einstellung hauptamtlicher Mitarbeiter/innen zu bestimmen sowie Freiräume für politisches Engagement zu schaffen. Hierin äußerte sich das Bedürfnis der Jugendlichen, sich zu emanzipieren und neue Formen des politischen Zusammenlebens zu erfahren (ebd.). Daraus hervor gingen die autonomen Jugendzentren, die es zum Teil auch heute noch gibt, sowie das Konzept Offene Jugendarbeit in Selbstverwaltung in bestehenden Jugendzentren (vgl. Kappeler 2012, S. 284 ff.).
[3]Die Offene Kinder- und Jugendarbeit hatte von Beginn an auch eine „sozialintegrative Funktion" (Böhnisch 2013, S. 4) und wurde insbesondere auch als Unterstützung für Kinder und Jugendliche aus sozial schwachen Familien betrachtet (vgl. Deinet 2008, S. 467). So sollte sie u. a. auch „Verwahrlosung und Kriminalität verhindern" (Hafeneger 2013, S. 38) und Kinder und Jugendliche weg von der Straße holen (ebd., S. 38, 40). Entsprechend wurden Kinder und Jugendliche hier auch mit Essen und Kleidung versorgt und sollten an einem warmen Aufenthaltsort die Möglichkeit haben, sich zu entspannen und sinnvollen Freizeitbeschäftigungen nachzugehen. Auch heute noch versteht die Offene Kinder- und Jugendarbeit ihre Aufgabe darin, Hilfen zur Lebensbewältigung zu geben, Rand- und Problemgruppen zu versorgen und Drogen-, Gewalt- und Kriminalitätsprävention zu leisten.

(Jugend-)Bildung (z. B. in Podiumsdiskussionen, Vorträgen, Seminaren und Projekten) meist nicht erreicht werden. Bei den Nutzern/innen der Offenen Kinder- und Jugendarbeit handelt es sich um Kinder und Jugendliche zwischen 12 und 17 Jahren, die oftmals ökonomisch und sozial benachteiligt sind, mehrheitlich über einen Migrationshintergrund verfügen, überproportional männlich sind und die ein erhöhtes Bildungsrisiko aufweisen (vgl. Pothmann und Schmidt 2013, S. 543; Schmidt 2013, S. 15; Bröckling et al. 2011). „Wer unter solchen Bedingungen lebt, hat oft Distanz zur Politik, zum ‚offiziellen' politischen Handeln", wie Sturzenhecker (2007, S. 10) anmerkt. Dementsprechend ist es für den Diskurs um eine politische Bildung für *alle* Bürger/innen – also eine, die auch marginalisierte und vermeintlich ‚politikferne' Zielgruppen ansprechen will (vgl. Schiele 2008) – durchaus von Interesse, einen Einblick in die Praxen politischer Bildung in der Offenen Kinder- und Jugendarbeit zu erlangen. Darüber, was es für Angebote und Praxen politischer Bildung in der Offenen Kinder- und Jugendarbeit gibt, wissen wir jedoch kaum etwas. Es fehlt, wie Scherr (2008, S. 170) beklagt, an entsprechenden Studien. An eben diese Forschungslücke knüpft das vorliegende explorative Forschungsprojekt an. Die zentralen Forschungsfragen des Projektes sind: Welche Praxen politischer Bildung in der Offenen Kinder- und Jugendarbeit beschreiben Jugendarbeiter/innen? Und welche impliziten Orientierungen zu Politik und politischer Bildung liegen diesen zugrunde? Im vorliegenden Beitrag wird ein Einblick in erste Ergebnisse aus dem Projekt gegeben. Dafür wird der Fall eines Jugendarbeiters aus Thüringen genauer dargestellt und diskutiert.

2   Methodologie und empirischer Zugang

Im Design dieses explorativen Forschungsprojektes knüpfe ich an die Forschungserfahrungen von Radvan (2010; siehe auch Nohl und Radvan 2010) an, die in ihrer Dissertation das implizite, handlungspraktische Wissen von Jugendpädagogen/innen im Umgang mit antisemitischen Äußerungen und Handlungen in der Offenen Jugendarbeit untersucht hat. Ich setze wie sie den Fokus auf die pädagogisch Tätigen und die Beschreibung und Deutung ihrer beruflichen Praxis. Ziel ist es, das implizite, handlungspraktische Wissen der Jugendarbeiter/innen zu untersuchen, die im Rahmen ihrer Tätigkeit in Jugendzentren bzw. -clubs sowie in der mobilen, aufsuchenden Jugendarbeit politische Bildung für ihre Zielgruppe organisieren und durchführen. Methodologisch ist das Projekt damit in der praxeologischen Wissenssoziologie (Mannheim 1980, 2015) zu verorten, die zwischen kommunikativem und konjunktivem Wissen unterscheidet. Kommunikatives Wissen ist reflexives, theoretisches Wissen, das im Gespräch bewusst expliziert werden kann. Dabei handelt es sich um die Explikation von Gründen und Motiven eigenen und/oder fremden

Handelns. Konjunktives Wissen dagegen ist implizites, atheoretisches Wissen, das in der Handlungspraxis selbst zum Tragen kommt. Es entsteht durch gleichförmiges, handlungspraktisches Erleben innerhalb eines geteilten, konjunktiven Erfahrungsraums (z. B. innerhalb eines Milieus). Dieses konjunktive Wissen ist im Gegensatz zum kommunikativen Wissen derart an die Handlungspraxis gebunden, dass es nicht konkret expliziert werden kann, sondern gleichsam in Erzählungen und Beschreibungen eingelassen ist (vgl. Bohnsack et al. 2013, S. 14; Nohl 2009, S. 48 f.). Es ist damit für Außenstehende auch nicht direkt im Gespräch zugänglich, sondern kann erst im Nachgang rekonstruiert werden.

Ähnlich wie Radvan habe auch ich mich im Rahmen des Projektes dazu entschlossen, Interviews mit Jugendarbeitern/innen zu führen. In Interviews lässt sich implizites Wissen durch Beschreibungen und Erzählungen der Handlungspraxis erheben, da diese im Gegensatz zu Argumentationen und Bewertungen direkt auf Praxiserfahrungen zurückgehen (vgl. Nohl und Radvan 2010, S. 162). Ich habe mich daher – angelehnt an Schütze (1983) – für themenzentrierte, narrative Interviews entschieden. Im Unterschied zu Schütze liegt der Fokus im hier beschriebenen Projekt jedoch nicht auf biografischen Erzählungen, sondern auf den Beschreibungen und Erzählungen *der beruflichen Praxis* der interviewten Jugendarbeiter/innen[4]. Bisher wurden neun Jugendarbeiter/innen interviewt (sieben aus Thüringen und zwei aus Niedersachsen)[5], die direkt mit Kindern und Jugendlichen in Jugendzentren bzw. -clubs und zum Teil auch in der mobilen, aufsuchenden Jugendarbeit tätig sind. Die Interviews starten zunächst mit einem Erzählimpuls[6], der darauf abzielt, dass die Jugendarbeiter/innen allgemein aus

---

[4]Radvan strukturiert ihre Interviews in ähnlicher Weise, bezeichnet sie jedoch als Experteninterviews mit Akteuren „als TrägerInnen handlungspraktischer Expertise" (Nohl und Radvan 2010, S. 159).

[5]Für die Interviews habe ich sowohl mir bekannte Jugendarbeiter/innen angesprochen als auch solche Jugendzentren bzw. -clubs in Thüringen und Niedersachsen angeschrieben, die in ihrem Selbstbild (Website) politische Bildung als Teil ihrer Arbeit fassen. Alle Interviewpartner/innen sind entsprechend in der Offenen Kinder- und Jugendarbeit tätig und haben freiwillig an dem Forschungsprojekt teilgenommen.

[6]Der Erzählimpuls lautete „Was machen Sie in Ihrer Arbeit mit Jugendlichen? Wie sieht Ihre Praxis aus? Erzählen Sie doch einfach mal…" und ermöglicht damit sowohl ein direktes Erzählen aus der Praxis heraus als auch ein Beschreiben der regulären Praxis im Jugendzentrum. Sofern die Jugendarbeiter/innen anfangs eher allgemein geblieben sind, wurde nach Beispielen und Konkretisierungen gefragt (immanente Fragen). In beiden Textsorten (Erzählungen und Beschreibungen) greifen die Interviewpartner/innen unmittelbar auf handlungspraktisches Wissen und Selbstverständlichkeiten zurück (vgl. Nohl 2009, S. 48 f.). Damit kann in beiden Textsorten das implizite, handlungsleitende Wissen rekonstruiert werden.

ihrer Arbeit mit Kindern und Jugendlichen berichten. In der Haupterzählung können diese somit selbst strukturiert erzählen und eigene Relevanzsetzungen vornehmen, die durch immanente Nachfragen vertieft werden. Erst im zweiten Teil wird eine exmanente Frage zu ihrer politischen Bildungsarbeit gestellt – sofern diese nicht bereits im ersten Teil durch die Jugendarbeiter/innen selbst eingeführt worden ist. Die Begriffe *Politik* und *politische Bildung* werden dabei im Sinne eines ‚sensibilisierenden Konzepts' verwendet, um die Relevanzsetzungen der Jugendarbeiter/innen wahrzunehmen und unterschiedliche implizite Verständnisse anhand des empirischen Materials zu präzisieren und zu differenzieren (vgl. Blumer 1954, S. 7)[7]. Durch dieses Vorgehen können die Interviewten ihre eigenen Schwerpunkte setzen und sind damit nicht gezwungen, über ein Thema zu reden, das möglicherweise nicht im Vordergrund ihrer Tätigkeit steht. Sie geraten damit nicht in die Situation, einer implizierten Erwartungshaltung der Interviewerin zu entsprechen. In der Auswertung ermöglicht dieser Zugang zudem, Sequenzen, in denen es um die allgemeine Arbeit geht, mit Sequenzen zur politischen Bildungspraxis miteinander zu vergleichen und so mögliche Gemeinsamkeiten und Unterschiede im pädagogischen Handeln herauszuarbeiten.

Die impliziten Orientierungen, die den (erzählten) Praxen zugrunde liegen, wurden anschließend in den Auswertungsschritten der dokumentarischen Methode nach Nohl (2009) rekonstruiert. An dieser Rekonstruktion waren im Rahmen eines Forschungsseminars Studierende der Sozialen Arbeit an der Ostfalia Hochschule für angewandte Wissenschaften (Campus Suderburg) beteiligt. In einem ersten Schritt wurden thematische Verläufe der Interviews erstellt und in den ersten drei Interviews nach vergleichbaren Interviewsequenzen gesucht. Für die anschließende Auswertung wurden Sequenzen mit Fokussierungsmetaphern und thematischer Ähnlichkeit unter Beachtung der Forschungsfragen ausgewählt und transkribiert. Da in allen Interviews ähnliche Fragen gestellt worden waren (wenn auch nicht immer in identischem Wortlaut), wurden in der Regel die Eingangssequenzen zur allgemeinen beruflichen Praxis und weitere Sequenzen zur Praxis politischer Bildung in der Offenen Kinder- und Jugendarbeit ausgewählt. Die Interpretation setzte sodann auf zwei Ebenen an. Auf der ersten Ebene wurden die eingebrachten

---

[7]Es ist natürlich als Forscher/in unmöglich, ohne Konzepte, sei es theoretisches Vorwissen oder Alltagswissen, ins Feld zu gehen, da eine Wahrnehmung der interessierenden Handlungsorientierungen sonst gar nicht möglich wäre (vgl. Dwelling und Prus 2012, S. 70 ff.). ‚Sensibilisierende Konzepte' sind insofern Ideen oder Heuristiken, die dabei helfen, den Blick darauf zu fokussieren, was vielleicht interessant sein könnte. Präzisiert werden sie jedoch anhand des empirischen Materials und der Relevanzsetzungen der Forschungssubjekte.

Themen, Argumente etc. inhaltlich ausgewertet, d. h. Meinungen wurden verdichtet, zusammengefasst und in ihrer kontextuellen Bedeutung interpretiert (formu-
lierende Interpretation). Auf einer zweiten Ebene wurde der Diskussions- bzw.
Interviewverlauf in seiner formalen Struktur analysiert und danach gefragt, was
sich in dem, *wie* etwas gesagt wird, über die dahinterstehenden Orientierungen
offenbart (reflektierende Interpretation). Dabei wurden die Sequenzen fallintern
und bei den ersten drei Interviews im Rahmen des Forschungsseminars fallüber-
greifend komparativ analysiert, um Gemeinsamkeiten und Unterschiede zwischen
Orientierungen in der allgemeinen Praxis und der politischen Bildungspraxis herauszuarbeiten sowie die Orientierungen der Fälle zu differenzieren.

3   Fallbeschreibung Jugendarbeiter Bach

Im Folgenden wird anhand einer Fallbeschreibung ein Einblick in die Praxen
und impliziten Handlungsorientierungen des Jugendarbeiters Bach[8] (Diplom-
Sozialpädagoge, männlich, 50 Jahre) aus einem Jugendzentrum in Thüringen
gegeben. Bach ist Leiter und einzige hauptamtliche Fachkraft dieses Jugendzentrums. Daneben gibt es nur noch ehrenamtliche und auf Honorarbasis angestellte
Mitarbeitende. Unter der Woche steht das Jugendzentrum täglich ab 13 Uhr
bis in die Abendstunden hinein für Kinder und Jugendliche zwischen zehn und
27 Jahren offen. Vor Ort gibt es ein Jugend- und Internetcafé, einen Bandpro-
beraum, ein Aufnahmestudio, in dem auch Radio gemacht wird, sowie ein weit-
läufiges Gartengelände. Begleitet werden diese Angebote durch Workshops und
Veranstaltungen im Jugendzentrum. Auf die Interviewanfrage hin hatte Bach
erst abgewehrt, dass er keine politische Bildung machen würde, sich dann aber
doch für ein Interview bereit erklärt. Das Interview fand daraufhin im Juni 2014
vor Ort statt. Im Folgenden gehe ich zunächst auf die Handlungsorientierungen
Bachs für seine Arbeit im Jugendzentrum allgemein und anschließend im Besonderen auf seine Orientierungen zu Politik und politischer Bildung ein.

---

[8]Pseudonym. Die persönlichen Daten des Jugendarbeiters sowie Ortsnamen sind selbstver-
ständlich anonymisiert worden, um die Identität des Jugendarbeiters zu schützen.

3.1   Handlungsorientierungen für die Arbeit im Jugendzentrum

Am: „jaa also [...] ich mach hier offene Jugendarbeit? also ähm das Jugendzentrum [Name] is n Haus der offenen Jugendarbeit das heißt also es is offen für
Jugendliche [...] und ähm die Angebote können offen von **alln** (.) Kindern, Jugendlichen und jungen Erwachsenen [...] genutzt werden un da ham wir ein- unten ein
ähh **Jugendcafé mit Theke und so weiter da sin ein Kicker drinn un Tischten-
nis un (Caron) un andere Spiele** [atmet ein] (.) ähh dann ham wiir einn Internetcafé mit sechs Rechnern mit äh **Internetzugängen die frei genutzt werden können
die kostenlos genutzt werden können** [atmet ein] die werdn (.) ähh (.) im Moment
viel-viel-viel vonnn (.) ähmm (.) Bewohnern [des Asylbewerberheims] hier in [der
Stadt] genutzt? und aber auch von Jugendlichen un dadurch entsteht auch son audo-
madischer ähh interkultureller Austausch? (.) der (.) manschmal auch problembe-
laden is klar aber das macht das gerade interessant un da sin [atmet ein] glaub ich
auch viele (.) ähm (.) Lerneffekte mit verbunden" (Am, 1. Sequenz, Z. 5–18).[9]

Im Gespräch mit Bach dokumentiert sich gleich zu Beginn des Interviews ein
Professionsverständnis der Offenen Kinder- und Jugendarbeit, wonach alle
Kinder, Jugendlichen und jungen Erwachsenen das Jugendzentrum und seine
Angebote freiwillig und ihrem Interesse entsprechend nutzen können. Bach
inkludiert dabei auch die „Bewohner" des nahe gelegenen Asylbewerberheims
der Stadt, denen der Zugang zum Jugendzentrum und seinen Angeboten ebenfalls offen steht. Dabei rahmt er den Kontakt zwischen einheimischen Nutzern/
innen und den jungen Asylbewerbern/innen als selbstläufigen „interkulturellen
Austausch", bei dem es durchaus auch zu Problemen kommt, aber auch ein
Lernprozess stattfindet. Damit fasst Bach das Jugendzentrum implizit als einen
Ort selbstläufiger, informeller Lern- und Bildungsprozesse. Explizit interpretiert
er sie dagegen als interkulturelle Bildung. Diese Orientierung konkretisiert sich
im Laufe des Interviews, wenn Bach wieder auf den Kontakt zwischen einheimischen Jugendlichen und jungen Asylbewerbern/innen zurückkommt.

---

[9]Es werden hier keine ausführlichen Interpretationen (in ihren einzelnen Schritten) vollzogen und beschreiben, sondern lediglich deren Ergebnisse in stark komprimierter Form dargestellt. Die Zitate dienen der Illustration des Falls. In der Transkription wurde zur Markierung
des Sprecherwechsels jeweils ein Kürzel zugeordnet (Interviewerin Y, Jugendarbeiter Am).
Diese Kürzel wurden dem Alphabet nach chronologisch entsprechend dem Erhebungszeit-
punkt der Interviews vergeben, das nachgesetzte m (bzw. w) steht für das Geschlecht des
Interviewpartners (bzw. der Interviewpartnerin). Es gelten die Transkriptionsregeln nach
Bohnsack (2010, S. 236–237).

Am: „[...] ich habs dir ja schon gesacht dass so viele Leude aus [dem Asylbewerber-
heim] immer wieder aus verschiedenen Kulturen- [...] und die **Kids** [...] stoßen dann
auf immer wieder neue Kulturen und ähm das **Problem** das vorinstallierte Problem
sozusagen ist ähm (.) das Internetcafé mit (.) sechs Rechnern (.) auf der einen Seite
und (.) das **Intresse** ins Internet zu gehen auf der anderen Seite und zwar von mindestens zwanzich dreißich vierzich Leuden (.) das heißt also (.) ähm klar das gibt dann
den Kampf um (.) den Rechner (.) un wir ham ähm das so geregelt dass wir sagen
es gibt na ne hablbstündiges Rotationsprinzip also wer ne halbe Stunde am **Rechner**
gesessen hat der muss dann **wechseln** dann kommt der Nächste dran. das funktioniert? (.) ähm meistens? (.) das funktioniert auch mal **nich** [...] dann sitzen die Leude
mal länger dran oder dann stehen Leude schon hinder dem Stuhl un pochen dagegen un so weider das kommt auch immer auf die Leude drauf an [atmet ein] uund
ähm (.) dann muss ma- auch immer wieder **maaal** ähm (.) das klärn un das is dann
auch wieder schwierig weil dann hast du **ganz verschiedene Sprachen** dann hast du
wirklich ähm viele Leude die auch kein Englisch verstehen (.) uund ähm (.) **aber** (.)
das was da unten passiert das is die beste interkulturelle Bildungsarbeit die ich kenne
weil das is überhaupt nix lehrstoffmäßig Aufgesetztes sondern das is einfach Realität
(.) verschiedene Leude ham ein Interesse (.) un dann kommts zum Konflikt (.) un
daran wird **geleernt** [...] das geht gar nich anders und das find ich ne (.) ne wirklich
ne witzige Sache weil man muss im Grunde auch von außen gar nix machen (.) ne
also man muss nich immer dahinter stehen un aufpassen dass da bloß kein Konflikt
entsteht sondern ganz im Gegenteil (.) das- die entstehen halt (.) wie im normalen
Leben einfach" (Am, 1. Sequenz, Z. 85–116).

In dieser Äußerung wird deutlich, dass Bachs Orientierung an selbstläufigen,
informellen Lernprozessen unter den Jugendlichen wiederkehrend ist, d. h. eine
Homologie vorliegt. Konkret dokumentiert sich hier ein alltägliches Lernen im
Lösen von Konflikten und dem Finden neuer Regelungen in der Computernut-
zung im Internetcafé, die durch das Setting im Jugendzentrum (nicht ausreichend
Computer für alle, Öffnung des Jugendzentrums für junge Asylbewerber/innen)
initiiert und unterstützt wird. Konflikte werden dabei von ihm grundsätzlich
positiv als ein Rahmen zur Auseinandersetzung miteinander verstanden, die eine
Selbstregulierung unter den Jugendlichen erst ermöglichen und immer wieder
neu erfordern. Er grenzt diese Form des Lernens von formalen Bildungssettings,
die durch einen Lehrplan strukturiert und von einem/r Pädagogen/in gesteuert
werden, ab (negativer Gegenhorizont). Das heißt, Bildung wird von ihm implizit als selbstgesteuerter, lebensweltnaher Prozess verstanden. Seine Rolle als
Jugendarbeiter versteht Bach demzufolge eher als stiller Begleiter und Beobachter im Hintergrund. Explizit interpretiert Bach diese Prozesse erneut vor dem
Hintergrund der differierenden kulturellen Herkünfte und fehlenden Sprachkennt-
nisse der jungen Asylbewerber/innen als „beste interkulturelle Bildungsarbeit".

Neben der offenen Arbeit im Jugendzentrum dokumentiert sich eine projektorientierte Arbeit, die u. a. auf die Organisation von Veranstaltungen ausgerichtet ist.

> Am: „[…] dann machen wir vv-verhältnismäßich viel mit dem lokalen Aktionsplan? zusammen hier im [Landkreis] wir organisieren und führn auch durch äh einmal im Jahr das interkulturelle [Fest] (.) in Zusammenarbeit mit [dem Asylbewerberheim] und mit vielen Vereinen hier aus [der Stadt] aber wir machen so praktisch die Gesamtorganisation wir ham uns das auch (.) vor (.) sieben Jahren ausgedacht das is ein-ein **Tag** an dem sich alle Menschen treffen können um miteinander zu **malen** aber denn gibts auch viel nebenher also es gibt viel für Kinder °mit Hüpfburgen un so° un halt die üblichen Sachen ähm (.) ähmm (.) das hat sich etabliert […]" (Am, 1. Sequenz, Z. 65–72).

Hier bestätigt sich Bachs Anliegen, einen interkulturellen Austausch zwischen den Bürgern/innen und den neu ankommenden Asylbewerbern/innen seiner Stadt anzuregen. Interessant ist dabei, dass er ganz kurz auf den Förderrahmen der Projekte eingeht, nämlich den Lokalen Aktionsplan des Thüringer Landesprogrammes für Demokratie, Toleranz und Weltoffenheit sowie das Bundesprogramm „VIELFALT TUT GUT. Jugend für Vielfalt, Toleranz und Demokratie – gegen Rechtsextremismus, Fremdenfeindlichkeit und Antisemitismus". Hierin werden explizit Projekte (gesellschafts-)politischer Bildung gefördert. Dennoch versteht Bach seine Projekte nicht als politische, sondern als interkulturelle Bildungsarbeit. Das heißt, seine eigene Relevanzsetzung unterscheidet sich von der des Förderprogrammes.

3.2   Orientierungen zu Politik und politischer Bildung

Auf politische Bildung kommt Bach erst auf Nachfrage hin im Interview zu sprechen.

> Am: „[…] also politisch in dem Sinne ähm (…) dass wir schon **also im Rahmen** das-das LAB gegen äh Rechtsextremismus und für Demokratieentwicklung arbeiten das ist dann auch wieder so projektbezogen ne also wir hatten jetzt (.) ähm wir machen immer einmal im Jahr zum Beispiel (.) ähm bei der Aktion Kinder in den Rathäusern mit und dort (.) ämh (.) ähm (.) gehen wir dann in die Grundschulen? und machen mit den Kindern ne Vorbereitungsstunde und ähm reden über das Rathaus über die dortige Strukturen. und-und ääh zeigen die so auf und das Ziel ist einfach zu äh zu zeigen ähm **ja** ihr seid gefordert um da demokratisch euch **zu beteiligen**? ne also ihr müsst zu dem Bürgermeister gehen oder die Verwaltung und müsst sagen das und das fänden wir gut [atmet ein] weil wir (.) ähm sind doch ein Teil von unserer Gesellschaft und wir müssen sagen was wir wollen (.) ähm ja das fangen wir das machen wir so mit den tritte Klassen da fängt das schon an. […]" (Am, 2. Sequenz, Z. 5–16).

Am: „[…] und ähm da wir bekleiden zum Beispiel jetzt dann auch ähm Schüler-
sprecherwahlen °mit Schülern° genau dasselbe [Y: hm] also dann aber Regelschule
Gymnasium und so weiter (.) äh (…) **ja** und da irgendwie so ne **richtige Wahl**
durchzuziehen wies im Großen auch funktioniert also auch dass ist im Grunde
politische Arbeit, ne, Beteiligung, Demokratie Demokratie ja. […] und wir beglei-
ten das sodass wir sagen ok wir setzen die Basics wir müssen gucken was braucht
man für ne Wahl wir brauchen ähm (.) ne ne ähm ein-ein Wahlausschuss der sich
so und so zusammensetzt wir brauchen die Kandidaten ähm […] das sind dann so
die verschiedenen Schritte drauf ne das Kennenlernen und so und dann die Schüler
auch briefen ähm wie was wollt ihr eigentlich wieso wollt ihr denn kandidieren und
so weiter oder vorher noch zu gucken ähm Leute kandidiert und so nehmt ähm (.)
nehmt das selbst in die Hand (.) **ja** und dann wird diese Wahl durchgezogen Anfang
eines Schuljahres […]" (Am, 2. Sequenz, Z. 27–48).

Politische Bildung wird von Bach hier als Teil der Projektarbeit gerahmt. Er
sieht sie somit nicht als Teil seiner eigentlichen offenen Arbeit im Jugendzentrum. Zudem greift er nun die externe Rahmung durch den Lokalen Aktionsplan
auf, durch den die Projekte gefördert werden. In beiden beschriebenen Projekten politischer Bildung dokumentiert sich ein enges Verständnis von Politik und
ein am schulischen Kontext angepasstes Format politischer Bildung. So verbindet
er Politik mit bestehenden politischen Beteiligungsstrukturen in der Kommunalpolitik und in der Schule, denen jeweils ein Verständnis von institutionalisierter
Politik im Rahmen der repräsentativen Demokratie zugrunde liegt. Weiterhin
dokumentiert sich hier ein Format, das sehr nah am Schulunterricht orientiert ist
(„Vorbereitungsstunde", Vermittlung von Inhalten). Politische Bildung wird somit
implizit eher als Politikvermittlung im schulischen Unterricht gefasst.

3.3   Zusammenfassung und Diskussion

Im Fall des Jugendarbeiters Bach dokumentieren sich zwei grundlegend
unterschiedliche Orientierungen. Einerseits rahmt Bach die offenen Angebote
im Jugendzentrum als informelle, lebensweltnahe Lerngelegenheiten und das
Jugendzentrum somit als informellen Bildungsort. Seine eigene Rolle versteht er
dabei als Beobachter und Begleiter im Hintergrund, der die Infrastruktur organisiert und Angebote macht. Davon grenzt er strukturierte, pädagogische Settings,
die an Schule erinnern, ab (negativer Gegenhorizont). Andererseits organisiert
das Jugendzentrum, losgelöst von der offenen Arbeit, in Kooperation mit anderen Organisationen Projekte im Rahmen des Lokalen Aktionsplans des Thüringer Landesprogrammes für Demokratie, Toleranz und Weltoffenheit sowie des
Bundesprogrammes „VIELFALT TUT GUT. Jugend für Vielfalt, Toleranz und

Demokratie – gegen Rechtsextremismus, Fremdenfeindlichkeit und Antisemitismus". Hiermit wird die externe Rahmung durch die Förderprogramme aufgegriffen und daran orientierte Projekte politischer Bildung organisiert. Dabei dokumentiert sich in den beschriebenen Projekten ein enges Verständnis von Politik, das auf die politische Beteiligung in den Strukturen repräsentativer Demokratie in Schule und Kommunalpolitik ausgerichtet ist, sowie ein an schulischen Formaten orientiertes Verständnis politischer Bildung. Diese Projektarbeit findet nur punktuell statt und wird von Bach als Zusatz verstanden. Im Vordergrund steht für ihn die offene Arbeit im Jugendzentrum. Daraus lässt sich schlussfolgern, dass politische Bildung nicht Teil seines Verständnisses von Offener Kinder- und Jugendarbeit im Jugendzentrum ist. Stattdessen verknüpft Bach Politik und politische Bildung eher mit einem engen Verständnis und einem schulischen Format, was seiner Orientierung in der Offenen Kinder- und Jugendarbeit entgegen steht, da dort strukturierte pädagogische Settings (Lehrplan) seinem negativen Gegenhorizont entsprechen. Offen bleibt, woher diese Trennung rührt.

Die mehrheitlich ‚bildungsfernen' Nutzer/innen der Offenen Kinder- und Jugendarbeit würde Bach mit seinem Verständnis von Politik und politischer Bildung vermutlich eher nicht erreichen. So macht eine Studie des Sinus-Instituts zum Politikverständnis und -interesse ‚bildungsferner' Zielgruppen (vgl. Calmbach und Borgstedt 2012; Kohl und Seibring 2012) deutlich, dass diese „kein Interesse an institutionalisierter Politik und politischen Repräsentanten" (Kohl und Calmbach 2012, S. 12) haben und diese Form der Auseinandersetzung mit Politik für sie zu abstrakt, uninteressant und lebensfremd ist. Zu Politik im engeren Sinne fehlt ihnen der Zugang und die Brücke zur eigenen Lebenswelt. Mit Politik im weiteren Sinne, also gesellschaftlichen und sozialen Themen, die ihre Lebenswelt tangieren, beschäftigen sie sich aber durchaus (ebd., S. 13). Sie sind politisch und engagiert, wenn es um (Un-)Gerechtigkeiten in ihrem Umfeld und in der Gesellschaft, um die Gestaltung ihrer Lebensräume und die Artikulation eigener Probleme und Interessen geht (etwa um Arbeitslosigkeit, Konflikte mit Migranten/innen, etc.) – auch wenn sie dies selbst nicht als ‚politisch' fassen würden. Aus dieser Perspektive stellt sich die Frage, ob Bachs Orientierung, im Jugendzentrum selbstläufige Selbstregulierungsprozesse und informelles Lernen durch Konflikte zwischen einheimischen Jugendlichen und jungen Asylbewerbern/innen durch das gegebene Setting u. a. im Internetcafé zu initiieren, implizit nicht doch auch politische Bildung ist, auch wenn er es selbst nicht als solche begreift. Problematisch daran ist sicherlich, dass das Politikverständnis der Jugendlichen nicht aufgebrochen und geöffnet wird. Das heißt, Bach fehlt es aufgrund der eigenen, sehr eng gefassten Orientierungen zu Politik und politischer Bildung an der Kompetenz, ‚Übersetzungsarbeit' zu leisten (ebd., S. 25), um damit eine Brücke zwischen der Lebenswelt der Kinder und Jugendlichen und

institutionalisierter Politik herzustellen[10] sowie ihre Fähigkeit als politisch denkende
Bürger/innen zu stärken. Aus Perspektive einer politischen Bildung für alle lässt sich
feststellen, dass im Verständnis und in den Orientierungen von Bachs Offener Kin-
der- und Jugendarbeit Grundlagen und Ansätze für eine politische Bildung auch in
der Offenen Kinder- und Jugendarbeit bestehen. So bildet seine Orientierung von
Offener Kinder- und Jugendarbeit als informeller Bildungspraxis eine grundlegende
Voraussetzung für eine politische Bildung in diesem Rahmen. Diese Orientierung ist
in der Offenen Kinder- und Jugendarbeit keinesfalls durchweg gängig (vgl. Scherr
2002, S. 93). May (2011, S. 189) verweist darauf, dass empirische Studien zur
Offenen Kinder- und Jugendarbeit bislang belegen, dass Bildung „eher ein Rand-
dasein gegenüber Freizeit und dem Geselligem [einnimmt]“ und auch informelle
Bildungsgelegenheiten, die sich in der Praxis ergeben, nicht immer als solche von
Jugendarbeitern/innen erkannt werden (ebd., S. 196 ff.). Informelles Lernen kann
im Fall von Bach sowohl als Praxis verstanden werden, die sich von formalen
Bildungsprozessen, wie sie im schulischen Kontext organisiert werden, abgrenzt
(vgl. Overwien 2005, S. 340, siehe auch Dewey 2009, S. 9) als auch als eine Form
des Erfahrungslernens, die im Alltag des Jugendzentrums integriert ist, also oft auch
beiläufig stattfindet (vgl. Overwien 2005, S. 341; 2009, S. 24 f.). Informelles Lernen
ist als solches nicht unbedingt von den Kindern und Jugendlichen intendiert, kann
aber durchaus von Jugendarbeitern/innen zielgerichtet durch entsprechende Maßnahmen unterstützt und forciert werden (vgl. Overwien 2009, S. 25 f.).

Anknüpfend an Scherr (2002) könnte man bei der Bildungsorientierung Bachs
auch von einer subjektorientierten Bildung sprechen, die an den Erfahrungen,
Bedürfnissen und Interessen der Nutzer/innen des Jugendzentrums anknüpft.
Wenn man nämlich diejenigen Lerngelegenheiten genauer betrachtet, die Bach

---

[10]Das ‚Brückenproblem‘ ist ein vieldiskutiertes Thema in der Politikdidaktik (vgl. Spranger
1963, S. 12; Petrik 2013, S. 53 ff., 2009). Es wird allerdings oft zurückgeführt auf *„methodische* Schwierigkeiten in Bildungssituationen eine Begegnung zwischen Lernenden
und Politik anzubahnen, die zugleich an subjektive Gesellschaftsbilder anknüpft und die
Anregung und Entfaltung politischer Kompetenzen ermöglicht“ (Petrik 2013, S. 53;
Hervorhebung im Original). Weniger beachtet wird dabei, dass bereits – diesem vorgela-
gert – das Alltagsverständnis der pädagogisch Handelnden verhindert, dass eine Brücke
zwischen der Lebenswelt der Kinder und Jugendlichen und der Politik hergestellt werden
kann. Petrik (2009) erkennt dieses Problem in der Ausbildung von Politiklehrern/innen,
indem er feststellt, dass Studierende Probleme damit haben „sich politikdidaktische
Theorie anzueignen bzw. sie sinnvoll und handlungswirksam in das eigene Vorverständnis
zu integrieren“ (2009, S. 66), führt es jedoch nicht weiter aus.

beschreibt, dann steht dabei immer die Selbstbildung der Kinder und Jugendlichen im Vordergrund. Er als Jugendarbeiter schafft lediglich Situationen, die eine solche Selbstbildung ermöglichen, indem er beispielsweise die Regulierung der PCs im Internetcafé den Nutzern/innen überträgt oder indem er das Jugendzentrum auch für junge Asylbewerber/innen öffnet und somit bewusst eine Situation schafft, in der es zu Irritationsmomenten oder Konflikten zwischen den Jugendlichen kommt, mit denen sie umzugehen lernen müssen. Scherr (2010, 2012) sieht darin die Voraussetzung für eine subjektorientierte politische Bildung, die anknüpfend an die Alltagskommunikation und Erfahrungen von Jugendlichen solche gesellschaftspolitischen Lern- und Reflexionsprozesse ermöglicht und anstößt, die den Jugendlichen sonst im alltäglichen Lebenszusammenhang nicht zugänglich sind – beispielsweise über Deutschland als Einwanderungsgesellschaft. Aus dieser Perspektive heraus stellen die hier beschriebenen Selbstregulierungsprozesse von Kindern und Jugendlichen, das Lernen durch Konflikte wie auch die Auseinandersetzung zwischen einheimischen Jugendlichen und jungen Asylbewerbern/innen, auch Anlässe politischen Lernens dar, die an der Lebenswelt und den Erfahrungen der Jugendlichen ansetzen. Notwendige Voraussetzung dafür ist jedoch ein entsprechendes Bewusstsein des/der Jugendarbeiters/in. Im Fall von Bach steht dem – wie gezeigt – sein enges Verständnis von Politik und politischer Bildung entgegen.

4 Fazit

Für Jugendarbeiter/innen in der Offenen Kinder- und Jugendarbeit gehört es zum Alltag, auch mit marginalisierten, sozial benachteiligten Kindern und Jugendlichen zu arbeiten. Das Anliegen des hier beschriebenen Forschungsprojektes ist es, von dieser Expertise der Jugendarbeiter/innen zu lernen, wie eine politische Bildung für alle umgesetzt werden kann, da bisher leider nur allzu oft allein bereits politisch Interessierte erreicht werden. Dafür werden im Rahmen des Projektes die von Jugendarbeitern/innen beschriebenen und erzählten Praxen politischer Bildung in der Offenen Kinder- und Jugendarbeit untersucht und der Frage nachgegangen, welche impliziten Orientierungen von Politik und politischer Bildung diesen zugrunde liegen. Der vorliegende Beitrag hat einen Einblick in ein noch laufendes Forschungsprojekt gegeben und am Fall des Jugendarbeiters Bach aus Thüringen erste Ergebnisse vorgestellt. Im präsentierten Fallbeispiel wurde deutlich, dass Jugendarbeiter/innen nicht automatisch ein Verständnis von Politik und politischer Bildung aufweisen, das ein direktes Anknüpfen an ihre Orientierungen in der Praxis der Offenen Kinder- und Jugendarbeit sowie ihre Zielgruppe zulässt. So hat

Bach einerseits eine Orientierung von Offener Kinder- und Jugendarbeit als lebensweltnaher, subjektorientierter Bildungspraxis, andererseits aber eine Orientierung
von Politik und politischer Bildung, die einem engen Verständnis von Beteiligung
an institutionalisierter Politik in der repräsentativen Demokratie (Wählen) sowie
einer schulisch angepassten, formalisierten Form von Wissensvermittlung folgt. Mit
einem solchen Verständnis wird er seine maßgebliche Zielgruppe in der Offenen
Kinder- und Jugendarbeit allerdings kaum erreichen. Entsprechend integriert er
politische Bildung auch nicht in die offene Arbeit, sondern sieht sie nur in Verbindung mit Projekten, die er in Kooperation mit Schulen durchführt. Dennoch bietet,
wie dargestellt, seine Bildungsorientierung in der Offenen Kinder- und Jugendarbeit eine Grundlage und Anlässe für subjektorientiertes politisches Lernen. Diesen
Ansatz kann er jedoch konkret nicht aufgreifen, da es ihm an einem Bewusstsein
dafür fehlt, diese Anlässe für politisches Lernen in der Praxis zu erkennen. Dies
wäre sicherlich ein Anknüpfungspunkt für die Aus- und Fortbildung von Jugend-/
Sozialarbeitern/innen in der Offenen Kinder- und Jugendarbeit.

Nachdem der Fall Bach gezeigt hat, dass Jugendarbeiter/innen in der
Offenen Kinder- und Jugendarbeit nicht unbedingt automatisch ein offeneres
oder weiteres Politikverständnis haben, das es ihnen ermöglicht, politisches
Lernen auch von eher politikdistanzierten Jugendlichen in ihrer Arbeit zu
forcieren, wird die noch laufende Auswertung im Projekt zeigen, welche weiteren
Orientierungen von Jugendarbeitern/innen zu Politik und politischer Bildung sich
in den Interviews dokumentieren.

Literatur

Blumer, Herbert. 1954. What is Wrong with Social Theory? In: *American Sociological
    Review* 19 (1): 3–10.
Bohnsack, Ralf. 2010. Rekonstruktive Sozialforschung. Einführung in qualitative Methoden.
    8. Aufl. Opladen: Barbara Budrich.
Bohnsack, Ralf, Iris Nentwig-Gesemann und Arnd-Michael Nohl. 2013. Einleitung:
    Die dokumentarische Methode und ihre Forschungspraxis. In: *Die dokumentarische
    Methode und ihre Forschungspraxis*, hrsg. R. Bohnsack, I. Nentwig-Gesemann und
    A.-M. Nohl. 3. Aufl., 9–27. Wiesbaden: VS Verlag.
Böhnisch, Lothar. 2013. Die sozialintegrative Funktion der Offenen Kinder- und Jugendarbeit.
    In: *Handbuch Offene Kinder- und Jugendarbeit*, hrsg. U. Deinet und B. Sturzenhecker.
    4. Aufl., 3–9. Wiesbaden: VS Verlag für Sozialwissenschaften.
Bröckling, Björn, Gaby Flösser und Holger Schmidt. 2011. *Besucherinnen- und Besucher-
    struktur der Offenen Kinder- und Jugendarbeit des Trägervereins der Evangelischen
    Offenen und Mobilen Arbeit mit Kindern und Jugendlichen e.V. in Bielefeld*. Forschungs-
    bericht. Dortmund. https://www.fk12.tu-dortmund.de/cms/ISEP/Medienpool/Mitarbei-
    ter/Deaktiviert/Schmidt_Holger/Abschlussbericht.pdf. Zugriff am 05.09.2016.

Calmbach, Marc, Silke Borgstedt. 2012. „Unsichtbares" Politikprogramm? Themenwelten und politisches Interesse von „bildungsfernen" Jugendlichen. In: *Unsichtbares" Politikprogramm? Themenwelten und politisches Interesse von „bildungsfernen" Jugendlichen*, hrsg. W. Kohl und A. Seibring, 43–80. Bonn: BpB.

Deinet, Ulrich. 2008. Offene Kinder- und Jugendarbeit. In: *Grundbegriffe Ganztagsbildung*, hrsg. Th. Coelen und H.-U. Otto, 467–475. Wiesbaden: VS Verlag.

Dewey, John. 2009/1916. *Democracy and Education*. New York: Merchant Books.

Dwelling, Michael und Robert Prus. 2012. Grundzüge offener Forschung. In: *Einführung in die interaktionistische Ethnografie*, hrsg. dies., 53–82. Wiesbaden: VS Verlag.

Hafeneger, Benno. 2013. Geschichte der Offenen Kinder- und Jugendarbeit. In: *Handbuch Offene Kinder- und Jugendarbeit*, hrsg. U. Deinet und B. Sturzenhecker. 4. Aufl., 37–47. Wiesbaden: VS Verlag.

Kappeler, Manfred. 2012. „Jugendarbeit muss immer politische sein!" Von der Antikapitalistischen zur Offenen Jugendarbeit (1968–1978). In: *Political (Re)Turn? Pädagogik und Gesellschaft*, hrsg. W. Lindner, 267–289. Wiesbaden: VS Verlag.

Kohl, Wiebke und Marc Calmbach. 2012. Unsichtbares Politikprogramm? Lebenswelt und politisches Interesse von „bildungsfernen" Jugendlichen. In: *Politische Bildung unter erschwerten Bedingungen. Politische Bildung mit bildungsfernen Zielgruppen*, hrsg. F. Nonnenmacher und B. Widmaier, 17–26. Schwalbach/Ts.: Wochenschau.

Kohl, Wiebke und Anne Seibring. (Hrsg.) 2012. *„Unsichtbares" Politikprogramm? Themenwelten und politisches Interesse von „bildungsfernen" Jugendlichen*. Bonn: BpB.

Mannheim, Karl. 2015. Wissenssoziologie. In: *Mannheim, Karl: Ideologie und Utopie*. 9. Aufl., 227–267. Frankfurt/M.: Klostermann.

Mannheim, Karl. 1980. *Strukturen des Denkens*. Frankfurt/M.: Suhrkamp.

May, Michael. 2011. Offene Kinder- und Jugendarbeit als Bildung. In: *Empirie der Offenen Kinder- und Jugendarbeit*, hrsg. H. Schmidt, 189–200. Wiesbaden: VS Verlag.

Nohl, Arnd-Michael. 2009. *Interview und dokumentarische Methode. Anleitungen für die Forschungspraxis*. 3. Aufl. Wiesbaden: VS Verlag.

Nohl, Arnd-Michael und Heike Radvan. 2010. Experteninterviews in dokumentarischer Interpretation: Zur Evaluation impliziter Wissens- und Handlungsstrukturen in der außerschulischen Jugendpädagogik. In: *Dokumentarische Evaluationsforschung. Theoretische Grundlagen und Beispiele aus der Praxis*, hrsg. R. Bohnsack und I. Nentwig-Gesemann, 159–180. Opladen: Barbara Budrich.

Overwien, Bernd. 2009. Informelles Lernen. Definitionen und Forschungsansätze. In: *Informelles Lernen und Bildung für eine nachhaltige Entwicklung*, hrsg. M. Brodowski et al., 23–34. Opladen: Barbara Budrich.

Overwien, Bernd. 2005. Stichwort: Informelles Lernen. In: *Zeitschrift für Erziehungswissenschaft* 8 (3): 339–355.

Petrik, Andreas. 2013. *Von den Schwierigkeiten ein politischer Mensch zu werden. Konzept und Praxis einer genetischen Politikdidaktik*. 2. Aufl. Opladen: Barbara Budrich.

Petrik, Andreas. 2009. „...aber das klappt nicht in der Schulpraxis!" Skizze einer kompetenz- und fallorientierten Hochschuldidaktik für die Politiklehrer-Ausbildung. In: *Journal of Social Science Education* 8 (2): 57–80.

Pothmann, Jens, Holger Schmidt. 2013. Datenlage zur Offenen Kinder- und Jugendarbeit. Bilanzierung empirischer Erkenntnisse. In: *Handbuch Offene Kinder- und Jugendarbeit*, hrsg. U. Deinet, B. Sturzenhecker, 535–547. 4. Aufl.. Wiesbaden: VS Verlag.

Radvan, Heike. 2010. Formen pädagogischer Intervention im Horizont wahrgenommener Antisemitismen. Perspektiven für die Aus- und Weiterbildung von Jugendpädagoginnen. In: *Konstellationen des Antisemitismus: Antisemitismusforschung und sozialpädagogische Praxis*, hrsg. W. Stender, G. Follert und M. Özdogan, 165–183. Wiesbaden: Springer VS.

Scherr, Albert. 2012. Pädagogische Grundsätze für die politische Bildung unter erschwerten Bedingungen. *Politische Bildung unter erschwerten Bedingungen. Politische Bildung mit bildungsfernen Zielgruppen*, hrsg. F. Nonnenmacher und B. Widmaier, 62–76. Schwalbach/Ts.: Wochenschau.

Scherr, Albert. 2010. Subjektivität als Schlüsselbegriff kritischer politischer Bildung. In:. *Kritische politische Bildung. Ein Handbuch*, hrsg. B. Lösch und A. Thimmel, 303–314. Schwalbach/Ts.: Wochenschau.

Scherr, Albert. 2008. Gesellschaftspolitische Bildung – Kernaufgabe oder Zusatzleistung der Jugendarbeit? In: *Die andere Seite der Bildung*, hrsg. H.-U. Otto und Th. Rauschenbach. 2. Aufl., 167–179. Wiesbaden: VS Verlag.

Scherr, Albert. 2002. Der Bildungsauftrag der Jugendarbeit. Aufgaben und Selbstverständnis im Spannungsfeld sozialpolitischer Indienstnahme und aktueller Bildungsdebatte. In: *Bildung und Lebenskompetenz. Kinder- und Jugendhilfe vor neuen Aufgaben*, hrsg. R. Münchmeier, H.-U. Otto und U. Rabe-Kleberg, 93–106. Opladen: Leske + Budrich.

Schiele, Siegfried. 2008. Politische Bildung für alle – kein Traum, sondern Notwendigkeit. In: *Außerschulische Bildung* 3: 280–287.

Schmidt, Holger. 2013. Das Wissen zur Offenen Kinder- und Jugendarbeit. In: *Handbuch Offene Kinder- und Jugendarbeit*, hrsg. U. Deinet und B. Sturzenhecker. 4. Aufl., 11–22. Wiesbaden: VS Verlag.

Schütze, Fritz. 1983. Biographieforschung und narratives Interview. In: *Neue Praxis* 13 (3): 283–293.

Spranger, Eduard. 1963. *Gedanken zur staatsbürgerlichen Erziehung*. 2. Aufl. Bochum: Kamp.

Sturzenhecker, Benedikt. 2007. „Politikferne" Jugendliche in der Kinder- und Jugendarbeit. In: *Aus Politik und Zeitgeschichte* 32–33: 9–14.

The manufacturer's authorised representative in the EU is Springer
Nature Customer Service Centre GmbH, Europaplatz 3, 69115 Heidelberg,
Germany. If you have any concerns regarding our products, please
contact ProductSafety@springernature.com

Printed and bound by CPI Group (UK) Ltd, Croydon, CR0 4YY
23/04/2026
02095636-0005